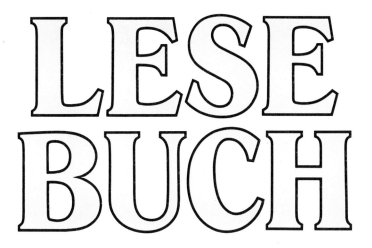

LESE BUCH

10. Schuljahr

Verlag Moritz Diesterweg

Frankfurt am Main

Herausgegeben von Dieter Mayer und Fritz Winterling

Der Band für das 10. Schuljahr wurde bearbeitet von Rudolf Denk, Wolfgang Gast, Dieter Mayer, Maximilian Nutz, Fritz Winterling

Umschlagfotografie: Angelika Fertsch-Röver, Frankfurt a. M.

Zeichnungen: H. Steiner, Oppenheim

Genehmigt für den Gebrauch in Schulen.
Genehmigungsdaten teilt der Verlag auf Anfrage mit.

ISBN 3-425-06016-3

Reproduktionen: S + O Repro, Frankfurt am Main
Gesamtherstellung: Oldenbourg, München

Inhalt

Aufbruch

Du mußt nur die Laufrichtung ändern – Kurze Texte

Von Frauen – Über Frauen

Theater – Dialoge

Von alten Menschen

Halb ist es Lust, halb ist es Klage – Gedichte

Berufsleben

Bücher und Leser

Generationen

Utopie

Die neuen Leiden des jungen W.

Aufbruch

Carsten Corino (15)

Der Aufbruch
oder
Am Yukon schmilzt schon das Eis

Soviel steht fest: Abhaun, so richtig abhaun kannste nur an einem Tag wie diesem. Die Luft bizzelt wie Colamix und der Taunus kippt dir entgegen: total blau. Abhaun kannste nur, wenn du dich stark fühlst, niemals aus Angst oder Schwäche.

An einem Zeugnistag zum Beispiel. Wie heute. Ja, das ist gut. Und du nimmst
5 das Papier, diesen Wisch, von dem sie soviel Aufhebens machen, nach dem sie ihre Liebe bemessen ..., du nimmst ihn einfach und wirfst ihn in den Briefkasten. Notendurchschnitt: 1,3.

Du gehst gleich in dein Zimmer. Ganz cool, ist ja niemand zuhaus. Du holst den tiptop gepackten Rucksack unter dem Bett hervor. Einen Augenblick überlegst
10 du, ob du dir noch schnell ein paar Spiegeleier reinhauen sollst. Aber dann hievst du doch deinen Krempel raus und kletterst hinterher.

Bevor du das Fenster wieder anlehnst, guckst du noch mal in deine Bude zurück. So, als ob du sie dir für immer einprägen wolltest: Das Bett. Dein Bett. Der Recorder daneben. Wie lang hast du wohl wieder wach gelegen letzte Nacht? Auf
15 dem Schrank verstaubt der selbstgebaute Segler und die Schatztruhe mit dem doppelten Boden. Mineralien, Münzen, Briefmarken, der ganze Plunder. An der Wand baumeln der Expander, die Boxhandschuhe und der Punchingball. Jeden Abend die gleiche schweißtreibende Plackerei. Wozu? Das Chaos von Schulheften auf deinem Schreibtisch. Der Globus. Man kann die Spuren deiner verschwitzten
20 Hände darauf erkennen. Fingerreisen. Meistens westwärts. Über dem Tisch hängt der Stundenplan. Sechs Stunden täglich und donnerstags acht. Danach Hausaufgaben, Fernsehen. Ein Tag wie der andre. Und das noch vier Jahre bis zum Abitur. „Ja, er ist Klassenprimus", tönt der Vater Jahr für Jahr am Telefon. „Aber auch sonst ist er gelungen. Genau die richtige Mischung aus Disziplin und Spon-
25 taneität." – Das Bücherregal. Krimis, Lexika, einige Kinderbücher, von denen du dich noch nicht trennen kannst. Aber ganz oben die grüngoldene Karl-May-Ausgabe, komplett, James Fenimore Cooper und die ollen Paperbacks von Jack Lon-

1

don, ziemlich zerfleddert. Okay, Jack, auf gehts! Es wird Zeit. Am Yukon*schmilzt
schon das Eis. –

30 Du nimmst den Weg am Bach entlang. Verdächtig schäumend wieder heute.
Die Feldflasche schlägt dir bei jedem Schritt gegen den Schenkel. Das Kochge-
schirr ist unvollständig. Und Spiritus mußt du noch besorgen, unbedingt.

Du kommst an der krummen Kastanie vorbei, auf der du dir noch letztes Jahr
ein Baumbudchen gebaut hast. ,Wolfsblut"* gelesen da oben. Komisches Gefühl. –

35 Du wirst dir jetzt andre Baumhäuser baun, größer, stärker, an Flüssen aus hel-
lem Silber, o Mann, und die Bäume so fett bemoost und bewachsen mit blauen
Tundraflechten …

Und du legst noch'n Zahn zu. Von der Hauptstraße aus kannst du noch mal
dein Haus sehn, wenn du willst. Aber du drehst dich nicht mehr um. Nein, das
40 würdest du nicht mehr tun. Das wäre nicht die „Art des weißen Mannes". –

Falls du aber doch mal gehen solltest, soviel steht fest: abhaun, so richtig abhaun
kannste nur an einem Tag wie diesem.

Alfred Andersch

Sansibar oder der letzte Grund

Von dem kleinen Ostseehafen Rerik aus wollen im Herbst 1937 einige Menschen das Land verlassen: die Jüdin Judith Levin, die ins benachbarte Schweden fliehen will, der Fischer Knudsen, der als Kommunist in Deutschland nicht mehr politisch arbeiten kann, und dessen fünfzehnjähriger Schiffsjunge, der sich in der Kleinstadt langweilt.

Zwischen die einzelnen Kapitel des Romans hat der Autor Abschnitte eingeschoben, in denen er von den Sehnsüchten des Jungen erzählt.

Der Mississippi wäre das Richtige, dachte der Junge, auf dem Mississippi konnte man einfach ein Kanu klauen und wegfahren, wenn es stimmte, was im Huckleberry Finn stand. Auf der Ostsee würde man mit einem Kanu nicht sehr weit kommen, ganz abgesehen davon, daß es an der Ostsee nicht mal schnelle wendige 5 Kanus gab, sondern nur so olle schwere Ruderboote. Er sah vom Buch auf, unter der Treenebrücke* floß das Wasser still und langsam durch; die Weide, unter der er saß, hing ins Wasser rein, und gegenüber, in der alten Gerberei, regte sich, wie immer, nichts. Der Mississippi wäre besser als die Speicher in der alten, verlassenen Gerberei und die Weide am langsamen Fluß. Auf dem Mississippi wäre man 10 weg, während man sich auf den Speichern in der Gerberei und unter der Weide nur verstecken konnte. Unter der Weide auch nur, solange sie Blätter hatte, und die hatten schon mächtig begonnen abzufallen, und trieben gelb auf dem braunen Wasser davon. Verstecken war übrigens nicht das Richtige, dachte der Junge – man mußte weg sein.

15 Man mußte weg sein, aber man mußte irgendwohin kommen. Man durfte es nicht so machen wie Vater, der weg gewollt hatte, aber immer nur ziellos auf die offene See hinausgefahren war. Wenn man kein anderes Ziel hatte als die offene See, so mußte man immer wieder zurückkehren. Erst dann ist man weg, dachte der Junge, wenn man hinter der offenen See Land erreicht.

*

20 Landein abzuhauen, hatte auch keinen Zweck, dachte der Junge, der unter der Weide am Fluß saß. Huckleberry Finn hatte die Wahl gehabt, entweder in die großen Wälder zu gehen und als Trapper zu leben oder auf dem Mississippi zu verschwinden, und er hatte sich für den Mississippi entschieden. Aber ebensogut hätte er in die Wälder gehen können. Hier jedoch gab es keine Wälder, in die man ver-25 schwinden konnte, es gab nur Städte und Dörfer und Felder und Weideland und nur sehr wenig Wald, auch wenn man noch so weit ging. Übrigens ist das alles Blödsinn, dachte der Junge, ich bin kein kleiner Junge mehr, ich bin schon seit Ostern aus der Schule und ich glaube gar nicht mehr an die Wildwestgeschichten. Nur daß Huckleberry Finn keine Wildwestgeschichte war und daß man es auf ir-30 gendeine Weise genauso machen mußte wie Huckleberry Finn. Man mußte raus.

Es gab drei Gründe, weshalb man aus Rerik raus mußte. Der erste Grund lautete: weil in Rerik nichts los war. Es war tatsächlich überhaupt nichts los. Niemals

3

wird hier irgend etwas mit mir geschehen, dachte der Junge, während er den
herbstgelben, lanzettförmigen Weidenblättern nachsah, wie sie auf der Treene
35 langsam abschwammen.

*

Zwar saß er versteckt unter einem Vorhang aus Weidenzweigen, aber er konnte
auf den Turm von St. Georgen blicken und die Uhrzeit ablesen. Halb drei. In'ner
halbe Stunde muß ich auf dem Kutter sein, weil Knudsen um fünf Uhr abfahren
will, dachte er, und dann fängt wieder die langweilige Fischerei an, das Herum-
40 kriechen mit dem Boot am Buksand und unter dem Land, die eintönige Arbeit mit
dem Senknetz, zwei bis drei Tage lang, das Zusammensein mit dem mürrischen
Fischer. Knudsen fuhr nie auf die offene See hinaus, wie Vater, obwohl Vaters
Kutter nicht größer gewesen war als Knudsen seiner. Aber dafür war Vater auch
auf See umgekommen. Und auch deswegen muß ich raus, dachte der Junge, weil
45 ich gehört habe, wie sie sagten, mein Vater sei wieder einmal stinkbesoffen gewesen, als er umkam. Huck Finn sein Vater war ein Säufer, deshalb mußte Huck Finn
ja ausreißen, aber ich muß weg, weil mein Vater keiner war, sondern weil sie es
ihm nur nachsagen, weil sie auf ihn neidisch sind, denn er ist manchmal auf die
offene See hinaus gefahren. Nicht einmal eine Tafel haben sie für ihn in die Kir-
50 che gehängt, eine Tafel mit seinem Namen und den Worten „In den Stiefeln gestorben" und das Geburts- und Sterbedatum, wie sie es für alle machen, die auf
See geblieben sind. Ich hasse sie alle und das ist der zweite Grund, warum ich von
Rerik weg muß.

*

Er kam unbemerkt in die alte Gerberei an der Treene rein. In der Dunkelheit
55 tappte er vorsichtig die Stiegen hoch. Er konnte den Staub riechen, der im Haus
lag, auf den Treppen und in den Räumen, deren Türen lose in den Angeln hingen
oder herausgebrochen waren. Auf dem Speicher oben hing graues Licht, es kam
durch ein großes Fenster, dessen Scheiben fehlten, und durch die Lücken im Dach,
an den Stellen, wo die Dachpfannen vom Lattenrost geglitten waren. Es war noch
60 gerade so viel Licht, daß der Junge alles sehen konnte, aber selbst wenn es ganz
dunkel gewesen wäre, hätte er sich zurechtgefunden, denn er kannte den Speicher
wie seine Hosentasche. In der einen Ecke, über der das Dach noch heil war, hatte
er sich sein Versteck gebaut, einen Verhau aus Kisten und dahinter ein Lager aus
Stroh und Säcken, mit einer alten Decke darüber, auf dem er liegen und in Ruhe
65 lesen konnte, sogar bei Nacht; er hatte es ausprobiert, daß man das Licht einer
Kerze oder Taschenlampe von draußen nicht sehen konnte, so gut hatte er sich
verbarrikadiert. Es kam nie jemand auf den Speicher, die alte Gerberei stand seit
Jahren zum Verkauf, aber niemand interessierte sich dafür, und der Junge lebte
seit dem Frühjahr hier oben, in jeder Stunde, die er von zuhause weg konnte.
70   Er ging in sein Versteck, legte sich hin, kramte eine Kerze hervor und zündete
sie an. Dann zog er den „Huckleberry Finn" aus der Tasche und begann zu lesen.
Nach einer Weile hörte er damit auf und dachte darüber nach, was er im Winter
machen sollte, wenn es auf dem Speicher zu kalt sein würde. Ich muß mir einen
Schlafsack besorgen, dachte er, aber auf einmal wußte er, daß er bald nicht mehr

4

hier heraufkommen würde. Er hob das Brett hoch, unter dem er seine Bücher versteckt hatte, da lagen sie, und zum erstenmal betrachtete er sie mit einem Gefühl des Mißtrauens. Er hatte den Tom Sawyer und die Schatzinsel und den Moby Dick und Kapitän Scotts letzte Fahrt und Oliver Twist und ein paar Karl-May-Bände und er dachte: die Bücher sind prima, aber sie stimmen alle nicht mehr, so,
80 wie es in den Büchern zugeht, so geht es heute nicht mehr zu, in den Büchern wird erzählt, wie Huck Finn einfach wegläuft und wie Ismael angeheuert wird, ohne daß er das geringste Papier besitzt, heutzutage ist das ganz ausgeschlossen, man muß Papiere haben und Einwilligungen, und wenn man weglaufen würde, wäre man sehr schnell wieder eingefangen. Aber, dachte er, man muß doch hinaus
85 können, es ist doch unerträglich, daß man Jahre warten soll, um etwas zu sehen zu kriegen, und selbst dann ist es noch ungewiß. Er zog eine seiner Landkarten hervor und breitete sie aus, er hatte den Indischen Ozean erwischt und er las die Namen Bengalen und Chittagong und Kap Comorin und Sansibar und er dachte, wozu bin ich auf der Welt, wenn ich nicht Sansibar zu sehen bekomme und Kap
90 Comorin und den Mississippi und Nantucket und den Südpol. Und zugleich wußte er, daß er mit den Büchern zu Ende war, weil er erkannt hatte, daß man Papiere brauchte; er legte die Bücher und die Landkarten wieder unter das Brett und machte das Brett wieder fest und dann löschte er die Kerze und stand auf. Er spürte, daß der Speicher nichts mehr für ihn war, er war nur ein Versteck, und ein
95 Versteck war zu wenig, was man brauchte, das war ein Mississippi. Sich verstecken hatte keinen Sinn, nur Abhauen hatte einen Sinn, aber dazu gab es keine Möglichkeit. Er war bald sechzehn Jahre alt und er hatte begriffen, daß er mit dem Speicher und mit den Büchern zu Ende war.

Der Junge ging zum Fenster, von dem aus man die ganze Stadt überblicken
100 konnte, er sah auf die Türme im Flutlicht und auf die Ostsee, die eine dunkle Wand ohne Tür war. Auf einmal fiel ihm der dritte Grund ein. Während er auf Rerik blickte, dachte er Sansibar, Herrgott nochmal, dachte er, Sansibar und Bengalen und Mississippi und Südpol. Man mußte Rerik verlassen, erstens, weil in Rerik nichts los war, zweitens, weil Rerik seinen Vater getötet hatte, und drittens,
105 weil es Sansibar gab, Sansibar in der Ferne, Sansibar hinter der offenen See, Sansibar oder den letzten Grund.

Joseph von Eichendorff

Aus dem Leben eines Taugenichts

Erstes Kapitel

Das Rad an meines Vaters Mühle brauste und rauschte schon wieder recht lustig, der Schnee tröpfelte emsig vom Dache, die Sperlinge zwitscherten und tummelten sich dazwischen; ich saß auf der Türschwelle und wischte mir den Schlaf aus den Augen; mir war so recht wohl in dem warmen Sonnenscheine. Da trat der Vater
5 aus dem Hause; er hatte schon seit Tagesanbruch in der Mühle rumort und die

Schlafmütze schief auf dem Kopfe, der sagte zu mir: „Du Taugenichts! da sonnst du dich schon wieder und dehnst und reckst dir die Knochen müde und läßt mich alle Arbeit allein tun. Ich kann dich hier nicht länger füttern. Der Frühling ist vor der Tür, geh' auch einmal hinaus in die Welt und erwirb dir selber dein Brot." –
„Nun", sagte ich, „wenn ich ein Taugenichts bin, so ist's gut, so will ich in die Welt gehen und mein Glück machen." Und eigentlich war mir das recht lieb, denn es war mir kurz vorher selber eingefallen, auf Reisen zu gehen, da ich die Goldammer, welche im Herbst und Winter immer betrübt an unserem Fenster sang: „Bauer, miet' mich, Bauer, miet' mich!" nun in der schönen Frühlingszeit wieder ganz stolz und lustig vom Baume rufen hörte: „Bauer, behalt' deinen Dienst!" – Ich ging also in das Haus hinein und holte meine Geige, die ich recht artig spielte, von der Wand, mein Vater gab mir noch einige Groschen Geld mit auf den Weg, und so schlenderte ich durch das lange Dorf hinaus. Ich hatte recht meine heimliche Freude, als ich da alle meine alten Bekannten und Kameraden rechts und links, wie gestern und vorgestern und immerdar, zur Arbeit hinausziehen, graben und pflügen sah, während ich so in die freie Welt hinausstrich. Ich rief den armen Leuten nach allen Seiten recht stolz und zufrieden Adjes zu, aber es kümmerte sich eben keiner sehr darum. Mir war es wie ein ewiger Sonntag im Gemüte. Und als ich endlich ins freie Feld hinauskam, da nahm ich meine liebe Geige vor und spielte und sang auf der Landstraße fortgehend:

„Wem Gott will rechte Gunst erweisen,
Den schickt er in die weite Welt,
Dem will er seine Wunder weisen
In Berg und Wald und Strom und Feld.

Die Trägen, die zu Hause liegen,
Erquicket nicht das Morgenrot,
Sie wissen nur vom Kinderwiegen,
Von Sorgen, Last und Not um Brot.

Die Bächlein von den Bergen springen,
Die Lerchen schwirren hoch vor Lust,
Was sollt' ich nicht mit ihnen singen
Aus voller Kehl' und frischer Brust?

Den lieben Gott lass' ich nur walten;
Der Bächlein, Lerchen, Wald und Feld
Und Erd' und Himmel will erhalten,
Hat auch mein' Sach' aufs best' bestellt!"

Indem, wie ich mich so umsehe, kömmt ein köstlicher Reisewagen ganz nahe an mich heran, der mochte wohl schon einige Zeit hinter mir drein gefahren sein, ohne daß ich es merkte, weil mein Herz so voller Klang war, denn es ging ganz langsam, und zwei vornehme Damen steckten die Köpfe aus dem Wagen und hörten mir zu. Die eine war besonders schön und jünger als die andere, aber eigent-

6

lich gefielen sie mir alle beide. Als ich nun aufhörte zu singen, ließ die ältere still halten und redete mich
50 holdselig an: „Ei, lustiger Gesell, Er weiß ja recht hübsche Lieder zu singen." Ich nicht zu faul dagegen: „Eure Gnaden aufzuwarten, wüßt' ich noch viel schönere." Darauf
55 fragte sie mich wieder: „Wohin wandert Er denn schon so am frühen Morgen?" Da schämte ich mich, daß ich das selber nicht wußte, und sagte dreist: „Nach
60 Wien"; nun sprachen beide miteinander in einer fremden Sprache, die ich nicht verstand. Die jüngere schüttelte einige Male mit dem Kopfe, die andere lachte aber in
65 einem fort und rief mir endlich zu: „Spring' Er nur hinten mit auf, wir fahren auch nach Wien." Wer war froher als ich! Ich machte eine Reverenz* und war mit einem
70 Sprunge hinter dem Wagen, der Kutscher knallte, und wir flogen über die glänzende Straße fort, daß mir der Wind am Hute pfiff.

Hinter mir gingen nun Dorf,
75 Gärten und Kirchtürme unter, vor mir neue Dörfer, Schlösser und Berge auf, unter mir Saaten, Büsche

Ludwig Richter (1803–1884): Wanderschaft

und Wiesen bunt vorüberfliegend, über mir unzählige Lerchen in der klaren blauen Luft – ich schämte mich, laut zu schreien, aber innerlichst jauchzte ich und
80 strampelte und tanzte auf dem Wagentritt herum, daß ich bald meine Geige verloren hätte, die ich unterm Arme hielt. Wie aber denn die Sonne immer höher stieg, rings am Horizont schwere weiße Mittagswolken aufstiegen und alles in der Luft und auf der weiten Fläche so leer und schwül und still wurde über den leise wogenden Kornfeldern, da fiel mir erst wieder mein Dorf ein und mein Vater und
85 unsere Mühle, wie es da so heimlich kühl war an dem schattigen Weiher, und daß nun alles so weit, weit hinter mir lag. Mir war dabei so kurios zu Mute, als müßt' ich wieder umkehren; ich steckte meine Geige zwischen Rock und Weste, setzte mich voller Gedanken auf den Wagentritt hin und schlief ein.

Bertolt Brecht

Die jüdische Frau

Frankfurt, 1935. Es ist Abend. Eine Frau packt Koffer. Sie wählt aus, was sie mitnehmen
will. Mitunter nimmt sie wieder etwas aus dem Koffer und gibt es an seinen Platz im Zim-
mer zurück, um etwas anderes einpacken zu können. Lange schwankt sie, ob sie eine große
Photographie ihres Mannes, die auf der Kommode steht, mitnehmen soll. Dann läßt sie das
5 *Bild stehen. Sie wird müde vom Packen und sitzt eine Weile auf einem Koffer, den Kopf in*
die Hand gestützt. Dann steht sie auf und telefoniert.

DIE FRAU: Hier Judith Keith. Doktor, sind Sie es? – Guten Abend. Ich wollte nur
eben mal anrufen und sagen, daß ihr euch jetzt doch nach einem neuen
Bridgepartner umsehen müßt, ich verreise nämlich. – Nein, nicht für so sehr
10 lange, aber ein paar Wochen werden es schon werden. – Ich will nach Amsterdam. – Ja, das Frühjahr soll dort ganz schön sein. – Ich habe Freunde dort.
– Nein, im Plural, wenn Sie es auch nicht glauben. – Wie ihr da Bridge spielen sollt? – Aber wir spielen doch schon seit zwei Wochen nicht. – Natürlich,
Fritz war auch erkältet. Wenn es so kalt ist, kann man eben nicht mehr Bridge
15 spielen, das sagte ich auch! – Aber nein, Doktor, wie sollte ich? – Thekla hatte
doch auch ihre Mutter zu Besuch. – Ich weiß. – Warum sollte ich so was denken? – Nein, so plötzlich kam es gar nicht, ich habe nur immer verschoben,
aber jetzt muß ich … Ja, aus unserm Kinobesuch wird jetzt auch nichts mehr,
grüßen Sie Thekla. – Vielleicht rufen Sie ihn sonntags mal an? – Also, auf
20 Wiedersehen! – Ja, sicher gern! – Adieu!
Sie hängt ein und ruft eine andere Nummer an.
Hier Judith Keith. Ich möchte Frau Schöck sprechen. – Lotte? Ich wollte
rasch Adieu sagen, ich verreise auf einige Zeit. – Nein, mir fehlt nichts, nur
um mal ein paar neue Gesichter zu sehen. – Ja, was ich sagen wollte, Fritz hat
25 nächsten Dienstag den Professor hier zu Abend, da könntet ihr vielleicht auch
kommen, ich fahre, wie gesagt, heute nacht. – Ja, Dienstag. – Nein, ich wollte
nur sagen, ich fahre heute nacht, es hat gar nichts zu tun damit, ich dachte, ihr
könntet dann auch kommen. – Nun, sagen wir also: obwohl ich nicht da bin,
nicht? – Das weiß ich doch, daß ihr nicht so seid, und wenn, das sind doch
30 unruhige Zeiten, und alle Leute passen so auf, ihr kommt also? – Wenn Max
kann? Er wird schon können, der Professor ist auch da, sag's ihm. – Ich muß
jetzt abhängen. Also, Adieu!
Sie hängt ein und ruft eine andere Nummer an.
Bist du es, Gertrud? Hier Judith. Entschuldige, daß ich dich störe. – Danke.
35 Ich wollte dich fragen, ob du nach Fritz sehen kannst, ich verreise für ein paar
Monate. – Ich denke, du, als seine Schwester … Warum möchtest du nicht? –
So wird es aber doch nicht aussehen, bestimmt nicht für Fritz. – Natürlich
weiß er, daß wir nicht so – gut standen, aber … Dann wird er eben dich anrufen, wenn du willst. – Ja, das will ich ihm sagen. – Es ist alles ziemlich in
40 Ordnung, die Wohnung ist ja ein bißchen zu groß. – Was in seinem Arbeits-
zimmer gemacht werden soll, weiß Ida, laß sie da nur machen. – Ich finde sie

ganz intelligent, und er ist gewöhnt an sie. – Und noch was, ich bitte dich, das nicht falsch aufzunehmen, aber er spricht nicht gern vor dem Essen, könntest du daran denken? Ich hielt mich da immer zurück. – Ich möchte nicht gern darüber diskutieren jetzt, mein Zug geht bald, ich habe noch nicht fertig gepackt, weißt du. – Sieh auf seine Anzüge und erinnere ihn, daß er zum Schneider gehen muß, er hat einen Mantel bestellt, und sorg, daß in seinem Schlafzimmer noch geheizt wird, er schläft immer bei offenem Fenster, und das ist zu kalt. – Nein, ich glaube nicht, daß er sich abhärten soll, aber jetzt muß ich Schluß machen. – Ich danke dir sehr, Gertrud, und wir schreiben uns ja immer mal wieder. – Adieu.

Sie hängt ein und ruft eine andere Nummer an.

Anna? Hier ist Judith, du ich fahre jetzt. – Nein, es muß schon sein, es wird zu schwierig. – Zu schwierig! – Ja, nein, Fritz will es nicht, er weiß noch gar nichts, ich habe einfach gepackt. – Ich glaube nicht. – Ich glaube nicht, daß er viel sagen wird. Es ist einfach zu schwierig für ihn, rein äußerlich. – Darüber haben wir nichts verabredet. – Wir sprachen doch überhaupt nie darüber, nie! – Nein, er war nicht anders, im Gegenteil. – Ich wollte, daß ihr euch seiner ein wenig annehmt, die erste Zeit. – Ja, sonntags besonders, und redet ihm zu, daß er umzieht. – Die Wohnung ist zu groß für ihn. – Ich hätte dir gern noch Adieu gesagt, aber du weißt ja, der Portier! – Also, Adieu, nein, komm nicht auf die Bahn, auf keinen Fall! – Adieu, ich schreib mal. – Sicher.

Sie hängt ein und ruft keine andere Nummer mehr an. Sie hat geraucht. Jetzt zündet sie das Büchlein an, in dem sie die Telefonnummern nachgeschlagen hat. Ein paarmal geht sie auf und ab. Dann beginnt sie zu sprechen. Sie probt die kleine Rede ein, die sie ihrem Mann halten will. Man sieht, er sitzt in einem bestimmten Stuhl.

Ja, ich fahre jetzt also, Fritz. Ich bin vielleicht schon zu lange geblieben, das mußt du entschuldigen, aber …

Sie bleibt stehen und besinnt sich, fängt anders an.

Fritz, du solltest mich nicht mehr halten, du kannst es nicht … Es ist klar, daß ich dich zugrunde richten werde, ich weiß, du bist nicht feig, die Polizei fürchtest du nicht, aber es gibt Schlimmeres. Sie werden dich nicht ins Lager bringen, aber sie werden dich nicht mehr in die Klinik lassen, morgen oder übermorgen, du wirst nichts sagen dann, aber du wirst krank werden. Ich will dich nicht hier herumsitzen sehen, Zeitschriften blätternd, es ist reiner Egoismus von mir, wenn ich gehe, sonst nichts. Sage nichts …

Sie hält wieder inne. Sie beginnt wieder von vorn.

Sage nicht, du bist unverändert, du bist es nicht! Vorige Woche hast du ganz objektiv gefunden, der Prozentsatz der jüdischen Wissenschaftler sei gar nicht so groß. Mit der Objektivität fängt es immer an, und warum sagst du mir jetzt fortwährend, ich sei nie so nationalistisch jüdisch gewesen wie jetzt. Natürlich bin ich das. Das steckt ja so an. Oh, Fritz, was ist mit uns geschehen!

Sie hält wieder inne. Sie beginnt wieder von vorn.

Ich habe es dir nicht gesagt, daß ich fort will, seit langem fort will, weil ich nicht reden kann, wenn ich dich ansehe, Fritz. Es kommt mir dann so nutzlos vor, zu reden. Es ist doch alles schon bestimmt. Was ist eigentlich in sie gefahren? Was wollen sie in Wirklichkeit? Was tue ich ihnen? Ich habe mich

9

*Helene Weigel
(1900–1971) als die
„jüdische Frau"*

doch nie in die Politik gemischt. War ich für Thälmann*? Ich bin doch eines
von diesen Bourgeoisweibern*, die Dienstboten halten usw., und plötzlich
90 sollen nur noch die Blonden das sein dürfen? In der letzten Zeit habe ich oft
daran gedacht, wie du mir vor Jahren sagtest, es gäbe wertvolle Menschen
und weniger wertvolle, und die einen bekämen Insulin*, wenn sie Zucker haben und die andern bekämen keins. Und das habe ich eingesehen, ich
Dummkopf! Jetzt haben sie eine neue Einteilung dieser Art gemacht, und
95 jetzt gehöre ich zu den Wertloseren. Das geschieht mir recht.
    Sie hält wieder inne. Sie beginnt wieder von vorn.
    Ja, ich packe. Du mußt nicht tun, als ob du das nicht gemerkt hättest die
letzten Tage. Fritz, alles geht, nur eines nicht: daß wir in der letzten Stunde,
die uns bleibt, einander nicht in die Augen sehen. Das dürfen sie nicht errei-
100 chen, die Lügner, die alle zum Lügen zwingen. Vor zehn Jahren, als jemand
meinte, das sieht man nicht, daß ich eine Jüdin bin, sagtest du schnell: doch,
das sieht man. Und das freut einen. Das war Klarheit. Warum jetzt um das
Ding herumgehen? Ich packe, weil sie dir sonst die Oberarztstelle wegneh-
men. Und weil sie dich schon nicht mehr grüßen in deiner Klinik und weil
105 du nachts schon nicht mehr schlafen kannst. Ich will nicht, daß du mir sagst,
ich soll nicht gehen. Ich beeile mich, weil ich dich nicht noch sagen hören
will, ich soll gehen. Das ist eine Frage der Zeit. Charakter, das ist eine Zeit-
frage. Er hält soundso lange, genau wie ein Handschuh. Es gibt gute, die halten lange. Aber sie halten nicht ewig. Ich bin übrigens nicht böse. Doch, ich
110 bin's. Warum soll ich alles einsehen? Was ist schlecht an der Form meiner

10

Nase und der Farbe meines Haares? Ich soll weg von der Stadt, wo ich geboren bin, damit sie keine Butter zu geben brauchen. Was seid ihr für Menschen, ja, auch du! Ihr erfindet die Quantentheorie* und den Trendelenburg*und laßt euch von Halbwilden kommandieren, daß ihr die Welt erobern
115 sollt, aber nicht die Frau haben dürft, die ihr haben wollt. Künstliche Atmung und jeder Schuß ein Ruß! Ihr seid Ungeheuer oder Speichellecker von Ungeheuern! Ja, das ist unvernünftig von mir, aber was hilft in einer solchen Welt die Vernunft? Du sitzt da und siehst deine Frau packen und sagst nichts. Die Wände haben Ohren, wie? Aber ihr sagt ja nichts! Die einen horchen, und
120 die andern schweigen. Pfui Teufel. Ich sollte auch schweigen. Wenn ich dich liebte, schwiege ich. Ich liebe dich wirklich. Gib mir die Wäsche dort. Das ist Reizwäsche. Ich werde sie brauchen. Ich bin sechsunddreißig, das ist nicht zu alt, aber viel experimentieren kann ich nicht mehr. Mit dem nächsten Land, in das ich komme, darf es nicht mehr so gehen. Der nächste Mann, den ich
125 kriege, muß mich behalten dürfen. Und sage nicht, du wirst Geld schicken, du weißt, das kannst du nicht. Und du sollst auch nicht tun, als wäre es nur für vier Wochen. Das hier dauert nicht nur vier Wochen. Du weißt es, und ich weiß es auch. Sage also nicht: es sind schließlich nur ein paar Wochen, während du mir den Pelzmantel gibst, den ich doch erst im Winter brauchen
130 werde. Und reden wir nicht von Unglück. Reden wir von Schande. O Fritz!
Sie hält inne. Eine Tür geht. Sie macht sich hastig zurecht. Ihr Mann tritt ein.
DER MANN: Was machst du denn? Räumst du?
DIE FRAU: Nein.
DER MANN: Warum packen?
135 DIE FRAU: Ich möchte weg.
DER MANN: Was heißt das?
DIE FRAU: Wir haben doch gesprochen, gelegentlich, daß ich für einige Zeit weggehe. Es ist doch nicht mehr sehr schön hier.
DER MANN: Das ist doch Unsinn.
140 DIE FRAU: Soll ich denn bleiben?
DER MANN: Wohin willst du denn?
DIE FRAU: Nach Amsterdam. Eben weg.
DER MANN: Aber dort hast du doch niemanden.
DIE FRAU: Nein.
145 DER MANN: Warum willst du denn nicht hierbleiben? Meinetwegen mußt du bestimmt nicht gehen.
DIE FRAU: Nein.
DER MANN: Du weißt, daß ich unverändert bin, weißt du das, Judith?
DIE FRAU: Ja.
150 *Er umarmt sie. Sie stehen stumm zwischen den Koffern.*
DER MANN: Und es ist nichts sonst, was dich weggehen macht?
DIE FRAU: Das weißt du.
DER MANN: Vielleicht ist es nicht so dumm. Du brauchst ein Aufschnaufen. Hier erstickt man. Ich hole dich. Wenn ich nur zwei Tage jenseits der Grenze bin,
155 wird mir schon besser sein.
DIE FRAU: Ja, das solltest du.

DER MANN: Allzulang geht das hier überhaupt nicht mehr. Von irgendwoher kommt der Umschwung. Das klingt alles wieder ab wie eine Entzündung. – Es ist wirklich ein Unglück.

160 DIE FRAU: Sicher. Hast du Schöck getroffen?

DER MANN: Ja, das heißt, nur auf der Treppe. Ich glaube, er bedauert schon wieder, daß sie uns geschnitten haben. Er war direkt verlegen. Auf die Dauer können sie uns Intellektbestien doch nicht so ganz niederhalten. Mit völlig rückgratlosen Wracks können sie auch nicht Krieg führen. Die Leute sind nicht mal so 165 ablehnend, wenn man ihnen fest gegenübertritt. Wann willst du denn fahren?

DIE FRAU: Neun Uhr fünfzehn.

DER MANN: Und wohin soll ich das Geld schicken?

DIE FRAU: Vielleicht hauptpostlagernd Amsterdam.

DER MANN: Ich werde mir eine Sondererlaubnis geben lassen. Zum Teufel, ich 170 kann doch nicht meine Frau mit zehn Mark im Monat wegschicken! Schweinerei, das Ganze. Mir ist scheußlich zumute.

DIE FRAU: Wenn du mich abholen kommst, das wird dir guttun.

DER MANN: Einmal eine Zeitung lesen, wo was drin steht.

DIE FRAU: Gertrud habe ich angerufen. Sie wird nach dir sehen.

175 DER MANN: Höchst überflüssig. Wegen der paar Wochen.

DIE FRAU *die wieder zu packen begonnen hat:* Jetzt gib mir den Pelzmantel herüber, willst du?

DER MANN *gibt ihn ihr:* Schließlich sind es nur ein paar Wochen.

Wohin? Fotografie von Abraham Pisarek. Berlin, um 1935

12

Hans Tombrock (1895–1966): Selbstbildnis
(1938, in der Emigration)

Vom Brot der Sprache (1942)

Kein deutsches Wort hab ich so lang gesprochen.
Ich gehe schweigend durch das fremde Land.
Vom Brot der Sprache blieben nur die Brocken,
Die ich verstreut in meinen Taschen fand.

Verstummt sind sie, die mütterlichen Laute,
Die staunend ich von ihren Lippen las,
Milch, Baum und Bach, die Katze, die miaute,
Mond und Gestirn, das Einmaleins der Nacht.

Es hat der Wald noch nie so fremd gerochen,
Kein Märchen ruft mich, keine gute Fee.
Kein deutsches Wort hab ich so lang gesprochen.
Bald hüllt Vergessenheit mich ein wie Schnee.

Hans Sahl

13

Juchheisa nach Amerika,
Dir Deutschland gute Nacht!
Ihr Hessen präsentiert's Gewehr,
Der Landgraf kommt zur Wacht.

Ade, Herr Landgraf Friederich,
Du zahlst uns Schnaps und Bier!
Schießt Arme man und Bein uns ab,
So zahlt sie England Dir.

Ihr lausigen Rebellen ihr,
Gebt vor uns Hessen acht!
Juchheisa, nach Amerika,
Dir Deutschland gute Nacht!

Volkslied

Während des Siebenjährigen Kriegs in Europa (1756–1763) kämpften England und Frankreich um ihren Kolonialbesitz in Nordamerika. Die Engländer führten diese Auseinandersetzung vorzugsweise mit Truppen, die sie bei den deutschen Fürsten gekauft hatten. Ein berüchtigter Soldatenhändler war der Landgraf von Hessen-Kassel, der jährlich bis zu 12 000 junge Männer als Soldaten an den König von England verkaufte, das „Stück" zu 40 Talern.

HESSIANS ON THE MARCH.

Philipp Heinrich Bremser

Keinem Familien-Vater mögte ich die Reise nach Amerika anrathen

Brief eines deutschen Auswanderers aus Kentucky im Jahre 1850

Rasches Bevölkerungswachstum, Wirtschaftskrisen, vor allem in der Landwirtschaft, aber auch die politische Unfreiheit veranlaßten im 19. Jahrhundert viele Menschen in den verschiedenen deutschen Ländern, ihre Heimat zu verlassen. Agenten und Auswandererbüros (wie der „Nationalverein für deutsche Auswanderer" in Frankfurt am Main) vermittelten den Auswanderungswilligen Schiffsüberfahrt und Einwanderungsrecht in die USA. Nachdem bereits die große Hungersnot von 1816/17 zu einer Auswanderungswelle geführt hatte (über 20000 verließen Deutschland), brachte das Scheitern der Revolution von 1848 ein erneutes sprunghaftes Ansteigen der Auswanderung (im Jahr 1854 schließlich 127000 Auswanderer). Neben der selbsterfahrenen Not in der Heimat spielte nun die Hoffnung auf ein wirtschaftliches Dorado in der „Neuen Welt" eine zunehmende Rolle bei den Motiven für die Auswanderung. Deshalb zogen gerade die USA den Löwenanteil (über 90%) der Auswanderer an sich; zwischen 1871 und 1884 wanderten dort über eineinviertel Millionen Deutsche ein.

Philipp Heinrich Bremser aus Niedertiefenbach im Taunus verließ im Jahr 1849 seine Heimat, Mutter und Geschwister, um in der Neuen Welt sein Glück zu suchen. Nach einer langen, strapaziösen Reise erreichte er seinen Bestimmungsort Louisville in Kentucky. Im Januar 1850 schrieb er von dort seinen ersten Brief nach Hause, in dem er seine Reise und seine Eindrücke von dem neuen Land wiedergibt.

Louisville den 13ten Januar 1850

Vielgeliebte Mutter u. Geschwister!

Gott sei Dank, daß ich nach meiner langen Reise mit guter Gesundheit euch lieben Geschwister einmal meine begegneten Umstände und Verhältnisse schreiben
5 kann.
Wie ich Euch den letzten Brief aus Antwerpen habe geschrieben, daß wir den 2ten October von Antwerpen absegelten, war ich und mein Kamerad Römer noch recht gesund, bis den 2ten Morgens wurde der Römer mit einer Krankheit überfallen. Den Mittag um 2 Uhr fuhren wir aus dem Haafe, bis außer der belgische
10 Krenze, 4 Stunden untig Antwerpen. Den andern Tag war es mit der Krankheit noch nicht besser. Ich hatte schon alle meine möglichste Mittel angewendet, es wurde aber nicht besser. So wurde aus einem nahen holländischen Städtchen ein Doctor geholt, welcher gleich befahl, er müsse wieder nach Antwerpen in das Hospital gebracht werden. Der Docktor sagt es wär die Kollera. So wurde er gleich mit einem

15

¹⁵ kleine Boot zurückgefahren. Seine Kisten blieben auf dem Schiff. Vor dem Ab-
schied sagt er, sein Geld hätte er bei sich. Seine Kiste mit den Lebensmitteln
wurde ehe wir nach New-Orlians kamen öffentlich auf dem Schiff versteigert und
der Erlös mit eilf u. ein viertel Francs wurde an mich bezahlt, wo ich dich lieber Bruder bitte doch die 11 u. ¼ Francs an seine Freunde zu bezahlen; seine Kiste mit
²⁰ den Kleidern wurden in Orlians von dem Kapitän in einem Hause aufbewahrt. Er
sagte zu mir, wenn er noch käme, könnt er sie in 20 Jahr noch bekommen; wenn er
wieder gesund geworden ist, sollte er den 15 Ocktober mit einem andern Schiff
nach kommen. Alle Unkosten waren schon an das Bürau von Telguys bezahlt; ich
habe noch nichts weiter von ihm erfahren, weßhalb ich Euch bitte mir in dem näch-
²⁵ sten Brief doch Auskunft zu geben.

Nun lagen wir wegen dem ungünstigen Winde 5 Tage auf der Scheld stille, bis
den 7ten Ocktober bekamen wir guten Wind, wo wir dann in 2 Tagen durch die
Nord-See und durch das Kanal bis auf die offene See machten. Jetzt durch das
starke Schaukeln bekamen die meisten die Seekrankheit schon; bei mir ging sie
³⁰ leicht vorrüber, nur etliche Tage hatte ich etwas Schwindel im Kopf. Auf der Reise
ist ein Kind geboren u. 5 sind gestorben; es waren lauter Preusen, als ein klein
Kind von Diez. Ihhr Begräbniß war: sie wurden in Leinwand genäht, Bekamen etwas
Eisen an die Füße und wurden über Bort geschoben.

Es war an uns 160 Passagier. Das Schiff war … 115 Fuß lang und 30' breit, es wa-
³⁵ ren 2 Küchen darauf, wo wir machen konnten was wir wollten, allein es gab oft
Streit. Ein Jeder der nach kommt, soll sich seine ganze Lebensmittel mit von zu
Haus bringen; es mag sein was es nur will. Wer in Antwerpen hat gefaßt genom-
men, der konnte sie bald nicht genießen. Besonders muß er sich mit allerlei Thee u.
Arzneimittel vorsehen, weil die See allerlei Naturveränderung hervorbringt.
⁴⁰ Das Zwischendeck war für unsere Wohnung; auf beiden Seiten war eine dop-
pelte Reihe schlafstellen, wo ich mir die Meine am mitteleren Maste nahm, weil dort
das Schaukeln am wenigsten war. Vor jedem Bett stand eine Reihe Kiste und eine
Reihe in der Mitte, wo dann auf beider Seite ein schmaler Gang führte; die übrigen
Kisten waren im Keller. Jeden Tag bekam ein jeder eine Maaß süß Wasser, welches
⁴⁵ aber am letzten faul schmeckte; sonst waren wir uns selbst überlassen u. hatten al-
len Willen.

Den 8 November des Abends 11 Uhr sahen wir das erste Land, bis den 10ten
aber immer in der Ferne, welches aber Sandbänke schien zu sein. Den 11ten Morgens 4 Uhr sahen wir in der Ferne ein leucht Thurm, wo wir um 6 Uhr an der Insel
⁵⁰ Wollen-bänk vorbei kamen. Des mittags 4 Uhr kamen wir an die Insel Long-Eiland,
welche mit schwarzen bewohnt war. Hier war es sehr heiß, wo sich den 12ten No-
vemb. der Kapitän, Matroßen und viele Passagier im See badete. Hier hatten wir die
meiste Zeit Windstille. Den 16ten kamen wir an die Insel Cupa, welche 300 Meilen
lang u. 150 Meil breit ist. 3 Meil ist eine gute Stunde. Den 19ten kamen wir an die In-
⁵⁵ sel Florida u. den 24ten Novemb. kamen wir in die Mündung des Missisippi. Hier
standen nur etliche Häuser u. ein leucht Thurm; hier waren schon sehr viele Dampf
u. Frachtschiffe. Wir u. noch 2 Segelschiffe, wurden an ein Dampf-Schiff angehenkt
u. kamen den 25ten in New-Orlians an … Das Fleisch ist hier billig; das Pf. Schwei-
nefl. 3 Kr., Rindfl. 2 Kr., die übrige Lebensmittel sind so theuer, wie in Deutschland.
⁶⁰ Die Kartoffeln sind aber in ganz Amerika so naß, daß man sie bald nicht genießen

16

Auswanderer gehen in Bremerhaven an Bord. Holzstich (um 1860)

kann. In dieser Gegend sind keine wilden Thiere mehr, als etwa Eighörnchen die gegessen werden; der Haase ist viel kleiner als bei Euch. Doch wenig Hirsche, wilde Gänse; sonst hält sich kein Wild mehr, weil die Gegend schon stark bewohnt ist.

65 Es sind auch noch schwarze Sclave hier. Den Neujahrstag war Sclavenmarkt hier, wo eine Mannsperson 800 Thl., eine Weibsperson 600 Th., ein Kind von 10 Jahr 200 Th. kost. Ich war selbst auf dem Markt.

Das Klima soll gesund sein, gutes Wasser ist auch hier; der Schnee u. die Kälte ist jetzt hier so groß wie in Deutschland, aber im Sommer soll es viel heißer sein als
70 bei Euch. Rindvieh, Pferde, Schweine, Schaafe, Hunde u. Katze sind alle wie in Deutschl. Es gibt allerei Holz u. Früchtesorten hier, als keine Zwetschen, Erbsen, Linsen habe ich noch nicht gesehen. Die Hauptfrüchte sind Welschkorn*, Hafer, Weize, etwas Korn u. die Trauben wachsen wild im Wald, aber sind sehr sauer. An Kirchen u. Schulen fehlt es hier nicht, es ist auch eine große schöne Stadt, aber die
75 Wege u. Straßen sind in der ganzen Gegend noch nicht wie in Deutschland. Von den Handwerker kann ich so viel noch nicht sagen. Als nach Schuster u. Schneider war immer die meiste Frage; Kiefer, Wagner u. Schmidt sind auch gute Provesionen*, nur sie werden auch übertrieben. Möbel Schreiner können nicht fortkommen, weil das ganze Möbelwesen in Fabriken so wohlfeil wird vorgefertigt. Zimmerleute
80 sind gar nicht. Die Häuser, die in den Städten von Holz werden gebaut da macht

17

man die ganze Wände von Bort. Die dieselben Häuser bauen, nennt man Haus-
schreiner. Die übrigen Häuser in den Städten werden alle von Ziegel- oder Back-
steine gebaut. Mit Pottasch* u. Brandeweinbrenner ist hier nicht viel zu machen.
Der Schnaps, das Eisen u. Leder ist viel wohlfeiler als in Deutschland. Mit Nagel-
85 schmidte ist auch nicht viel, weil keine Schuhnägel getragen werden, u. die Großen
werden auf Fabricken geschnitten. Mit den Müller ist es ebenso; meist alle Mahl
und Schneidmühle werden durch Dampf oder Pferde getrieben. Wann ein Provi-
sionsmann aus Deutschland nach Amerika kommt, der muß von Neuem wiederler-
nen, weil alles Werkzeug ganz anders ist u. anders gearbeitet wird.
90 Keinen bestimmten Lohn kann ich noch nicht schreiben, wie die Arbeit so der
Lohn. Ein Mädchen, das im Nähen und in der Hausarbeit versirt ist, kann ein Lohn
von 4 bis 8 Thl. den Monat verdienen. Meine Arbeit ist jetzt in einer großen Metzge-
rei, wo täglich 1200 bis 1600 stück Schweine werden geschlachtet u. so sind 4
Schlachtereien hier. Das Fleisch wird all in Fäßer gesalzen u. wird dann verschickt.
95 Hier bekomm ich jeden Tag einen Thaler; es dauert aber nur noch etliche Wochen.
Was ich das Frühjahr ergreife, kann ich jetzt noch nicht schreiben. Man kann sich
auf hundertlei Art anderst durchbringen als in Deutschland, nur man muß Arbeiten.
Ein jeder der nachkommen will, den mögte ich die Reise über New-Orleans anbe-
fehlen, weil man im Südlichen nicht so viel Sturm u. Gefahr hat zu befürchten, und
100 weil man auch mit der Hälfte Geld die Reise kann machen, als über New-jork in das
Land. Er muß sich aber im Frühjahr bei Zeiten oder im Herbst auf die Reise machen, weil es im Sommer zu heiß ist.
Keinem Familien-Vater mögte ich die Reise nach Americka anrathen, besonders
wenn er noch unerwachsene Kinder hat, weil die Reise große Beschwerlichkeiten
105 hat, die man von zu Haus nicht kennt, auch nicht alle schreiben kann. Ein lediger
der nachkommt soll sich mit Essen u. Trinken nur an keine Familie anschließen. Er
thut viel besser sucht sich ein Kamerad u. bleiben allein, weil sie auf der Reise
keine Arbeit haben, als um das Essen zu zanken.
Lieben Geschwister, wenn ihr den Brief erhaltet, dann schreibt mir gleich, wie es
110 um Euch in der Welt steht, ob ihr alle u. mein klein Göthchen* noch recht gesund
seyd. Die Attreße könnt ihr ladeinisch aber ganz einfach schreiben, weil die Briefe
in die Zeitung werden gesetzt, wenn sie ankommen; dann muß man sie selbst auf
der Post abholen.
Nun will ich meinen Brief beschließen. Lebet glücklich und gesund bis daß wir
115 uns wieder die Hand zum Willkommen reichen können.
Ich grüße Euch alle viel viel Dausentmal von Herzen
Grüßet mir alle Freunde u. Verwande.
Alle Lieben und Bekannte
Meine Attresse ist an Philipp Heinrich, Bremser in Louisville im Staat Kentucky in
120 Nord-Americka.

Du mußt nur die Laufrichtung ändern – Kurze Texte

Johann Peter Hebel

Hochzeit auf der Schildwache

Ein Regiment, das sechs Wochen lang in einem Dorfbezirk in Kantonierung* gelegen war, bekam unversehens in der Nacht um zwei Uhr Befehl zum plötzlichen
Aufbruch. Also war um drei Uhr schon alles auf dem Marsch, bis auf eine einsame
Schildwache draußen im Feld, die in der Eile vergessen wurde und stehen blieb.
5 Dem Soldaten auf der einsamen Schildwache wurde jedoch zuerst die Zeit nicht
lang, denn er schaute die Sterne an und dachte: ‚Glitzert ihr, solange ihr wollt, ihr
seid doch nicht so schön als zwei Augen, welche jetzt schlafen in der untern
Mühle.‘ Gegen fünf Uhr jedoch dachte er: ‚Es könnte jetzt bald drei sein.‘ Allein
niemand wollte kommen, um ihn abzulösen. Die Wachtel schlug, der Dorfhahn
10 krähte, die letzten Sterne, die selbigen Morgen noch kommen wollten, waren auf-
gegangen, der Tag erwachte, die Arbeit ging ins Feld, aber noch stand unser Musketier unabgelöst auf seinem Posten. Endlich sagte ihm ein Bauersmann, der auf
seinen Acker wandelte, das ganze Bataillon sei ausmarschiert schon um drei Uhr,
kein Gamaschenknopf sei mehr im Dorf, noch weniger der Mann dazu. Also ging
15 der Musketier unabgelöst selber ins Dorf zurück. Des Hausfreunds Meinung wäre,
er hätte jetzt den Doppelschritt anschlagen und dem Regiment nachziehen sollen.
Allein der Musketier dachte: ‚Brauchen sie mich nimmer, so brauch ich sie auch
nimmer.‘ Zudem dachte er: ‚Es ist nicht zu trauen. Wenn ich ungerufen komme
und mich selber abgelöst habe, so kanns spanische Nudeln absetzen‘; er meinte
20 Röhrlein. Zudem dachte er: ‚Der untere Müller hat ein hübsches Mägdlein, und
das Mägdlein hat einen hübschen Mund, und der Mund hat holde Küsse‘, und ob
sonst schon etwas mochte geschehen sein, geht den Hausfreund nichts an. Also
zog er das blaue Röcklein aus und verdingte sich in dem Dorf als Bauernknecht,
und wenn ihn jemand fragte, so antwortete er wie jener Hüninger Deserteur, es
25 sei ihm ein Unglück begegnet, sein Regiment sei ihm abhanden gekommen. Brav
war der Bursche, hübsch war er auch, und die Arbeit ging ihm aus den Händen
flink und recht. Zwar war er arm, aber desto besser schickte sich für ihn des Mül-
lers Töchterlein, denn der Müller hatte Batzen. Kurz, die Heirat kam zustande.
Also lebte das junge Paar in Liebe und Frieden glücklich beisammen und bauten
30 ihr Nestlein. Nach Verlauf von einem Jahr aber, als er eines Tages von dem Felde
heimkam, schaute ihn seine Frau bedenklich an: „Fridolin, es ist jemand dagewe-

sen, der dich nicht freuen wird." –
„Wer?" – „Der Quartiermacher von
deinem Regiment; in einer Stunde
35 sind sie wieder da." Der alte Vater
lamentierte*, die Tochter lamentierte
und sah mit nassen Augen ihren Säugling an. Denn überall gibt es Verräter.
Der Fridolin aber nach kurzem Schrek-
40 ken sagte: „Laßt mich gewähren. Ich
kenne den Obrist." Also zog er das
blaue Röcklein wieder an, das er zum
ewigen Andenken hatte aufbewahren
wollen, und sagte seinem Schwieger-
45 vater, was er tun soll. Hernach nahm er
das Gewehr auf die Achsel und ging
wieder auf seinen Posten. Als aber das
Bataillon eingerückt war, trat der alte
Müller vor den Obristen. „Habt doch
50 ein Einsehen, Herr General, mit dem
armen Menschen, der vor einem Jahr
auf den Posten gestellt worden ist
draußen an der Waldspitze. Ist es auch

permittiert*, eine Schildwache ein geschlagenes Jahr lang stehen zu lassen auf dem
55 nämlichen Fleck und nicht abzulösen?" Da schaut der Obrist den Hauptmann an,
der Hauptmann schaute den Unteroffizier an, der Unteroffizier den Gefreiten,
und die halbe Kompanie, alte gute Bekannte des Vermißten, liefen hinaus, die ein-
jährige Schildwache zu sehen und wie der arme Mensch müsse zusammenge-
schmoret sein, gleich einem Borstdorfer Äpfelein, das schon vier Jahre am Baum
60 hängt. Endlich kam auch der Gefreite, der nämliche, der ihn vor zwölf Monaten
auf den Posten geführt hatte, und löste ihn ab: „Präsentiert das Gewehr, das Gewehr auf die Schulter, marsch", nach soldatischem Herkommen und Gesetz. Hernach mußte er vor dem Obristen erscheinen, und seine junge, hübsche Frau mit
ihrem Säugling auf den Armen begleitete ihn und mußten ihm alles erzählen. Der
65 Obrist aber, der ein gütiger Herr war, schenkte ihm einen Federntaler* und half
ihm hernach zu seinem Abschied.

Alexander Kluge

Der spanische Posten

In einer Kaserne Spaniens lag ein Haufen Stroh. Ein Posten wurde davorgestellt.
Das Stroh vermoderte, sank zu einem Häuflein zusammen. Der Posten, nicht ab-
berufen, stand noch monatelang davor.

20

Pflichtbewußt

Bundeswehr vergaß die Ablösung

MÜNCHEN (AP/dpa) Drei Tage lang hat ein 20jähriger Bundeswehrsoldat an der Amperbrücke von Inkofen bei Freising in Regen und Wind auf Ablösung gewartet. Dann stellte sich heraus, daß seine im Raum Bayreuth stationierte Einheit ihn vergessen hatte und ohne ihn abgerückt war.

Bei einer Übung war der Posten am Freitag mit dem Befehl aufgestellt worden, seinen Posten keinesfalls bis zur Ablösung zu verlassen. Der Soldat hielt sich an den Befehl.

Allerdings erregte er bald das Mitleid der Dorfbewohner von Inkofen, die ihm zuletzt Essen und Trinken an die Brücke brachten, wo er im Wartehäuschen einer Omnibushaltestelle Schutz vor dem Regen gesucht hatte.

Als der Soldat auch am Sonntag noch Wache stand und die Ablösung ausblieb, verständigten die Dorfbewohner den Bundeswehrstandort Freising, der den pflichtgetreuen Soldaten abholte. An den einsamen Posten vor der Amperbrücke von Inkofen hatte beim Abrücken der Einheit niemand mehr gedacht.

(Wiesbadener Kurier)

„Hervorragende Pflichterfüllung"

Othmar Puchta, jener „standhafte" Soldat, der mutterseelenallein bei Wind und Regen an der Amperbrücke in Inkofen Tage und Nächte lang Wache schob, ist vor versammelter Mannschaft ausgezeichnet worden. Der 20jährige erhielt von der 4. Kompanie des Bayreuther Jägerbataillons 102 eine „förmliche Anerkennung wegen hervorragender Pflichterfüllung". Auch von der Bonner Hardthöhe kam höchstes Lob. Das Bundesverteidigungsministerium sprach von „bemerkenswerter Befehlstreue".

(Wiesbadener Kurier)

Jacob und Wilhelm Grimm

Das eigensinnige Kind

Es war einmal ein Kind eigensinnig und tat nicht, was seine Mutter haben wollte. Darum hatte der liebe Gott kein Wohlgefallen an ihm und ließ es krank werden, und kein Arzt konnte ihm helfen; und in kurzem lag es auf dem Totenbettchen. Als es nun ins Grab versenkt und die Erde über es hingedeckt war, so kam auf ein-
5 mal sein Ärmchen wieder hervor und reichte in die Höhe, und wenn sie es hineinlegten und frische Erde darüber taten, so half das nicht, und das Ärmchen kam immer wieder heraus. Da mußte die Mutter selbst zum Grabe gehen und mit der Rute aufs Ärmchen schlagen, und wie sie das getan hatte, zog es sich hinein, und das Kind hatte nun erst Ruhe unter der Erde.

21

Herbert Heckmann

Robinson

Ein Mann hatte große Lust auszuwandern. Er verkaufte alles, soweit die Wertlosigkeit der Gegenstände nicht seine Barmherzigkeit anstachelte, packte eine vollständige Robinsonausgabe in Ölpapier – wegen der Unbeständigkeit des Klimas – besorgte sich ein Schiff, das zum Untergang neigte, und fuhr nach Süden.

5 Es traf alles ein. Ein Orkan erhob sich. Das Schiff scheiterte. Er klammerte sich an eine Planke, die gerade so groß war, daß er den Kopf nachdenklich über Wasser halten konnte. In der linken Hand führte er das Buch in Ölpapier wie eine Flosse.

Das Glück einer Insel jedoch blieb ihm versagt, so sehr er sich auch um eine vom Meer umfriedete Einsamkeit bemühte. Er trieb dahin, bis die Wellen ihn so

10 abgespült hatten, daß er wie ein Kieselstein zu Grunde schaukelte: eine Insel hoffend.

Franz Kafka

Eine kaiserliche Botschaft

Der Kaiser – so heißt es – hat Dir, dem Einzelnen, dem jämmerlichen Untertanen, dem winzig vor der kaiserlichen Sonne in die fernste Ferne geflüchteten Schatten, gerade Dir hat der Kaiser von seinem Sterbebett aus eine Botschaft gesendet. Den Boten hat er beim Bett niederknien lassen und ihm die Botschaft ins Ohr zuge-

5 flüstert; so sehr war ihm an ihr gelegen, daß er sie noch ins Ohr wiedersagen ließ. Durch Kopfnicken hat er die Richtigkeit des Gesagten bestätigt. Und vor der ganzen Zuschauerschaft seines Todes – alle hindernden Wände werden niedergebrochen und auf den weit und hoch sich schwingenden Freitreppen stehen im Ring die Großen des Reichs – vor allen diesen hat er den Boten abgefertigt. Der

10 Bote hat sich gleich auf den Weg gemacht; ein kräftiger, ein unermüdlicher Mann; einmal diesen, einmal den andern Arm vorstreckend schafft er sich Bahn durch die Menge; findet er Widerstand, zeigt er auf die Brust, wo das Zeichen der Sonne ist; er kommt auch leicht vorwärts, wie kein anderer. Aber die Menge ist so groß; ihre Wohnstätten nehmen kein Ende. Öffnete sich freies Feld, wie würde er fliegen,

15 und bald wohl hörtest Du das herrliche Schlagen seiner Fäuste an Deiner Tür. Aber statt dessen, wie nutzlos müht er sich ab; immer noch zwängt er sich durch die Gemächer des innersten Palastes; niemals wird er sie überwinden; und gelänge ihm dies, nichts wäre gewonnen; die Treppen hinab müßte er sich kämpfen; und gelänge ihm dies, nichts wäre gewonnen; die Höfe wären zu durchmessen; und

20 nach den Höfen der zweite umschließende Palast; und wieder Treppen und Höfe; und wieder ein Palast; und so weiter durch Jahrtausende; und stürzte er endlich aus dem äußersten Tor – aber niemals, niemals kann es geschehen – liegt erst die Residenzstadt vor ihm, die Mitte der Welt, hochgeschüttet voll ihres Bodensatzes. Niemand dringt hier durch und gar mit der Botschaft eines Toten. – Du aber sitzt

25 an Deinem Fenster und erträumst sie Dir, wenn der Abend kommt.

Zeichnungen von Franz Kafka

Franz Kafka

Kleine Fabel

„Ach", sagte die Maus, „die Welt wird enger mit jedem Tag. Zuerst war sie so breit, daß ich Angst hatte, ich lief weiter und war glücklich, daß ich endlich rechts und links in der Ferne Mauern sah, aber diese langen Mauern eilen so schnell auf-einander zu, daß ich schon im letzten Zimmer bin, und dort im Winkel steht die
5 Falle, in die ich laufe." – „Du mußt nur die Laufrichtung ändern", sagte die Katze und fraß sie.

Max Frisch

Der andorranische Jude

In Andorra* lebte ein junger Mann, den man für einen Juden hielt. Zu erzählen wäre die vermeintliche Geschichte seiner Herkunft, sein täglicher Umgang mit den Andorranern, die in ihm den Juden sehen: das fertige Bildnis, das ihn überall erwartet. Beispielsweise ihr Mißtrauen gegenüber seinem Gemüt, das ein Jude,
5 wie auch die Andorraner wissen, nicht haben kann. Er wird auf die Schärfe seines Intellektes verwiesen, der sich eben dadurch schärft, notgedrungen. Oder sein Ver-hältnis zum Geld, das in Andorra auch eine große Rolle spielt: er wußte, er spürte, was alle wortlos dachten; er prüfte sich, ob es wirklich so war, daß er stets an das Geld denke, er prüfte sich, bis er entdeckte, daß es stimmte, es war so, in der Tat,

23

¹⁰ er dachte stets an das Geld. Er gestand es; er stand dazu, und die Andorraner blickten sich an, wortlos, fast ohne ein Zucken der Mundwinkel. Auch in Dingen des Vaterlandes wußte er genau, was sie dachten; sooft er das Wort in den Mund genommen, ließen sie es liegen wie eine Münze, die in den Schmutz gefallen ist. Denn der Jude, auch das wußten die Andorraner, hat Vaterländer, die er wählt, die ¹⁵ er kauft, aber nicht ein Vaterland wie wir, nicht ein zugeborenes, und wie wohl er es meinte, wenn es um andorranische Belange ging, er redete in ein Schweigen hinein, wie in Watte. Später begriff er, daß es ihm offenbar an Takt fehlte, ja, man sagte es ihm einmal rundheraus, als er, verzagt über ihr Verhalten, geradezu leidenschaftlich wurde. Das Vaterland gehörte den andern, ein für allemal, und daß ²⁰ er es lieben könnte, wurde von ihm nicht erwartet, im Gegenteil, seine beharrlichen Versuche und Werbungen öffneten nur eine Kluft des Verdachtes; er buhlte um eine Gunst, um einen Vorteil, um eine Anbiederung, die man als Mittel zum Zweck empfand auch dann, wenn man selber keinen möglichen Zweck erkannte. So wiederum ging es, bis er eines Tages entdeckte, mit seinem rastlosen und alles ²⁵ zergliedernden Scharfsinn entdeckte, daß er das Vaterland wirklich nicht liebte, schon das bloße Wort nicht, das jedesmal, wenn er es brauchte, ins Peinliche führte. Offenbar hatten sie recht. Offenbar konnte er überhaupt nicht lieben, nicht im andorranischen Sinn; er hatte die Hitze der Leidenschaft, gewiß, dazu die Kälte seines Verstandes, und diesen empfand man als eine immer bereite Geheimwaffe ³⁰ seiner Rachsucht; es fehlte ihm das Gemüt, das Verbindende; es fehlte ihm, und das war unverkennbar, die Wärme des Vertrauens. Der Umgang mit ihm war anregend, ja, aber nicht angenehm, nicht gemütlich. Es gelang ihm nicht, zu sein wie alle andern, und nachdem er es umsonst versucht hatte, nicht aufzufallen, trug er sein Anderssein sogar mit einer Art von Trotz, von Stolz und lauernder Feind- ³⁵ schaft dahinter, die er, da sie ihm selber nicht gemütlich war, hinwiederum mit einer geschäftigen Höflichkeit überzuckerte; noch wenn er sich verbeugte, war es eine Art von Vorwurf, als wäre die Umwelt daran schuld, daß er ein Jude ist –

Die meisten Andorraner taten ihm nichts.

Also auch nichts Gutes.

⁴⁰ Auf der andern Seite gab es auch Andorraner eines freieren und fortschrittlicheren Geistes, wie sie es nannten, eines Geistes, der sich der Menschlichkeit verpflichtet fühlte: sie achteten den Juden, wie sie betonten, gerade um seiner jüdischen Eigenschaften willen, Schärfe des Verstandes und so weiter. Sie standen zu ihm bis zu seinem Tode, der grausam gewesen ist, so grausam und ekelhaft, daß ⁴⁵ sich auch jene Andorraner entsetzten, die es nicht berührt hatte, daß schon das ganze Leben grausam war. Das heißt, sie beklagten ihn eigentlich nicht, oder ganz offen gesprochen: sie vermißten ihn nicht – sie empörten sich nur über jene, die ihn getötet hatten, und über die Art, wie das geschehen war, vor allem die Art.

Man redete lange davon.

⁵⁰ Bis es sich eines Tages zeigt, was er selber nicht hat wissen können, der Verstorbene: daß er ein Findelkind gewesen, dessen Eltern man später entdeckt hat, ein Andorraner wie unsereiner. – Man redete nicht mehr davon.

Die Andorraner aber, sooft sie in den Spiegel blickten, sahen mit Entsetzen, daß sie selber die Züge des Judas tragen, jeder von ihnen.

24

Johann Gottfried Herder

Die Ratte in der Bildsäule

Hoan-Kong fragte einst seinen Minister, den Koang-Tschong, wofür man sich wohl in einem Staat am meisten fürchten müsse. Koang-Tschong antwortete: „Prinz, nach meiner Einsicht hat man nichts mehr zu fürchten, als was man nennet: *die Ratte in der Bildsäule.*"

5 Hoan-Kong verstand diese Vergleichung nicht; Koang-Tschong erklärte sie ihm also:

„Ihr wisset, Prinz, daß man an vielen Orten dem *Geiste des Orts* Bildsäulen aufzurichten pflegt; diese hölzernen Statuen sind inwendig hohl und von außen bemalet. Eine Ratte hatte sich in eine hineingearbeitet; und man wußte nicht, wie
10 man sie verjagen sollte. Feuer dabei zu gebrauchen, getrauete man sich nicht, aus Furcht, daß solches das Holz der Statue angreife; die Bildsäule ins Wasser zu setzen, getrauete man sich auch nicht, aus Furcht, man möchte die Farben an ihr auslöschen. Und so bedeckte und beschützte die Ehrerbietung, die man vor der Bildsäule hatte, die – *Ratte.*"

15 „Und wer sind diese Ratten im Staat?" fragte Hoan-Kong. „Leute", sprach der Minister, „die weder Verdienst noch Tugend haben und gleichwohl die Gunst des Fürsten genießen. Sie verderben alles; man siehet es und seufzet darüber; man weiß aber nicht, wie man sie angreifen, wie man ihnen beikommen soll. Sie sind die *Ratten in der Bildsäule.*"

Bertolt Brecht

Wenn die Haifische Menschen wären

„Wenn die Haifische Menschen wären", fragte Herrn K. die kleine Tochter seiner Wirtin, „wären sie dann netter zu den kleinen Fischen?" „Sicher", sagte er. „Wenn die Haifische Menschen wären, würden sie im Meer für die kleinen Fische gewaltige Kästen bauen lassen, mit allerhand Nahrung drin, sowohl Pflanzen als
5 auch Tierzeug. Sie würden sorgen, daß die Kästen immer frisches Wasser hätten, und sie würden überhaupt allerhand sanitäre Maßnahmen treffen. Wenn zum Beispiel ein Fischlein sich die Flosse verletzen würde, dann würde ihm sogleich ein Verband gemacht, damit es den Haifischen nicht wegstürbe vor der Zeit. Damit die Fischlein nicht trübsinnig würden, gäbe es ab und zu große Wasserfeste; denn
10 lustige Fischlein schmecken besser als trübsinnige. Es gäbe natürlich auch Schulen in den großen Kästen. In diesen Schulen würden die Fischlein lernen, wie man in den Rachen der Haifische schwimmt. Sie würden zum Beispiel Geographie brauchen, damit sie die großen Haifische, die faul irgendwo liegen, finden könnten. Die Hauptsache wäre natürlich die moralische Ausbildung der Fischlein. Sie wür-
15 den unterrichtet werden, daß es das Größte und Schönste sei, wenn ein Fischlein sich freudig aufopfert, und daß sie alle an die Haifische glauben müßten, vor al-

lem, wenn sie sagten, sie würden für eine schöne Zukunft sorgen. Man würde den Fischlein beibringen, daß diese Zukunft nur gesichert sei, wenn sie Gehorsam lernten. Vor allen niedrigen, materialistischen, egoistischen und marxistischen

20 Neigungen müßten sich die Fischlein hüten und es sofort den Haifischen melden, wenn eines von ihnen solche Neigungen verriete. Wenn die Haifische Menschen wären, würden sie natürlich auch untereinander Kriege führen, um fremde Fischkästen und fremde Fischlein zu erobern. Die Kriege würden sie von ihren eigenen Fischlein führen lassen. Sie würden die Fischlein lehren, daß zwischen ihnen und

25 den Fischlein der anderen Haifische ein riesiger Unterschied bestehe. Die Fischlein, würden sie verkünden, sind bekanntlich stumm, aber sie schweigen in ganz verschiedenen Sprachen und können einander daher unmöglich verstehen. Jedem Fischlein, das im Krieg ein paar andere Fischlein, feindliche, in anderer Sprache schweigende Fischlein tötete, würden sie einen kleinen Orden aus Seetang anhef-

30 ten und den Titel Held verleihen. Wenn die Haifische Menschen wären, gäbe es bei ihnen natürlich auch eine Kunst. Es gäbe schöne Bilder, auf denen die Zähne der Haifische in prächtigen Farben, ihre Rachen als reine Lustgärten, in denen es sich prächtig tummeln läßt, dargestellt wären. Die Theater auf dem Meeresgrund würden zeigen, wie heldenmütige Fischlein begeistert in die Haifischrachen

35 schwimmen, und die Musik wäre so schön, daß die Fischlein unter ihren Klängen, die Kapelle voran, träumerisch, und in allerangenehmste Gedanken eingelullt, in die Haifischrachen strömten. Auch eine Religion gäbe es da, wenn die Haifische Menschen wären. Sie würde lehren, daß die Fischlein erst im Bauch der Haifische richtig zu leben begännen. Übrigens würde es aufhören, wenn die Haifische Men-

40 schen wären, daß alle Fischlein, wie es jetzt ist, gleich sind. Einige von ihnen würden Ämter bekommen und über die anderen gesetzt werden. Die ein wenig größeren dürften sogar die kleineren auffressen. Das wäre für die Haifische nur angenehm, da sie dann selber öfter größere Brocken zu fressen bekämen. Und die größeren, Posten habenden Fischlein würden für die Ordnung unter den Fischlein

45 sorgen, Lehrer, Offiziere, Ingenieure im Kastenbau usw. werden. Kurz, es gäbe überhaupt erst eine Kultur im Meer, wenn die Haifische Menschen wären.‘‘

Wolf Wondratschek

Eine Frau verkauft auf der Straße einen Hundertmarkschein für fünfundneunzig Mark. Der Geldschein ist echt. Die Passanten machen einen Bogen um die Frau. 15 Minuten später muß sie im Präsidium sehr schwierige Fragen beantworten.

Daniil Charms

Begegnung

Da ging einmal ein Mann ins Büro und traf unterwegs einen anderen, der soeben ein französisches Weißbrot gekauft hatte und sich auf dem Heimweg befand. Das ist eigentlich alles.

Ilse Aichinger

Wo ich wohne

Ich wohne seit gestern einen Stock tiefer. Ich will es nicht laut sagen, aber ich wohne tiefer. Ich will es deshalb nicht laut sagen, weil ich nicht übersiedelt bin. Ich kam gestern abends aus dem Konzert nach Hause, wie gewöhnlich Samstag abends, und ging die Treppe hinauf, nachdem ich vorher das Tor aufgesperrt und
5 auf den Lichtknopf gedrückt hatte. Ich ging ahnungslos die Treppe hinauf – der Lift ist seit dem Krieg nicht in Betrieb –, und als ich im dritten Stock angelangt war, dachte ich: „Ich wollte, ich wäre schon hier!" und lehnte mich für einen Augenblick an die Wand neben der Lifttür. Gewöhnlich überfällt mich im dritten Stock eine Art von Erschöpfung, die manchmal so weit führt, daß ich denke, ich
10 müßte schon vier Treppen gegangen sein. Aber das dachte ich diesmal nicht, ich wußte, daß ich noch ein Stockwerk über mir hatte. Ich öffnete deshalb die Augen wieder, um die letzte Treppe hinaufzugehen, und sah in demselben Augenblick mein Namensschild an der Tür links vom Lift. Hatte ich mich doch geirrt und war schon vier Treppen gegangen? Ich wollte auf die Tafel schauen, die das Stockwerk
15 bezeichnete, aber gerade da ging das Licht aus.
Da der Lichtknopf auf der anderen Seite des Flurs ist, ging ich die zwei Schritte bis zu meiner Tür im Dunkeln und sperrte auf. Bis zu meiner Tür? Aber welche Tür sollte es denn sein, wenn mein Name daran stand? Ich mußte eben doch schon vier Treppen gegangen sein.
20 Die Tür öffnete sich auch gleich ohne Widerstand, ich fand den Schalter und stand in dem erleuchteten Vorzimmer, in meinem Vorzimmer, und alles war wie sonst, die roten Tapeten, die ich längst hatte wechseln wollen, und die Bank, die

daran gerückt war, und links der Gang zur Küche. Alles war wie sonst. In der Küche lag das Brot, das ich zum Abendessen nicht mehr gegessen hatte, noch in der
25 Brotdose. Es war alles unverändert. Ich schnitt ein Stück Brot ab und begann zu essen, erinnerte mich aber plötzlich, daß ich die Tür zum Flur nicht geschlossen hatte, als ich hereingekommen war, und ging ins Vorzimmer zurück, um sie zu schließen.

Dabei sah ich in dem Licht, das aus dem Vorzimmer auf den Flur fiel, die Tafel,
30 die das Stockwerk bezeichnete. Dort stand: Dritter Stock. Ich lief hinaus, drückte auf den Lichtknopf und las es noch einmal. Dann las ich die Namensschilder auf den übrigen Türen. Es waren die Namen der Leute, die bisher unter mir gewohnt hatten. Ich wollte dann die Stiegen hinaufgehen, um mich zu überzeugen, wer nun neben den Leuten wohnte, die bisher neben mir gewohnt hatten, ob nun wirklich
35 der Arzt, der bisher unter mir gewohnt hatte, über mir wohnte, fühlte mich aber plötzlich so schwach, daß ich zu Bett gehen mußte.

Seither liege ich wach und denke darüber nach, was morgen werden soll. Von Zeit zu Zeit bin ich immer noch verlockt, aufzustehen und hinaufzugehen und mir Gewißheit zu verschaffen. Aber ich fühle mich zu schwach, und es könnte auch
40 sein, daß von dem Licht im Flur da oben einer erwachte und herauskäme und mich fragte: „Was suchen Sie hier?“ Und diese Frage, von einem meiner bisherigen Nachbarn gestellt, fürchte ich so sehr, daß ich lieber liegen bleibe, obwohl ich weiß, daß es bei Tageslicht noch schwerer sein wird, hinaufzugehen.

Nebenan höre ich die Atemzüge des Studenten, der bei mir wohnt; er ist
45 Schiffsbaustudent, und er atmet tief und gleichmäßig. Er hat keine Ahnung von dem, was geschehen ist. Er hat keine Ahnung, und ich liege hier wach. Ich frage mich, ob ich ihn morgen fragen werde. Er geht wenig aus, und wahrscheinlich ist er zu Hause gewesen, während ich im Konzert war. Er müßte es wissen. Vielleicht frage ich auch die Aufräumefrau.
50 Nein. Ich werde es nicht tun. Wie sollte ich denn jemanden fragen, der mich nicht fragt? Wie sollte ich auf ihn zugehen und ihm sagen: „Wissen Sie vielleicht, ob ich nicht gestern noch eine Treppe höher wohnte?“ Und was soll er darauf sagen? Meine Hoffnung bleibt, daß mich jemand fragen wird, daß mich morgen jemand fragen wird: „Verzeihen Sie, aber wohnten Sie nicht gestern noch einen
55 Stock höher?“ Aber wie ich meine Aufräumefrau kenne, wird sie nicht fragen. Oder einer meiner früheren Nachbarn: „Wohnten Sie nicht gestern noch neben uns?“ Oder einer meiner neuen Nachbarn. Aber wie ich sie kenne, werden sie alle nicht fragen. Und dann bleibt mir nichts übrig, als so zu tun, als hätte ich mein Leben lang schon einen Stock tiefer gewohnt.
60 Ich frage mich, was geschehen wäre, wenn ich das Konzert gelassen hätte. Aber diese Frage ist von heute an ebenso müßig geworden wie alle anderen Fragen. Ich will einzuschlafen versuchen.

Ich wohne jetzt im Keller. Es hat den Vorteil, daß meine Aufräumefrau sich
65 nicht mehr um die Kohlen hinunterbemühen muß, wir haben sie nebenan, und sie scheint ganz zufrieden damit. Ich habe sie im Verdacht, daß sie deshalb nicht fragt, weil es ihr so angenehmer ist. Mit dem Aufräumen hat sie es niemals allzu genau genommen; hier erst recht nicht. Es wäre lächerlich, von ihr zu verlangen, daß sie

28

den Kohlenstaub stündlich von den Möbeln fegt. Sie ist zufrieden, ich sehe es ihr
70 an. Und der Student läuft täglich pfeifend die Kellertreppe hinauf und kommt
abends wieder. Nachts höre ich ihn tief und regelmäßig atmen. Ich wollte, er
brächte eines Tages ein Mädchen mit, dem es auffällig erschiene, daß er im Keller
wohnt, aber er bringt kein Mädchen mit.

Und auch sonst fragt niemand. Die Kohlenmänner, die ihre Lasten mit lautem
75 Gepolter links und rechts in den Kellern abladen, ziehen die Mützen und grüßen,
wenn ich ihnen auf der Treppe begegne. Oft nehmen sie die Säcke ab und bleiben
stehen, bis ich an ihnen vorbei bin. Auch der Hausbesorger grüßt freundlich, wenn
er mich sieht, ehe ich zum Tor hinausgehe. Ich dachte zuerst einen Augenblick
lang, daß er freundlicher grüße als bisher, aber es war eine Einbildung. Es erscheint
80 einem manches freundlicher, wenn man aus dem Keller steigt.

Auf der Straße bleibe ich stehen und reinige meinen Mantel vom Kohlenstaub,
aber es bleibt nur wenig daran haften. Es ist auch mein Wintermantel, und er ist
dunkel. In der Straßenbahn überrascht es mich, daß der Schaffner mich behandelt
wie die übrigen Fahrgäste und niemand von mir abrückt. Ich frage mich, wie es
85 sein soll, wenn ich im Kanal wohnen werde. Denn ich mache mich langsam mit
diesem Gedanken vertraut.

Seit ich im Keller wohne, gehe ich auch an manchen Abenden wieder ins Konzert. Meist samstags, aber auch öfter unter der Woche. Ich konnte es schließlich
auch dadurch, daß ich nicht ging, nicht hindern, daß ich eines Tages im Keller war.
90 Ich wundere mich jetzt manchmal über meine Selbstvorwürfe, über all die Dinge,
mit denen ich diesen Abstieg zu Beginn in Beziehung brachte. Zu Beginn dachte
ich immer: „Wäre ich nur nicht ins Konzert gegangen oder hinüber auf ein Glas

29

Wein!" Das denke ich jetzt nicht mehr. Seit ich im Keller bin, bin ich ganz beruhigt und gehe um Wein, sobald ich danach Lust habe. Es wäre sinnlos, die Dämpfe
95 im Kanal zu fürchten, denn dann müßte ich ja ebenso das Feuer im Innern der Erde zu fürchten beginnen – es gibt zu vieles, wovor ich Furcht haben müßte. Und selbst wenn ich immer zu Hause bliebe und keinen Schritt mehr auf die Gasse täte, würde ich eines Tages im Kanal sein.

Ich frage mich nur, was meine Aufräumefrau dazu sagen wird. Es würde sie je-
100 denfalls auch des Lüftens entheben. Und der Student stiege pfeifend durch die Kanalluken hinauf – und wieder hinunter. Ich frage mich auch, wie es dann mit dem Konzert sein soll und mit dem Glas Wein. Und wenn es dem Studenten gerade dann einfiele, ein Mädchen mitzubringen? Ich frage mich, ob meine Zimmer auch im Kanal noch dieselben sein werden. Bisher sind sie es, aber im Kanal hört das
105 Haus auf. Und ich kann mir nicht denken, daß die Einteilung in Zimmer und Küche und Salon und Zimmer des Studenten bis ins Erdinnere geht.

Aber bisher ist alles unverändert. Die rote Wandbespannung und die Truhe davor, der Gang zur Küche, jedes Bild an der Wand, die alten Klubsessel und die Bücherregale – jedes Buch darinnen. Draußen die Brotdose und die Vorhänge an
110 den Fenstern.

Die Fenster allerdings, die Fenster sind verändert. Aber um diese Zeit hielt ich mich meistens in der Küche auf, und das Küchenfenster ging seit jeher auf den Flur. Es war immer vergittert. Ich habe keinen Grund, deshalb zum Hausbesorger zu gehen, und noch weniger wegen des veränderten Blicks. Er könnte mir mit
115 Recht sagen, daß ein Blick nicht zur Wohnung gehöre, die Miete beziehe sich auf die Größe, aber nicht auf den Blick. Er könnte mir sagen, daß mein Blick meine Sache sei.

Und ich gehe auch nicht zu ihm, ich bin froh, solange er freundlich ist. Das einzige, was ich einwenden könnte, wäre vielleicht, daß die Fenster um die Hälfte
120 kleiner sind. Aber da könnte er mir wiederum entgegnen, daß es im Keller nicht anders möglich sei. Und darauf wüßte ich keine Antwort. Ich könnte ja nicht sagen, daß ich es nicht gewohnt bin, weil ich noch vor kurzem im vierten Stock gewohnt habe. Da hätte ich mich schon im dritten Stock beschweren müssen. Jetzt ist es zu spät.

Wolfgang Hildesheimer

Eine größere Anschaffung

Eines Abends saß ich im Dorfwirtshaus vor (genauer gesagt, hinter) einem Glas Bier, als ein Mann gewöhnlichen Aussehens sich neben mich setzte und mich mit vertraulicher Stimme fragte, ob ich eine Lokomotive kaufen wolle. Nun ist es zwar ziemlich leicht, mir etwas zu verkaufen, denn ich kann schlecht nein sagen,
5 aber bei einer größeren Anschaffung dieser Art schien mir doch Vorsicht am Platze. Obgleich ich wenig von Lokomotiven verstehe, erkundigte ich mich nach

Typ und Bauart, um bei dem Mann den Anschein zu erwecken, als habe er es hier mit einem Experten zu tun, der nicht gewillt sei, die Katze im Sack zu kaufen, wie man so schön sagt. Er gab bereitwillig Auskunft und zeigte mir Ansichten, die die Lokomotive von vorn und von den Seiten darstellten. Sie sah gut aus, und ich bestellte sie, nachdem wir uns vorher über den Preis geeinigt hatten, unter Rücksichtnahme auf die Tatsache, daß es sich um einen second-hand-Artikel handelte.

Schon in derselben Nacht wurde sie gebracht. Vielleicht hätte ich daraus entnehmen sollen, daß der Lieferung eine anrüchige Tat zugrunde lag, aber ich kam nun einmal nicht auf die Idee. Ins Haus konnte ich die Lokomotive nicht nehmen, es wäre zusammengebrochen, und so mußte sie in die Garage gebracht werden, ohnehin der angemessene Platz für Fahrzeuge. Natürlich ging sie nur halb hinein. Hoch genug war die Garage, denn ich hatte früher einmal meinen Fesselballon darin untergebracht, aber er war geplatzt. Für die Gartengeräte war immer noch Platz.

Bald darauf besuchte mich mein Vetter. Er ist ein Mensch, der, jeglicher Spekulation* und Gefühlsäußerung abhold, nur die nackten Tatsachen gelten läßt. Nichts erstaunt ihn, er weiß alles, bevor man es ihm erzählt, weiß es besser und kann alles erklären. Kurz, ein unausstehlicher Mensch. Nach der Begrüßung fing ich an: „Diese herrlichen Herbstdüfte …" – „Welkendes Kartoffelkraut", sagte er. Fürs erste steckte ich es auf und schenkte mir von dem Kognak ein, den er mitgebracht hatte. Er schmeckte nach Seife, und ich gab dieser Empfindung Ausdruck. Er sagte, der Kognak habe, wie ich auf dem Etikett ersehen könne, auf den Weltausstellungen in Lüttich und Barcelona große Preise erhalten, sei daher gut. Nachdem wir schweigend mehrere Kognaks getrunken hatten, beschloß er, bei mir zu übernachten, und ging den Wagen einstellen. Einige Minuten darauf kam er zurück und sagte mit leiser, leicht zitternder Stimme, daß in meiner Garage eine große Schnellzuglokomotive stünde. „Ich weiß", sagte ich ruhig und nippte von meinem Kognak, „ich habe sie mir vor kurzem angeschafft." Auf seine zaghafte Frage, ob ich öfters damit fahre, sagte ich, nein, nicht oft, nur neulich nachts hätte ich eine benachbarte Bäuerin, die ein freudiges Ereignis erwartete, in die Stadt, ins Krankenhaus gefahren. Sie hätte noch in derselben Nacht Zwillingen das Leben geschenkt, aber das habe wohl mit der nächtlichen Lokomotivfahrt nichts zu tun. Übrigens war das alles erlogen, aber bei solchen Gelegenheiten kann ich oft diesen Versuchungen nicht widerstehen. Ob er es geglaubt hat, weiß ich nicht, er nahm es schweigend zur Kenntnis, und es war offensichtlich, daß er sich bei mir nicht mehr wohl fühlte. Er wurde ganz einsilbig, trank noch ein Glas Kognak und verabschiedete sich. Ich habe ihn nicht mehr gesehen.

Als kurz darauf die Meldung durch die Tageszeitungen ging, daß den französischen Staatsbahnen eine Lokomotive abhanden gekommen sei (sie sei eines Nachts vom Erdboden – genauer gesagt vom Rangierbahnhof – verschwunden gewesen), wurde mir natürlich klar, daß ich das Opfer einer unlauteren Transaktion geworden war. Deshalb begegnete ich auch dem Verkäufer, als ich ihn kurz darauf im Dorfgasthaus sah, mit zurückhaltender Kühle. Bei dieser Gelegenheit wollte er mir einen Kran verkaufen, aber ich wollte mich in ein Geschäft mit ihm nicht mehr einlassen, und außerdem, was soll ich mit einem Kran?

Aphorismen

Ich denke, also bin ich.
(Descartes)

Nicht sein, sondern denken, denken, denken.
(Stanislaw Jerzy Lec)

Nur die Narren dürfen nicht ungestraft zittern:
ihre Schellen verraten sie sonst.
(Stanislaw Jerzy Lec)

Der Mensch ist die Dornenkrone der Schöpfung.
(Stanislaw Jerzy Lec)

Wann wird der Mensch den zwischenmenschlichen Raum erobern?
(Stanislaw Jerzy Lec)

Ich bin überzeugt, man liebt sich nicht bloß in andern, sondern haßt
sich auch in andern.
(Georg Christoph Lichtenberg)

Wer in sich selbst verliebt ist, hat wenigstens bei seiner Liebe den
Vorteil, daß er nicht viele Nebenbuhler erhalten wird.
(Georg Christoph Lichtenberg)

Geliebt wirst du einzig, wo du schwach dich zeigen darfst,
ohne Stärke zu provozieren.
(Theodor W. Adorno)

Von Frauen – Über Frauen

Paula Modersohn-Becker (1876–1907): Selbstbildnis mit Hand am Kinn

Susanne T. (16)

Nur pünktlich zur Arbeit, das ist zu wenig

In der DDR befragte die Schriftstellerin Maxie Wander Frauen über ihre Lebens-situation. Die Berichte wurden 1977 in der DDR und 1978 in der Bundesrepublik Deutschland veröffentlicht.

Meine Eltern halten mich zu locker. Wenn sie sagen: Um zehn bist du zu Haus, ganz forscher Ton, und ich komme erst um zwölf, dann heißt's nur:
5 Susanne, wenn das wieder vorkommt, darfst du die ganze Woche nicht raus. Was ist? Das nächste Mal das gleiche Theater. Papa schreit, Mammi sagt: Hach, Tochter, wie kannst du mir das
10 antun. Aber es passiert absolut nichts; nichts. Ich sage immer: Ja, ihr habt recht! und warte darauf, daß sie mal konsequent sind und mich einsperren. Bestimmte Prinzipien, die müssen sein.
15 Schon als Kind habe ich versucht, meinen Kopf durchzusetzen. Ich ging einfach nicht in den Kindergarten. Da hat mir Papa Schokolade versprochen oder Radau gemacht. Aber ich war die Stär-
20 kere. Er hat immer alles gemacht, weil er sein Töchterchen lieb hatte. Einwandfrei. Kinder wollen aber, daß die Eltern manchmal stärker sind als sie. Das haben meine Eltern nicht verstan-
25 den. Oft habe ich lange Fernsehn geguckt, aber wenn Papa seine Launen hatte oder Magenkrämpfe, dann hat er einfach ausgemacht, und da wurde ich dermaßen hysterisch! Meine Freundin
30 sagt: Meine Kinder, also, die werde ich nicht zu Duckmäusern erziehen, sondern ihnen alle Freiheiten lassen, damit sie ihre Persönlichkeit voll entfalten können. Aber schlechte Eigenschaften,
35 die sind doch nicht angeboren.

Ich hab's heut nicht leicht mit meinem Charakter. Wenn ich Jürgen nicht hätte, wäre ich aus dem Schlamassel* nicht rausgekommen. Jürgen kritisiert
40 mich sehr, und ich sage ihm, was mir an ihm nicht gefällt. Ich finde es dufte, daß mir einer mal meine Fehler sagt, ich war ja dermaßen überzeugt von mir. Susanne die Größte, Susanne die Schön-
45 ste, Susanne die Klügste. Ich hab den Clown gespielt. Jetzt überlege ich mir, was ich sage und wie es auf andere wirken könnte.

Selbstsicher bin ich noch immer. Die
50 Lehrer sind direkt geschockt, weil sie das nicht gewöhnt sind. Eine Lehrerin hat einmal gesagt: Wenn ich die schon laufen sehe! ich hab aber einen ganz duften Gang, ich weiß nicht, was sie da-
55 mit sagen will. Wenn ich aus der Schule komme, gehe ich sofort weg, wohin, weiß ich noch nicht genau. Ich habe viele Ideen, vielleicht in ein Kernkraftwerk, das ist was Neues und hat Zu-
60 kunft. In einer Kleinstadt kann man sich nicht so entfalten. Da muß man schon ein Mann sein, um was vom Leben zu haben. Ich setze mich manchmal allein in die Kneipe und denke mir, die sollen
65 ruhig glotzen, mich stört das nicht.

Kinder möchte ich keine haben. Ich will viel reisen und viel erleben. Ich seh doch, was Mammi für ein Leben führt. Vor fünf Minuten hat sie noch groß ge-
70 sprochen, was sie alles anstellen wird, und wenn Papa kommt, ist sie so klein. Beispielsweise ein Betriebsfest. Papa sagt: Klar, Hannchen, da gehste hin, den offiziellen Teil machste mit, und

34

wenn sie zu tanzen beginnen, hauste
ab nach Hause. Und Mammi macht das.
Und hinterher erzählt sie uns das Blaue
vom Himmel, was sie alles angestellt
hat. Und Papa ist so dumm und fällt
noch darauf herein. So ein Theater. Das
kommt alles, weil sie die vielen Kinder
hatte und so angebunden war. Nee, ich
möchte keine Kinder. Ich würde auch
nie einen Mann heiraten, der so eine
Einstellung hat wie Papa. Ich will erst
mal frei sein, damit man sich gegenseitig nichts vormachen kann. Manchmal tut mir Papa leid, wenn er so sinnlos herumschreit. Das hat er von Opa,
der war ein Herrscher. Das hat Papa immer gesehen, drum wollte er genauso
werden. Nun kommt er auf einmal nicht
mehr durch damit. Meine Brüder sind
aus dem Haus, Claudia ist verheiratet,
aber noch in Reichweite, da sind wir
vier Frauen gegen unseren Papa:
Mammi, Petra, Claudia und ich. Das ist
ganz neu für ihn, der Arme!

Die Mädchen in unserer Klasse halten sich alle an mich, weil ich meine eigene Meinung habe. Manchmal hab ich
gar keine Meinung, aber dann tu ich so,
als ob. Da hab ich erst mal meine Ruhe
und kann nachdenken. Viele Mädchen
wollen sich nicht als Frau fühlen, die
wollen lieber wie die Jungs werden, weil
Jungs sich noch immer mehr erlauben
können. Die Lehrer sagen manchmal so
einen Unsinn: Mädchen müssen ein
Vorbild für die Jungs sein, immer brav,
nie frech, nie unordentlich, nie laut.
Manche Lehrer hinken toll ihrer Zeit hinterher. Jedenfalls, richtig unterhalten
kann man sich nur mit jungen Leuten.
Jürgen kann ich mir zum Beispiel
gleichberechtigt vorstellen. Er hat keinen Vater, die Mutter hat ihn so erzogen, daß er dieselben Arbeiten wie eine
Frau macht. Jürgen würde zu Hause
bleiben, wenn mal ein Kind krank ist.

Ich bin der Meinung, daß derjenige zu
Hause bleiben soll, der am meisten
pädagogisch ist. Gesetzlich ist das ja
geregelt. In die Krippe würde ich ein
Kind nicht geben. Die Gleichberechtigung soll ja nicht auf Kosten
der Kinder gehen. Deshalb möchte ich
lieber keine haben.

Wenn die Erwachsenen nicht so doof
wären, dann hätte ich nie so schlechte
Gesellschaft gesucht. Die hat mich dermaßen beeinflußt. Ich hab viel getrunken und geraucht und war nachts auf
Feten. Praktisch hab ich ja freie Ent-
scheidungsmöglichkeiten gehabt, weil
meine Eltern mich nicht anbinden. Ich
konnte allein herausfinden, was gut und
was schlecht für mich ist. Wenn man
immer kontrolliert wird, dann macht
man schon aus Protest Unsinn, wenn
man nicht ganz doof ist. Das stört mich
so an den Erwachsenen, daß sie die Jugend zu Engeln erziehen möchten und
ganz vergessen, wie sie selber waren
oder gern gewesen wären. Wir wollen
halt nicht so eintönig und spießig leben
wie die Erwachsenen, ist ja furchtbar.
Bis ich draufgekommen bin, daß wir uns
gar nicht so von den Erwachsenen unterscheiden, wenn wir herumgammeln
und saufen, das hat gedauert. Jedenfalls, ich hab das eine Weile mitge-
macht, dann hab ich mir gesagt: Das
kann doch nicht der Weg sein, um
deine Ideale zu verwirklichen. Wo's
langläuft, weiß ich noch immer nicht genau, ich bin nur kritischer geworden,
auch mir selber gegenüber. Das finde
ich dufte. Jedenfalls, ich muß zugeben,
und ich geb ja nicht gern was zu, daß
ich von Jürgen sehr enttäuscht bin. Ich
merke erst jetzt, wie spießig er ist. Es
ist halt schlecht, wenn man mit einem
Jungen gleich intim wird, obwohl man
ihn noch gar nicht kennt. Der kann gut
reden, aber Vorbilder hat er ganz an-

dere. Ich hab so einen Einblick gekriegt, was der sich im Leben wünscht:
einen Bungalow am Wasser und schön
170 viel Geld raffen und Beziehungen haben, Beziehungen sind ganz toll wichtig, und immer alles für sich. Na gut,
Kommune ist nicht jedermanns Sache,
aber die Leute, die so was probieren,
175 finde ich einwandfrei. Nicht nur pünktlich zur Arbeit kommen, das ist zu wenig, sein ganzes Leben überdenken,
mal was anders machen als die Erwachsenen, das ist unheimlich gut. Darüber
180 müßte man mehr im Fernsehen sehen
oder in der Zeitung lesen. Ich seh's an
meinen Brüdern, wie die es einfach nicht
ertragen können, wenn irgendwo herum-
geschlampt wird. Diese Einstellung
185 hat Jürgen nicht. Ich hab ihm einen
Brief geschrieben, da hab ich ihm alles
gesagt, was ich nicht ausstehen kann
an einem Menschen. Hör ich nichts
mehr von ihm, ist's nicht weiter schade.
190 Leute, die so spießig leben, die sind
für mich gestorben, die sind tabu. Ich
meine das Enge, Begrenzte, nie über
den eigenen Haushalt hinaus, nur für
sich schaffen. Mammi ist zum Glück
195 ganz anders, ich sehe praktisch keinen
Erwachsenen in ihr, die ist so wie ich.
Mit ihr kann ich auch über das Sexuelle
reden, einwandfrei, drum hab ich keine
Komplexe.
200 Schlimm ist für mich, wie Papa sich
verhält. Ich hör's mir immer an, wenn er
über die Arbeit schimpft, ich versuch's
zu verstehen, aber es deprimiert mich,
wenn er Ärger hat mit der Partei. In der
205 Schule spricht man ja ganz anders.
Was stimmt denn nun? Manchmal hab
ich direkt Angst, weil ich nicht mehr so
hundertprozentig an alles glauben kann
wie als Kind. Ich hab so blöd von unse-
210 rem Schuldirektor geträumt. Der pre-
digt uns ja immer, wie wir sein sollen.

Auf einmal wollte er uns erschießen.
Das kommt daher, weil ich mir einbilde,
ich falle durch, und die zehnte ist ja so
215 wichtig. Das ist ein unheimlicher Druck,
so daß man gar nicht ruhig schlafen
kann. Im Traum hab ich unserem Direktor dann alles klargemacht, ich hab mit
ihm verhandelt, wie ich das immer ma-
220 che, und dann hat er uns leben lassen.
[...]
Ich erinnere mich an meine erste Ver-
liebtheit, wie herrlich und wie traurig
das war. Da war ich elf, da hat Lorenz,
225 mein ältester Bruder, geheiratet, und
wir haben drei Tage lang gefeiert. In die
Freunde von Lorenz war ich dermaßen
verknallt. Wie das zu Ende war und sie
wieder abgefahren sind, war ich un-
230 heimlich traurig. Ich hab mir nicht vorstellen können, daß das Leben weiter-
geht.
Schönheit ist für mich nicht so wichtig. Ich habe eine häßliche Freundin,
235 aber die ist so klug, die hat ihre eigene
Meinung, gefällt mir eben, hat auch
schon bei mir geschlafen. Mit der kann
man über alles sprechen, auch über
Politik, und dann nicht Hach Gott! und
240 so. Und die Art, wie sie alles macht, die
macht sie hübsch. An ihre Figur und
wie sie aussieht, daran denkt man nicht
mehr. Vielleicht bin ich so, weil Mammi
zu viel Wert aufs Äußere legt und so
245 schnell urteilt. Ich lasse meine Freundinnen an meine Schränke, die können
sich alles nehmen. Nur meine bemalte
Truhe kriegen sie nicht. Die hat mir
Papa einmal mitgebracht, als ich nicht
250 zur Schule wollte. An der hänge ich
unheimlich. Wenn ich mal ganz schnell
packen müßte, wenn ein Feuer aus-
bricht oder so was, dann würde ich erst
mal meine Hosen retten, mein Bilderal-
255 bum, meine Truhe jedenfalls und meine
Liebesbriefe.

*Angelica Kaufmann
(1741–1807):
Selbstporträt*

Fanny Lewald

Erziehung zu Hause und in der Schule (1862)

Fanny Lewald (1811–1889) wuchs in einer wohlhabenden Familie in Königsberg/Ost-preußen auf. Sie veröffentlichte ihre Jugenderinnerungen unter dem Titel „Meine Lebensgeschichte" in den Jahren 1861 und 1862.

Da meine Eltern beide sehr ordentlich, meine Mutter von der größten Genauigkeit in all ihrem Tun und Treiben war, so herrschte in unserm Hause eine glänzende Reinlichkeit, und die geringste Sache, die nicht an ihrem Orte stand, die geringste Kleinigkeit, die auf einem falschen Flecke lag, mußte auffallen und fort-
5 geräumt werden.

Hast du das Tuch nicht liegen sehen? Gehört das Band hierher? Das waren ganz natürliche Fragen, und wurde dann einmal die Entschuldigung vorgebracht, man habe es nicht gesehen, so folgte unabweislich die Entgegnung: man muß aber sehen! Warum sehe ich denn alles?

10 Befanden wir uns auf der Straße, und es fuhr ein Wagen an uns vorüber, auf dem Fässer oder Kisten geladen waren, so fragte mein Vater ganz kurz: was ist in den Fässern, Kisten, Ballen verpackt? Wußten wir es nicht, so hieß es: du hast solche Kisten aber schon bei dem Gewürzkrämer gesehen. Das sind Rosinenkisten! Du hast solche Ballen schon im Vorbeigehen an der Waage gesehen, das sind

37

15 Baumwollballen! Du hast solche verkalkten Fässer schon oft gesehen, das sind Öl-
fässer; und wenn Du es nicht weißt, warum fragst Du nicht? Man muß die Augen
offen haben, und nichts ansehen, ohne zu denken und zu fragen, was es ist! –
Ebenso wurden wir gewöhnt, keinen uns fremden Ausdruck an unserm Ohr
vorübergehen zu lassen, ohne nach seiner Bedeutung zu fragen, und weil wir auf
20 diese Weise eben zur Achtsamkeit angehalten wurden, lernten wir von frühe auf
eine Masse von Dingen, erwarben wir eine Menge von Begriffen, welche andere
Kinder mühsam erlernen mußten, ohne daß wir wußten, wie wir dazu gekommen
waren. Wie übel es aber ist, wenn man die Kinder nicht zeitig daran gewöhnt,
nichts Unverstandenes ohne Frage an sich vorübergehen zu lassen, das habe ich an
25 einer den gebildeten Ständen angehörenden Familie erfahren, in welcher man ge-
nötigt war, den ganz erwachsenen Kindern die unter uns eingebürgerten Fremd-
wörter mühsam und ausdrücklich zu erklären, die sie teils gar nicht zu benutzen
verstanden, teils völlig widersinnig gebrauchten.
Das Gehorchen lernen verstand sich für uns ebenso von selbst wie die Übung
30 unserer Sinne und unserer Achtsamkeit. Wir sahen und hörten im Vaterhause keinen Ungehorsam und überhaupt nicht leicht einen Unfrieden oder einen Streit. In
den einunddreißig Jahren, welche die Ehe meiner Eltern dauerte, hat keines von
uns Geschwistern je ein unfreundliches oder gar ein heftiges Wort von unserm
Vater gegen unsere Mutter, keines je andere Worte als die der verehrendsten
35 Liebe von der Mutter zu unserm Vater gehört. Sie war voll unermüdlicher Sorgfalt
für ihn, er von der rücksichtsvollsten Zärtlichkeit für sie. Wir lebten in einer Atmosphäre der Liebe und der Eintracht, es geschah uns nur Gutes, wir mußten also
wohl die Unterordnung unter die Eltern und die Eintracht untereinander als etwas
Natürliches empfinden und üben.
40 Mit dieser Liebe aber gingen ein strenger Ernst und eine feste Beharrlichkeit
Hand in Hand. Wir wußten, wie gern die Eltern uns Freude machten, wir wußten
es aber auch, daß gegen meines Vaters Befehl kein Widerspruch gestattet war, ja
ich möchte sagen, wir hatten die Vorstellung nicht, daß wir nicht unbedingt und
ohne alle Frage gehorchen müßten. Gehorchte doch alles im Hause dem Vater auf
45 das Wort: unsere Mutter, seine Mitarbeiter im Geschäfte, seine Untergebenen und
die Dienstboten. Die Mutter nannte den Vater, wenn sie von ihm zu der Dienerschaft sprach, immer nur „der Herr!“ – Und „der Herr will es!“ „der Vater hat es
gesagt!“ Das waren Aussprüche, welche für das ganze Haus die Unumstößlichkeit
eines Gottesurteils hatten. […]
50 Ich war sehr glücklich in der Schule, lernte leicht, kam schnell vorwärts, wurde
bei den öffentlichen Schulprüfungen sehr gelobt und gehörte zu den Kindern,
welche wir – denn auch die Mädchenschulen erzeugen sich einen Jargon* – die
Paradepferde nannten. Bei den Prüfungen vor den Eltern, welche etwa alle andert-
halb Jahre einmal stattfanden, konnte dem Ehrgeiz des einzelnen aber viel weni-
55 ger ein Genüge getan werden als bei den Besuchen, welche der in der preußischen
Schulgeschichte berühmte Konsistorialrat* Dinter ab und zu unserer Anstalt machte.
Den Konsistorialrat Dinter kannte von Ansehen jedes Kind der Stadt. Jedes
hatte ihn gesehen, den mittelgroßen, breitschultrigen Mann, mit dem runden offenen Gesicht, das, obschon Dinter das Haupt etwas gebückt trug, mit seinen hellen
60 Augen so freundlich aus dem langen grauen Haar hervorsah. Jeder kannte Dinters

breitschoßigen, quäckerhaften*, schwarzen Frack und die schwarze Kniehose, die niemals fest gegürtet war und also von dem Träger in kleinen Intervallen immer wieder in die Höhe gezogen werden mußte, was sehr komisch aussah, weil diese Bewegung ihm zu einer Art mechanischer Gewohnheit geworden war. Ein kleiner,
65 ganz verdrückter Hut und hängende Strümpfe vollendeten für die Vorstellung das Bild eines altmodischen Gelehrten; aber wer dem alten Dinter nur in die Augen gesehen, zu wem er nur einmal in seiner hellen, klugen Freundlichkeit gesprochen hatte, der vergaß seine sonderbare Erscheinung, oder vielmehr, der gewann sie lieb. Alles, was man außerdem von ihm hörte, war ganz dazu gemacht, die Mei-
70 nung der Kinder und der Jugend für ihn zu erwecken. Dinter war unverheiratet, trotzdem hatte er sich einen großen Hausstand geschaffen, denn er hatte allmählich zwölf mittellose Knaben in sein Haus aufgenommen, die er als seine Kinder hielt und erzog, und von denen er den einen später förmlich adoptierte. Es ist dies der in Königsberg lebende, als Arzt und Mensch gleich hoch geschätzte Doktor
75 Gustav Dinter. Über die Art der Dinterschen Häuslichkeit, über die Beschäftigung der Knaben, die bei der gemeinsamen Lektüre am Abende Federn schleißen und ähnliche Handarbeiten machen mußten, während der Konsistorialrat strickte, hatten wir alle unzählige Anekdoten gehört, die teils wahr, teils erfunden sein mochten; aber das empfand jedes von uns, daß er die Kinder lieb hatte, und das zog uns
80 zu ihm hin.

Seine Art zu fragen, kam der unseres Lehrers nahe, aber sie war immer mit Heiterkeit gepaart, und wenn Dinter zu loben oder zu tadeln hatte, geschah es stets mit einer gewissen guten Laune, mit einem Humor, der uns um so besser gefiel, je weniger wir ihn beim Unterrichte sonst gewohnt waren. Als er das erstemal in un-
85 sere Anstalt kam, mag ich etwa drei Jahre in derselben gewesen sein. Ich mußte ihm meine Rechenkünste vormachen, die vortrefflich gelangen, wurde viel in der Geographie befragt, in der ich grade meinen ganz dummen Tag hatte und mir eigensinnig auch von Herrn Ulrich nicht einhelfen ließ, so daß ich schlecht bestand, und dann mich erst wieder durch Französisch und Geschichte einigermaßen vor
90 den Augen Dinters zurechtzusetzen hatte. Herr Ulrich war nicht zufrieden mit mir, Dinter aber klopfte mir auf den Kopf und sagte: Nu! Dein Kopf hätt' auch besser auf 'nem Jungen gesessen! – Dann aber fügte er freundlich hinzu: wenn du aber nur 'n mal eine brave Frau wirst, so ist's auch gut! –

Mit heißen Wangen und höchst aufgeregt kam ich an dem Tage aus der Schule
95 zurück. Ich erzählte alles, was geschehen war, ich klagte mich an, daß ich nichts gewußt hätte, aber ich verweilte doch noch länger auf dem Lobe, das mir erteilt worden war, denn ohne es zu wissen, was er getan, hatte der treffliche Mann einen meiner geheimen Schmerzen berührt – ich beneidete es schon lange allen Knaben, daß sie Knaben waren und studieren konnten, und ich hatte eine Art von Gering-
100 schätzung gegen die Frauen. So töricht das an einem Kinde von neun Jahren erscheinen mag und so unberechtigt es in meinem besondern Falle war, lag doch der Ursprung zu diesen Gedanken nicht in mir selbst. Von jeher hatten Fremde, wenn sie meine Fähigkeiten lobten, mit einer Art von Bedauern hinzugefügt: wie schade, daß das kein Junge ist! – Ich hatte also die Idee gefaßt, daß die Knaben et-
105 was Besseres wären als die Mädchen und daß ich selbst mehr und besser sein müsse als die andern Mädchen.

Ottilie Baader

Die Jugend einer Maschinennäherin (1860–1870)

Ottilie Baader (1847–1925), Tochter eines Fabrikarbeiters, veröffentlichte 1921 ihre Le-
benserinnerungen unter dem Titel „Ein steiniger Weg". Der Auszug schildert ihr Leben in
den Jahren 1860–1870.

Der Vater hatte seine Arbeit in der Zuckerfabrik aufgegeben und war nach Berlin
gegangen. Hier arbeitete er bei Borsig*. Er hatte die Absicht, uns nachkommen zu
lassen, wenn er erst eingerichtet und eine Wohnung gefunden hatte. Drei Taler
verdiente er in der Woche, davon schickte er regelmäßig zwei Taler an die Mutter,
5 und für uns Kinder wurde immer ein Groschen mit eingesiegelt. Heute fahren die
Familienväter, die auswärts arbeiten, jeden Sonnabend nach Hause. Das ging damals nicht. Mit der Post war es teuer oder es mußte eine Gelegenheit abgewartet
werden. So kam es, daß der Vater eine ganze Zeitlang nicht zu Hause war. Als er
dann wiederkam, erschrak er über das Aussehen unserer Mutter und ließ den Arzt
10 kommen. Dieser ging nach der Untersuchung mit ihm heraus und sagte, er wollte
etwas verschreiben, und nach zwei Tagen wiederkommen und sehen, ob noch zu
helfen wäre. Aber es war zu spät und sie starb dann sehr bald an der galoppieren-
den Schwindsucht*. Von uns Kindern war das älteste acht und das jüngste drei
Jahre alt. Aber selbst solch ein Unglück muß noch einen Gefährten haben! Es wa-
15 ren schlimme Wintertage und draußen war Glatteis. Mein Vater fiel und ver-
stauchte sich die rechte Hand. So fiel mir siebenjährigem Ding gleich die ganze
Arbeit zu. Das erste aber war, daß ich die tote Mutter waschen und ihr die Haube
aufsetzen mußte. Die Leute kamen und lobten mich und nannten mich ein „gutes

Kind", und niemand wußte, welches Grauen in mir war vor der Unbegreiflichkeit
20 des Todes. Der Verdienst des Vaters reichte kaum zum dürftigsten Leben. Wir
wußten deshalb nicht, woher das Geld nehmen für die Beerdigung der Mutter. Da
kamen als Retter in der Not die Borsigschen Arbeiter und brachten uns eine
Summe Geldes, die sie unter sich gesammelt hatten.

Durch die Verhältnisse gezwungen, mußte mein Vater nun wieder in Frankfurt
25 arbeiten.

Aber sein Verdienst reichte nie so weit, daß er hätte für den Haushalt eine or-
dentliche Wirtschafterin nehmen können. So waren wir Kinder uns meist selbst
überlassen und wuchsen ohne mütterliche, ja ohne weibliche Fürsorge auf. Arbeiten und Sorgen haben wir aber von früh auf kennengelernt.
30 Ich kam erst etwa im zehnten Jahre in die Schule. Lesen, Schreiben und Rechnen hatte ich von meinem Vater gelernt. Bei der Prüfung wurde ich für die dritte
Klasse reif befunden. Es war eine Mittelschule, in einem alten Kloster untergebracht, und sie galt für die damalige Zeit als eine gute Schule. Es hieß, daß die
Mädchen dort vor allem zu „guten Sitten" erzogen wurden. Leise, zart und sanft
35 sein war das Frauenideal dieser Zeit, und der Vater hatte gerade an der Mutter ihre
Sanftheit geliebt und wollte, daß auch seine Töchter so wurden.

Lange bin ich nicht in die Schule gegangen. Als ich dreizehn Jahr alt wurde,
zog der Vater mit uns nach Berlin, und hier war es mit meinem Schulbesuch vorbei. Ich mußte arbeiten und mußte mitverdienen. Es brauchte kein großer Fami-
40 lienrat abgehalten zu werden, um den richtigen Beruf zu wählen, denn groß war
die Auswahl für Mädchen damals nicht. In der Schule war ich immer gelobt worden, weil ich gut nähen und vor allem gute Knopflöcher machen konnte. Ich sollte
also Wäsche nähen. Die Frau eines Sattlergesellen hatte in der Neanderstraße eine
Nähstube für Oberhemden. Es wurde noch alles mit der Hand genäht. Nähmaschi-
45 nen waren noch recht wenig im Gebrauch. Einen Monat lernte ich unentgeltlich,
dann gab es monatlich drei Taler. Zwei Jahre später verdiente ich schon fünf Taler
jeden Monat. Dabei aber blieb es dann auch einige Jahre. Um noch etwas nebenbei zu verdienen, nahm ich abends Manschetten zum Durchsteppen mit nach
Hause. Durchsteppen – das hieß: mit der Hand immer über zwei Fäden. Einen
50 Groschen gab es für das Paar. Wie oft mögen mir jungem Ding da wohl die Augen zugefallen sein, wie mag mir der Rücken geschmerzt haben! Zwölf Stunden
Arbeitszeit hatte man immer schon hinter sich, von morgens acht bis abends acht,
mit kurzer Mittagspause.

Ich blieb einige Jahre beim Wäschenähen und arbeitete dann auch mit meiner
55 Schwester, die nun herangewachsen war, zusammen. Sie war dreister als ich und
sie hat dann auch dafür gesorgt, daß wir uns andere Arbeit suchten. Wir fanden sie
in der Wollfabrik von Schwendy in der Gitschiner Straße, aber wir kamen in verschiedene Arbeitssäle.

Etwas mehr verdienten wir wohl hier, zwei Taler in der Woche, dafür aber wa-
60 ren die Zustände in dieser Fabrik ganz furchtbar, und es hieß, wer ein paar Jahre
dort arbeitet, hat die Schwindsucht*. Unser Meister war gut, aber Macht hatte auch
er nicht. Organisationen, die unser Interesse wahrnahmen, gab es nicht, ebenso
wenig gab es eine Gewerbeaufsicht. So mußten wir diese Zustände eben hinneh-
men.

65 Wir hatten von dicken Wolltupfen dünnere Stränge zu spinnen. Wenn nun die Wolle schleuderte und Schlingen warf, die wieder in Ordnung gebracht werden mußten, durfte nicht etwa die Maschine angehalten werden, sondern wir mußten in das laufende Getriebe hineinfassen, in aller Geschwindigkeit die dicken Stellen herausnehmen, die Fäden wieder zusammenwirbeln und -knoten, damit sie durch
70 die Öse gingen. Das gab zerschundene Hände und Knien. Schlimm war hier so manches. Die Aborte lagen neben dem Arbeitssaal. Da noch alle Kanalisation fehlte, kam es nicht eben selten vor, daß sie überliefen und im Arbeitssaal eine kaum zu ertragende Luft verbreiteten. In dieser Luft mußten junge Menschen Tag für Tag arbeiten. Dann mußte sehr oft nachts gearbeitet werden. Das geschah in
75 der Weise, daß gewöhnlich die Nacht vom Freitag auf den Sonnabend eingelegt wurde. Der Sonnabend war dann aber nicht etwa frei, sondern mußte ebenso durchgearbeitet werden wie alle anderen Tage. Das heißt also, es waren drei Tagesschichten hintereinander, ohne nennenswerte Pausen dazwischen. In der Nacht gab es eine Tasse Kaffee, d. h. dicke Zichorienbrühe*, die ich nicht herunterbringen
80 konnte. Ich war damals so elend, daß ich wohl wie eine halbe Leiche an der Maschine stand. Das fiel sogar dem Chef auf. Ich höre noch, wie er zu dem Werkführer sagte: „Wie sieht denn die aus? Die ist wohl krank?" – „Ja", sagte der Werkführer, „die kann das Nachtarbeiten eben nicht vertragen. Das ist auch zuviel für ein ordentliches Mädchen." Es ist später hier nicht mehr nachts gearbeitet
85 worden.

Ich bin zwei Jahre in dieser Fabrik gewesen. Dann habe ich verschiedenes gearbeitet, auch Mäntel genäht. Man mußte eben allerlei versuchen, wenn man keine regelrechte Lehre durchgemacht hatte. Jetzt aber lernte ich auf der Maschine nähen und kam in eine dieser Fabriken in der Spandauer Straße. Dort wurden etwa fünf-
90 zig Maschinennäherinnen und ebensoviele Vorrichterinnen beschäftigt. Je eine Arbeiterin dieser beiden Gruppen mußten sich immer zusammentun und gemeinsam arbeiten, und auch der Lohn wurde gemeinsam berechnet.

Von morgens acht bis abends sieben Uhr dauerte die Arbeitszeit, ohne namhafte Pause. Mittags verzehrte man das mitgebrachte Brot oder lief zum „Budi-
95 ker"* nebenan, um für einige Groschen etwas Warmes zu sich zu nehmen. Sieben, höchstens zehn Taler die Woche war der von Vorrichterin und Maschinennäherin gemeinsam verdiente Lohn. Da das Maschinennähen körperlich anstrengender als das Vorrichten war, so bestand die Gepflogenheit, daß die Maschinennäherin vom Taler $17\frac{1}{2}$ und die Vorrichterin $12\frac{1}{2}$ Groschen erhielt. Vor der Teilung wurden
100 aber von dem gemeinsam verdienten Lohn die Kosten für das vernähte Garn und etwa zerbrochene Maschinennadeln abgezogen, was durchschnittlich auf den Taler $2\frac{1}{2}$ Groschen betrug.

Den ersten Anstoß, eine Änderung dieser ganzen Verhältnisse selbst in die Hand zu nehmen, brachte uns erst der Deutsch-Französische Krieg. Unmittelbar
105 nach seinem Ausbruch gab es auch in der Wäscheindustrie einen Stillstand des Absatzes. Arbeiterinnen wurden entlassen und standen mittellos da, denn von dem Verdienst konnte niemand etwas erübrigen. Unsere Firma wollte das „Risiko" auf sich nehmen, uns auch bei dem eingeschränkten Absatz voll zu beschäftigen, wenn wir für den „halben" Lohn arbeiten wollten. Von Organisation hatten wir keine
110 Ahnung – und wir waren in einer Notlage, denn die meisten Arbeiterinnen waren

auf sich selbst angewiesen; sie lebten, wie man sagt, von der Hand in den Mund. So sagten wir zu, es einmal eine Woche zu versuchen.

Nun wurde drauf losgeschuftet. Das Resultat aber war kläglich; von dem um die Hälfte gekürzten Lohn wurden uns die vollen Kosten für Garn und Nadeln in

115 Abzug gebracht. Das brutale Vorgehen des Unternehmers brachte uns zur Besinnung. Wir beschlossen einmütig, lieber zu feiern, als für einen solchen Schundlohn zu arbeiten, von dem zu existieren nicht möglich war. Drei Arbeiterinnen, zu denen auch ich gehörte, wurden bestimmt, dies dem Chef mitzuteilen. Als die Deputation* ihm nun den Gesamtbeschluß vortrug, wollte er uns damit be-

120 schwichtigen, daß er erzählte, sobald Siegesnachrichten eingingen, würde das Geschäft sich sofort wieder heben und die Löhne steigen. Er hatte wohlweislich vermieden, zu sagen „die alte Höhe erreichen". Wir waren glücklicherweise in dem Moment schlagfertig genug zu antworten, der Lohn steige nie so schnell, wie er herabgesetzt würde und zudem habe dann das Geschäft ein volles, zu den niedri-

125 gen Löhnen hergestelltes Lager. Als der Chef merkte, daß wir uns nicht so leicht unterkriegen ließen, wurde er so wütend, daß er uns rot vor Ärger anschrie: „Na, dann werde ich euch den vollen Preis wieder zahlen! Wollt ihr nun wieder arbeiten?" Da antworteten wir ihm kurz: „Jawohl, nun werden wir wieder arbeiten."

Wir waren durch unsern Erfolg selbst überrascht. Dem Unternehmer aber war

130 es ebenso neu, daß Arbeiterinnen sich zusammenfanden und geschlossen ihre Forderungen stellten. Er war überrumpelt worden, zudem waren die Kragennäherinnen damals auch sehr gesucht. Mich ließ der Chef dann bald nachdem einmal in sein Kontor* rufen und sagte mir, ich brauchte nicht zu befürchten, daß mir mein Eintreten in dieser Sache bei meiner Arbeit etwa schaden würde. Solange er Arbeit

135 hätte, würde ich auch bei ihm zu tun finden. Das hörte sich zwar ganz gut an, stimmte aber nicht. Es wurde hier und da an meiner Arbeit herumgetadelt und es dauerte nicht lange, da gefiel mir diese Art nicht mehr, und ich ging von selbst fort. Die Einmütigkeit der Arbeiterinnen, die uns diesen Erfolg gebracht hatte, war nicht von Dauer. Es stellte sich auch nach den Siegesnachrichten der geschäftliche

140 Aufschwung nicht so schnell wieder ein. Die Unternehmer hatten aber gelernt. Sie griffen eben nicht wieder so brutal ein, sondern gingen behutsamer vor. Es wurden mit einzelnen Arbeiterinnen, die in besonderer Notlage waren, Lohnabzüge vereinbart. Statt des Zusammenhalts entstand dadurch natürlich Mißtrauen unter den Arbeiterinnen und es dauerte noch manches Jahr, bis die Arbeiterinnen die

145 Absicht erkannt und dem Unternehmertum in geschlossener Organisation entgegentraten. Das war für viele ein langer Leidensweg.

Ich kaufte mir dann eine eigene Maschine und arbeitete zu Hause. Dabei habe ich das Los der Heimarbeiterin zur Genüge kennengelernt. Von morgens um sechs bis nachts um zwölf, mit einer Stunde Mittagspause, wurde in einer Tour „getram-

150 pelt". Um vier Uhr aber wurde aufgestanden, die Wohnung in Ordnung gebracht und das Essen vorbereitet. Beim Arbeiten stand dann eine kleine Uhr vor mir und es wurde sorgfältig aufgepaßt, daß ein Dutzend Kragen nicht länger dauerte wie das andere, und nichts konnte einem mehr Freude machen, als wenn man ein paar Minuten sparen konnte.

155 So ging das zunächst fünf Jahre lang. Und die Jahre vergingen, ohne daß man merkte, daß man jung war, und ohne daß das Leben einem etwas gegeben hätte.

43

Ein Lied

Hinter meinen Augen stehen Wasser,
Die muß ich alle weinen.

Immer möcht ich auffliegen,
Mit den Zugvögeln fort;

Buntatmen mit den Winden
In der großen Luft.

O ich bin so traurig – – – –
Das Gesicht im Mond weiß es.

Drum ist viel samtne Andacht
und nahender Frühmorgen um mich.

Als an deinem steinernen Herzen
Meine Flügel brachen,

Fielen die Amseln wie Trauerrosen
Hoch vom blauen Gebüsch.

Alles verhaltene Gezwitscher
Will wieder jubeln,

Und ich möchte auffliegen
Mit den Zugvögeln fort.

Else Lasker-Schüler

Else Lasker-Schüler: Jussuf geht mit seinem Strauß spazieren (1933)
– Als „Prinz Jussuf" bezeichnete die Dichterin sich selbst

Warnung

Komm aus der Höhe herab,
steig mal von deinem Roß,

sieh einfach zu und staune,

wie ich den Kopf hebe,
die Schultern, die Arme,
davonfliege in klarer Luft,
ohne mich umzusehen nach dir.

Ursula Krechel

kann nicht steigen nicht fallen

sieht so aus als hätte
ich das Fliegen verlernt
kann nicht steigen nicht fallen
flügellahm
sitze ich da und brüte
Liebeserklärungen aus

dabei gibt es eine Menge Vögel
die sich nie von der Erde lösen
und springen und stolzieren
mit gewölbten Federn
durch das wehende Gras

ich bin für heute ein Wasserhuhn
und suche dich im Schilf
wo du mit Sicherheit
an deinen vielen schwarzen Haaren
dich verheddert hast
denk bloß nicht ich mache dich los

Helga M. Novak

Am Turme

Ich steh auf hohem Balkone am Turm,
Umstrichen vom schreienden Stare,
Und laß gleich einer Mänade* den Sturm
Mir wühlen im flatternden Haare;
O wilder Geselle, o toller Fant*,
Ich möchte dich kräftig umschlingen,
Und, Sehne an Sehne, zwei Schritte vom Rand
Auf Tod und Leben dann ringen!

Und drunten seh ich am Strand, so frisch
Wie spielende Doggen, die Wellen
Sich tummeln rings mit Geklaff und Gezisch
Und glänzende Flocken schnellen.
O, springen möcht ich hinein alsbald,
Recht in die tobende Meute,
Und jagen durch den korallenen Wald
Das Walroß, die lustige Beute!

Und drüben seh ich ein Wimpel wehn
So keck wie eine Standarte,
Seh auf und nieder den Kiel sich drehn
Von meiner luftigen Warte;
O, sitzen möcht ich im kämpfenden Schiff,
Das Steuerruder ergreifen
Und zischend über das brandende Riff
Wie eine Seemöwe streifen.

Wär ich ein Jäger auf freier Flur,
Ein Stück nur von einem Soldaten,
Wär ich ein Mann doch mindestens nur,
So würde der Himmel mir raten;
Nun muß ich sitzen so fein und klar,
Gleich einem artigen Kinde,
Und darf nur heimlich lösen mein Haar
Und lassen es flattern im Winde!

Annette von Droste-Hülshoff

46

Siegfried Kracauer

Gnädige Frau (1930)

I.

Eine entlassene Angestellte klagt vor dem Arbeitsgericht auf Weiterbeschäftigung oder Abfindung. Als Vertreter der beklagten Firma ist ein Abteilungsleiter erschienen, der frühere Vorgesetzte der Angestellten. Um die Entlassung zu rechtfertigen, erklärt er unter anderem: „Die Angestellte wollte nicht als Angestellte behandelt werden, sondern als Dame." – Der Abteilungsleiter ist im Privatleben sechs Jahre jünger als die Angestellte.

II.

Ein eleganter Herr, zweifellos ein höherer Konfektionär, betritt abends in Begleitung seiner Freundin den Vorraum eines weltstädtischen Vergnügungsetablissements. Der Freundin ist auf den ersten Blick anzusehen, daß sie im Nebenberuf acht Stunden hinter dem Ladentisch steht. Die Garderobenfrau wendet sich an die Freundin: „Wollen gnädige Frau nicht den Mantel ablegen?"

Irmtraud Morgner

Kaffee verkehrt

Kaffee verkehrt: Als neulich unsere Frauenbrigade* im Espresso am Alex Kapuziner trank, betrat ein Mann das Etablissement*, der meinen Augen wohltat. Ich pfiff also eine Tonleiter rauf und runter und sah mir den Herrn an, auch rauf und runter. Als er an unserem Tisch vorbeiging, sagte ich „Donnerwetter". Dann unter-
5 hielt sich unsere Brigade über seine Füße, denen Socken fehlten, den Taillenumfang schätzten wir auf siebzig, Alter auf zweiunddreißig. Das Exquisithemd zeichnete die Schulterblätter ab, was auf Hagerkeit schließen ließ. Schmale Schädelform mit rausragenden Ohren, stumpfes Haar, das irgendein hinterweltlerischer Friseur im Nacken rasiert hatte, wodurch die Perücke nicht bis zum Hemdkragen reichte,
10 was meine Spezialität ist. Wegen schlechter Haltung der schönen Schultern riet ich zu Rudersport. Da der Herr in der Ecke des Lokals Platz genommen hatte, mußten wir sehr laut sprechen. Ich ließ ihm und mir einen doppelten Wodka servieren und prostete ihm zu, als er der Bedienung ein Versehen anlasten wollte. Später ging ich zu seinem Tisch, entschuldigte mich, sagte, daß wir uns von irgendwoher kennen
15 müßten, und besetzte den nächsten Stuhl. Ich nötigte dem Herrn die Getränkekarte auf und fragte nach seinen Wünschen. Da er keine hatte, drückte ich meine Knie gegen seine, bestellte drei Lagen Sliwowitz und drohte mit Vergeltung für den Beleidigungsfall, der einträte, wenn er nicht tränke. Obgleich der Herr weder dankbar noch kurzweilig war, sondern wortlos, bezahlte ich alles und begleitete
20 ihn aus dem Lokal. In der Tür ließ ich meine Hand wie zufällig über eine Hinterbacke gleiten, um zu prüfen, ob die Gewebestruktur in Ordnung war. Da ich keine Mängel feststellen konnte, fragte ich den Herrn, ob er heute abend etwas vorhätte, und lud ihn ein ins Kino „International". Eine innere Anstrengung, die zunehmend sein hübsches Gesicht zeichnete, verzerrte es jetzt grimassenhaft, konnte die
25 Verblüffung aber doch endlich lösen und die Zunge, also daß der Herr sprach: „Hören Sie mal, Sie haben ja unerhörte Umgangsformen." – „Gewöhnliche", entgegnete ich, „Sie sind nur nichts Gutes gewöhnt, weil Sie keine Dame sind."

48

Theater – Dialoge

Friedrich Schiller

Maria Stuart

Maria, Königin von Schottland, war des Mordes an ihrem Gatten angeklagt und hatte bei Elisabeth, der Königin von England, Schutz und Zuflucht gesucht. Diese aber sieht in ihr als Königin und Frau eine Rivalin und läßt sie auf Schloß Fotheringhay einsperren. Als der englische Staatsgerichtshof Maria zum Tode verurteilt, will Graf Leicester Elisabeth zu einem Gnadenakt bewegen. Er arrangiert eine Begegnung zwischen den beiden Königinnen.

Dritter Akt

Vierter Auftritt

Die Vorigen. Elisabeth. Graf Leicester. Gefolge

ELISABETH *(zu Leicester):* Wie heißt der Landsitz?

5 LEICESTER: Fotheringhayschloß.

ELISABETH *(zu Shrewsbury):*
Schickt unser Jagdgefolg voraus nach London,
Das Volk drängt allzuheftig in den Straßen,
Wir suchen Schutz in diesem stillen Park.

10 *(Talbot entfernt das Gefolge. Sie fixiert mit den Augen die Maria, indem sie zu Paulet weiterspricht)*
Mein gutes Volk liebt mich zu sehr. Unmäßig,
Abgöttisch sind die Zeichen seiner Freude,
So ehrt man einen Gott, nicht einen Menschen.

15 MARIA *(welche diese Zeit über halb ohnmächtig auf die Amme gelehnt war, erhebt sich jetzt und ihr Auge begegnet dem gespannten Blick der Elisabeth. Sie schaudert zusammen und wirft sich wieder an der Amme Brust):*
O Gott, aus diesen Zügen spricht kein Herz!

ELISABETH: Wer ist die Lady?

20 *(Ein allgemeines Schweigen)*

LEICESTER: – Du bist zu Fotheringhay, Königin.

ELISABETH *(stellt sich überrascht und erstaunt, einen finstern Blick auf Leicester richtend):*
Wer hat mir das getan? Lord Leicester!

49

LEICESTER: Es ist geschehen, Königin – Und nun
25   Der Himmel deinen Schritt hieher gelenkt,
      So laß die Großmut und das Mitleid siegen.
SHREWSBURY: Laß dich erbitten, königliche Frau,
      Dein Aug auf die Unglückliche zu richten,
      Die hier vergeht vor deinem Anblick.
30   *(Maria rafft sich zusammen und will auf die Elisabeth zugehen, steht aber auf halbem*
      Weg schaudernd still, ihre Gebärden drücken den heftigsten Kampf aus)
ELISABETH: Wie, Mylords?
      Wer war es denn, der eine Tiefgebeugte
      Mir angekündigt? Eine Stolze find ich,
35   Vom Unglück keineswegs geschmeidigt.
MARIA: Seis!
      Ich will mich auch noch diesem unterwerfen.
      Fahr hin, ohnmächtiger Stolz der edeln Seele!
      Ich will vergessen, wer ich bin, und was
40   Ich litt, ich will vor ihr mich niederwerfen,
      Die mich in diese Schmach herunterstieß.
      (Sie wendet sich gegen die Königin)
      Der Himmel hat für Euch entschieden, Schwester!
      Gekrönt vom Sieg ist Euer glücklich Haupt,
45   Die *Gottheit* bet ich an, die Euch erhöhte!
      (Sie fällt vor ihr nieder)
      Doch seid auch *Ihr* nun edelmütig, Schwester!
      Laßt mich nicht schmachvoll liegen, Eure Hand
      Streckt aus, reicht mir die königliche Rechte,
50   Mich zu erheben von dem tiefen Fall.
ELISABETH *(zurücktretend):* Ihr seid an Eurem Platz, Lady Maria!
      Und dankend preis ich meines Gottes Gnade,
      Der nicht gewollt, daß ich zu Euren Füßen
      So liegen sollte, wie Ihr jetzt zu meinen.
55 MARIA *(mit steigendem Affekt):*
      Denkt an den Wechsel alles Menschlichen!
      Es leben Götter, die den Hochmut rächen!
      Verehret, fürchtet sie, die schrecklichen,
      Die mich zu Euren Füßen niederstürzen –
60   Um dieser fremden Zeugen willen, ehrt
      In mir Euch selbst, entweiht, schändet nicht
      Das Blut der Tudor*, das in meinen Adern
      Wie in den Euren fließt – O Gott im Himmel!
      Steht nicht da, schroff und unzugänglich, wie
65   Die Felsenklippe, die der Strandende
      Vergeblich ringend zu erfassen strebt.
      Mein Alles hängt, mein Leben, mein Geschick,
      An meiner Worte, meiner Tränen Kraft,
      Löst *mir* das Herz, daß ich das Eure rühre!

50

Elisabeth (Käthe Dorsch) und Maria Stuart (Paula Wessely). Burgtheater Wien 1956

70 Wenn Ihr mich anschaut mit dem Eisesblick,
  Schließt sich das Herz mir schaudernd zu, der Strom
  Der Tränen stockt, und kaltes Grausen fesselt
  Die Flehensworte mir im Busen an.
 ELISABETH *(kalt und streng)*:
75 Was habt Ihr mir zu sagen, Lady Stuart?
  Ihr habt mich sprechen wollen. Ich vergesse
  Die Königin, die schwerbeleidigte,
  Die fromme Pflicht der Schwester zu erfüllen,

Und meines Anblicks Trost gewähr ich Euch.
80   Dem Trieb der Großmut folg ich, setze mich
Gerechtem Tadel aus, daß ich so weit
Heruntersteige – denn Ihr wißt,
Daß Ihr mich habt ermorden lassen wollen.
MARIA: Womit soll ich den Anfang machen, wie
85   Die Worte klüglich stellen, daß sie Euch
Das Herz ergreifen, aber nicht verletzen!
O Gott, gib meiner Rede Kraft, und nimm
Ihr jeden Stachel, der verwunden könnte!
Kann ich doch für mich selbst nicht sprechen, ohne Euch
90   Schwer zu verklagen, und das will ich nicht.
– Ihr habt an mir gehandelt, wie nicht recht ist,
Denn ich bin eine Königin wie Ihr,
Und Ihr habt als Gefangne mich gehalten,
Ich kam zu Euch als eine Bittende,
95   Und Ihr, des Gastrechts heilige Gesetze,
Der Völker heilig Recht in mir verhöhnend,
Schloßt mich in Kerkermauern ein, die Freunde,
Die Diener werden grausam mir entrissen,
Unwürdgem Mangel werd ich preisgegeben,
100   Man stellt mich vor ein schimpfliches Gericht –
Nichts mehr davon! Ein ewiges Vergessen
Bedecke, was ich Grausames erlitt.
– Seht! Ich will alles eine Schickung nennen,
Ihr seid nicht schuldig, *ich* bin auch nicht schuldig,
105   Ein böser Geist stieg aus dem Abgrund auf,
Den Haß in unsern Herzen zu entzünden,
Der unsre zarte Jugend schon entzweit.
Er wuchs mit uns, und böse Menschen fachten
Der unglückselgen Flamme Atem zu.
110   Wahnsinnge Eiferer bewaffneten
Mit Schwert und Dolch die unberufne Hand –
Das ist das Fluchgeschick der Könige,
Daß sie, entzweit, die Welt in Haß zerreißen,
Und jeder Zwietracht Furien entfesseln.
115   – Jetzt ist kein fremder Mund mehr zwischen uns,
(nähert sich ihr zutraulich und mit schmeichelndem Ton)
Wir stehn einander selbst nun gegenüber.
Jetzt, Schwester, redet! Nennt mir meine Schuld,
Ich will Euch völliges Genügen leisten.
120   Ach, daß Ihr damals mir Gehör geschenkt,
Als ich so dringend Euer Auge suchte!
Es wäre nie so weit gekommen, nicht
An diesem traurgen Ort geschähe jetzt
Die unglückselig traurige Begegnung.

52

₁₂₅ ELISABETH: Mein guter Stern bewahrte mich davor,
Die Natter an den Busen mir zu legen.
– Nicht die Geschicke, Euer schwarzes Herz
Klagt an, die wilde Ehrsucht Eures Hauses.
Nichts Feindliches war zwischen uns geschehn,
₁₃₀ Da kündigte mir Euer Ohm, der stolze,
Herrschwütge Priester, der die freche Hand
Nach allen Kronen streckt, die Fehde an,
Betörte Euch, mein Wappen anzunehmen,
Euch meine Königstitel zuzueignen,
₁₃₅ Auf Tod und Leben in den Kampf mit mir
Zu gehn – Wen rief er gegen mich nicht auf?
Der Priester Zungen und der Völker Schwert,
Des frommen Wahnsinns fürchterliche Waffen,
Hier selbst, im Friedenssitze meines Reichs,
₁₄₀ Blies er mir der Empörung Flammen an –
Doch Gott ist mit mir, und der stolze Priester
Behält das Feld nicht – Meinem Haupte war
Der Streich gedrohet, und das Eure fällt!
MARIA: Ich steh in Gottes Hand. Ihr werdet Euch
₁₄₅ So blutig Eurer Macht nicht überheben –
ELISABETH: Wer soll mich hindern? Euer Oheim* gab
Das Beispiel allen Königen der Welt,
Wie man mit seinen Feinden Frieden macht,
Die Sankt Barthelemi* sei meine Schule!
₁₅₀ Was ist mir Blutsverwandtschaft, Völkerrecht?
Die Kirche trennet aller Pflichten Band,
Den Treubruch heiligt sie, den Königsmord,
Ich übe nur, was Eure Priester lehren.
Sagt! Welches Pfand gewährte mir für Euch,
₁₅₅ Wenn ich großmütig Eure Bande löste?
Mit welchem Schloß verwahr ich Eure Treue,
Das nicht Sankt Peters Schlüssel* öffnen kann?
Gewalt nur ist die einzge Sicherheit,
Kein Bündnis ist mit dem Gezücht der Schlangen.
₁₆₀ MARIA: O das ist Euer traurig finstrer Argwohn!
Ihr habt mich stets als eine Feindin nur
Und Fremdlingin betrachtet. Hättet Ihr
Zu Eurer Erbin mich erklärt, wie mir
Gebührt, so hätten Dankbarkeit und Liebe
₁₆₅ Euch eine treue Freundin und Verwandte
In mir erhalten.
ELISABETH: Draußen, Lady Stuart,
Ist Eure Freundschaft, Euer Haus das Papsttum,
Der Mönch ist Euer Bruder – Euch, zur Erbin
₁₇₀ Erklären! Der verräterische Fallstrick!

Wilhelm von Kaulbach (1805–1874): Maria Stuart (1864)

    Daß Ihr bei meinem Leben noch mein Volk
    Verführtet, eine listige Armida*
    Die edle Jugend meines Königreichs
    In Eurem Buhlernetze schlau verstrickt —
175 Daß alles sich der neuaufgehnden Sonne
    Zuwendete, und ich —
MARIA: Regiert in Frieden!
    Jedwedem Anspruch auf dies Reich entsag ich.
    Ach, meines Gottes Schwingen sind gelähmt,
180 Nicht Größe lockt mich mehr — Ihr habts erreicht,
    Ich bin nur noch der Schatten der Maria.
    Gebrochen ist in langer Kerkerschmach
    Der edle Mut — Ihr habt das Äußerste an mir
    Getan, habt mich zerstört in meiner Blüte!
185 — Jetzt macht ein Ende, Schwester. Sprecht es aus,
    Das Wort, um dessentwillen Ihr gekommen,
    Denn nimmer will ich glauben, daß Ihr kamt,
    Um Euer Opfer grausam zu verhöhnen.
    Sprecht dieses Wort aus. Sagt mir: „Ihr seid frei,

54

190 Maria! Meine Macht habt Ihr gefühlt,
Jetzt lernet meinen Edelmut verehren."
Sagts, und ich will mein Leben, meine Freiheit
Als ein Geschenk aus Eurer Hand empfangen.
– Ein Wort macht alles ungeschehn. Ich warte
195 Darauf. O laßt michs nicht zu lang erharren!
Weh Euch, wenn Ihr mit diesem Wort nicht endet!
Denn wenn Ihr jetzt nicht segenbringend, herrlich,
Wie eine Gottheit von mir scheidet – Schwester!
Nicht um dies ganze reiche Eiland, nicht
200 Um alle Länder, die das Meer umfaßt,
Möcht ich vor Euch so stehn, wie Ihr vor mir!
ELISABETH: Bekennt Ihr endlich Euch für überwunden?
Ists aus mit Euren Ränken? Ist kein Mörder
Mehr unterweges? Will kein Abenteurer
205 Für Euch die traurge Ritterschaft mehr wagen?
– Ja, es ist aus, Lady Maria. Ihr verführt
Mir keinen mehr. Die Welt hat andre Sorgen.
Es lüstet keinen, Euer – vierter Mann
Zu werden, denn Ihr tötet Eure Freier
210 Wie Eure Männer!
MARIA *(auffahrend):*   Schwester! Schwester!
O Gott! Gott! Gib mir Mäßigung!
ELISABETH *(sieht sie lange mit einem Blick stolzer Verachtung an):*
Das also sind die Reizungen, Lord Leicester,
215 Die ungestraft kein Mann erblickt, daneben
Kein andres Weib sich wagen darf zu stellen!
Fürwahr! *Der* Ruhm war wohlfeil zu erlangen,
Es kostet nichts, die *allgemeine* Schönheit
Zu sein, als die *gemeine* sein für *alle!*
220 MARIA: Das ist zuviel!
ELISABETH *(höhnisch lachend):* Jetzt zeigt Ihr Euer wahres
Gesicht, bis jetzt wars nur die Larve.
MARIA *(vor Zorn glühend, doch mit einer edeln Würde):*
Ich habe menschlich, jugendlich gefehlt,
225 Die Macht verführte mich, ich hab es nicht
Verheimlicht und verborgen, falschen Schein
Hab ich verschmäht, mit königlichem Freimut.
Das Ärgste weiß die Welt von mir und ich
Kann sagen, ich bin besser als mein Ruf.
230 Weh Euch, wenn sie von Euren Taten einst
Den Ehrenmantel zieht, womit Ihr gleißend
Die wilde Glut verstohlner Lüste deckt.
Nicht Ehrbarkeit habt Ihr von Eurer Mutter
Geerbt, man weiß, um welcher Tugend willen
235 Anna von Boleyn* das Schafott bestiegen.

SHREWSBURY *(tritt zwischen beide Königinnen):*
    O Gott des Himmels! Muß es dahin kommen!
    Ist das die Mäßigung, die Unterwerfung,
    Lady Maria?
240 MARIA: Mäßigung! Ich habe
    Ertragen, was ein Mensch ertragen kann.
    Fahr hin, lammherzige Gelassenheit,
    Zum Himmel fliehe, leidende Geduld,
    Spreng endlich deine Bande, tritt hervor
245   Aus deiner Höhle, langverhaltner Groll –
    Und *du,* der dem gereizten Basilisk*
    Den Mordblick gab, leg auf die Zunge mir
    Den giftgen Pfeil –
    SHREWSBURY: O sie ist außer sich!
250   Verzeih der Rasenden, der schwer Gereizten!
    (Elisabeth, für Zorn sprachlos, schießt wütende Blicke auf Marien)
    LEICESTER *(in der heftigsten Unruhe, sucht die Elisabeth hinwegzuführen):*
                       Höre
    Die Wütende nicht an! Hinweg, hinweg
255   Von diesem unglückselgen Ort!
    MARIA: Der Thron von England ist durch einen Bastard
    Entweiht, der Briten edelherzig Volk
    Durch eine listge Gauklerin betrogen.
    – Regierte Recht, so läget *Ihr* vor mir
260   Im Staube jetzt, denn *ich* bin Euer König.
    (Elisabeth geht schnell ab, die Lords folgen ihr in der höchsten Bestürzung)

Max Frisch

Andorra

Drittes Bild

Man hört eine Fräse, Tischlerei, Andri und ein Geselle je mit einem fertigen Stuhl.

ANDRI: Ich habe auch schon Linksaußen gespielt, wenn kein andrer wollte. Natür-
    lich will ich, wenn eure Mannschaft mich nimmt.
5 GESELLE: Hast du Fußballschuh?
ANDRI: Nein.
GESELLE: Brauchst du aber.
ANDRI: Was kosten die?
GESELLE: Ich hab ein altes Paar, ich verkaufe sie dir. Ferner brauchst du natürlich

10 schwarze Shorts und ein gelbes Tschersi, das ist klar, und gelbe Strümpfe natürlich.

ANDRI: Rechts bin ich stärker, aber wenn ihr einen Linksaußen braucht, also einen
   Eckball bring ich schon herein.
   Andri reibt die Hände.

15 Das ist toll, Fedri, wenn das klappt.

GESELLE: Warum soll's nicht?

ANDRI: Das ist toll.

GESELLE: Ich bin Käpten, und du bist mein Freund.

ANDRI: Ich werde trainieren.

20 GESELLE: Aber reib nicht immer die Hände, sonst lacht die ganze Tribüne. *Andri
   steckt die Hände in die Hosentaschen.*
   Hast du Zigaretten? So gib schon. Mich bellt er nicht an! Sonst erschrickt er
   nämlich über sein Echo. Oder hast du je gehört, daß der mich anbellt?
   Der Geselle steckt sich eine Zigarette an.

25 ANDRI: Das ist toll, Fedri, daß du mein Freund bist.

GESELLE: Dein erster Stuhl?

ANDRI: Wie findest du ihn?
   *Der Geselle nimmt den Stuhl von Andri und versucht ein Stuhlbein herauszureißen,
   Andri lacht.*

30 Die sind nicht zum Ausreißen!

GESELLE: So macht er's nämlich.

ANDRI: Versuch's nur!
   Der Geselle versucht es vergeblich.
   Er kommt.

35 GESELLE: Du hast Glück.

ANDRI: Jeder rechte Stuhl ist verzapft. Wieso Glück? Nur was geleimt ist, geht aus
   dem Leim. *Auftritt der Tischler.*

TISCHLER: ... schreiben Sie diesen Herrschaften, ich heiße Prader. Ein Stuhl von
   Prader bricht nicht zusammen, das weiß jedes Kind, ein Stuhl von Prader ist

40 ein Stuhl von Prader. Und überhaupt: bezahlt ist bezahlt. Mit einem Wort:
   Ich feilsche nicht.
   Zu den beiden:
   Habt ihr Ferien?
   Der Geselle verzieht sich flink.

45 Wer hat hier wieder geraucht?
   Andri schweigt.
   Ich riech es ja.
   Andri schweigt.
   Wenn du wenigstens den Schneid hättest –

50 ANDRI: Heut ist Sonnabend.

TISCHLER: Was hat das damit zu tun?

ANDRI: Wegen meiner Lehrlingsprobe. Sie haben gesagt: Am letzten Sonnabend in
   diesem Monat. Hier ist mein erster Stuhl.
   Der Tischler nimmt einen Stuhl.

55 Nicht dieser, Meister, der andere!

Uraufführung im Schauspielhaus Zürich, 1961

TISCHLER: Tischler werden ist nicht einfach, wenn's einer nicht im Blut hat. Nicht einfach. Woher sollst du's im Blut haben. Das hab ich deinem Vater aber gleich gesagt. Warum gehst du nicht in den Verkauf? Wenn einer nicht aufgewachsen ist mit dem Holz, siehst du, mit unserem Holz – lobpreiset eure Zedern vom Libanon, aber hierzuland wird in andorranischer Eiche gearbeitet, mein Junge.

ANDRI: Das ist Buche.

TISCHLER: Meinst du, du mußt mich belehren?

ANDRI: Sie wollen mich prüfen, meinte ich.

65 TISCHLER *versucht ein Stuhlbein auszureißen.*

ANDRI: Meister, das ist aber nicht meiner!

TISCHLER: Da –

Der Tischler reißt ein erstes Stuhlbein aus.

Was hab ich gesagt?

70 *Der Tischler reißt die andern drei Stuhlbeine aus.*

– wie die Froschbeine, wie die Froschbeine. Und so ein Humbug soll in den Verkauf. Ein Stuhl von Prader, weißt du, was das heißt? – da,

Der Tischler wirft ihm die Trümmer vor die Füße.

schau's dir an!

75 ANDRI: Sie irren sich.

TISCHLER: Hier – das ist ein Stuhl!

Der Tischler setzt sich auf den andern Stuhl.

Hundert Kilo, Gott sei's geklagt, hundert Kilo hab ich am Leib, aber was ein rechter Stuhl ist, das ächzt nicht, wenn ein rechter Mann sich draufsetzt, und

80 das wackelt nicht. Ächzt das?

ANDRI: Nein.

TISCHLER: Wackelt das?

ANDRI: Nein.

TISCHLER: Also!

85 ANDRI: Das ist meiner.

TISCHLER: – und wer soll diesen Humbug gemacht haben?

ANDRI: Ich hab es Ihnen aber gleich gesagt.

TISCHLER: Fedri! Fedri! *Die Fräse verstummt.*

TISCHLER: Nichts als Ärger hat man mit dir, das ist der Dank, wenn man deines-

90 gleichen in die Bude nimmt, ich hab's ja geahnt. *Auftritt der Geselle.*

Fedri, bist du ein Gesell oder was bist du?

GESELLE: Ich –

TISCHLER: Wie lang arbeitest du bei Prader & Sohn?

GESELLE: Fünf Jahre.

95 TISCHLER: Welchen Stuhl hast du gemacht? Schau sie dir an. Diesen oder diesen?

Und antworte.

Der Geselle mustert die Trümmer.

Antworte frank und blank.

GESELLE: – ich …

100 TISCHLER: Hast du verzapft oder nicht?

GESELLE: – jeder rechte Stuhl ist verzapft …

TISCHLER: Hörst du's?

GESELLE: – nur was geleimt ist, geht aus dem Leim …

TISCHLER: Du kannst gehn.

105 GESELLE *erschrickt.*

TISCHLER: In die Werkstatt, meine ich.

Der Geselle geht rasch.

Das laß dir eine Lehre sein. Aber ich hab's ja gewußt, du gehörst nicht in eine Werkstatt.

110 *Der Tischler sitzt und stopft sich eine Pfeife.*

Schad ums Holz.

ANDRI *schweigt.*

TISCHLER: Nimm das zum Heizen.

ANDRI: Nein.

115 TISCHLER *zündet sich die Pfeife an.*

ANDRI: Das ist eine Gemeinheit!

TISCHLER *zündet sich die Pfeife an.*

ANDRI: … ich nehm's nicht zurück, was ich gesagt habe. Sie sitzen auf meinem Stuhl, ich sag es Ihnen, Sie lügen, wie's Ihnen grad paßt, und zünden sich die

120 Pfeife an. Sie, ja, Sie! Ich hab Angst vor euch, ja, ich zittere. Wieso hab ich

59

kein Recht vor euch? Ich bin jung, ich hab gedacht: Ich muß bescheiden sein. Es hat keinen Zweck, Sie machen sich nichts aus Beweisen. Sie sitzen auf meinem Stuhl. Das kümmert Sie aber nicht? Ich kann tun, was ich will, ihr dreht es immer gegen mich, und der Hohn nimmt kein Ende. Ich kann nicht länger
125 schweigen, es zerfrißt mich. Hören Sie denn überhaupt zu? Sie saugen an Ihrer Pfeife herum, und ich sag Ihnen ins Gesicht: Sie lügen. Sie wissen ganz genau, wie gemein Sie sind. Sie sind hundsgemein. Sie sitzen auf dem Stuhl, den ich gemacht habe, und zünden sich Ihre Pfeife an. Was hab ich Ihnen zuleid getan? Sie wollen nicht, daß ich tauge. Warum schmähen Sie mich? Sie
130 sitzen auf meinem Stuhl. Alle schmähen mich und frohlocken und hören nicht auf. Wieso seid ihr stärker als die Wahrheit? Sie wissen genau, was wahr ist. Sie sitzen drauf –
Der Tischler hat endlich die Pfeife angezündet.
Sie haben keine Scham –.
135 TISCHLER: Schnorr nicht soviel.
ANDRI: Sie sehen aus wie eine Kröte!
TISCHLER: Erstens ist hier keine Klagemauer.
Der Geselle und zwei andere verraten sich durch Kichern.
TISCHLER: Soll ich eure ganze Fußballmannschaft entlassen?
140 *Der Geselle und die andern verschwinden.*
Erstens ist hier keine Klagemauer, zweitens habe ich kein Wort davon gesagt, daß ich dich deswegen entlasse. Kein Wort. Ich habe eine andere Arbeit für dich. Zieh deine Schürze aus! Ich zeige dir, wie man Bestellungen schreibt. Hörst du zu, wenn dein Meister spricht? Für jede Bestellung, die du herein-
145 bringst mit deiner Schnorrerei, verdienst du ein halbes Pfund. Sagen wir: ein ganzes Pfund für drei Bestellungen. Ein ganzes Pfund! Das ist's, was deinesgleichen im Blut hat, glaub mir, und jedermann soll tun, was er im Blut hat. Du kannst Geld verdienen, Andri, Geld, viel Geld …
Andri reglos.
150 Abgemacht?
Der Tischler erhebt sich und klopft Andri auf die Schulter.
Ich mein's gut mit dir.
Der Tischler geht, man hört die Fräse wieder.
ANDRI: Ich wollte aber Tischler werden …

155 *Vordergrund*

Der Geselle, jetzt in einer Motorradfahrerjacke, tritt an die Zeugenschranke.

GESELLE: Ich geb zu: Es war mein Stuhl und nicht sein Stuhl. Damals. Ich wollte ja nachher mit ihm reden, aber da war er schon so, daß man halt nicht mehr reden konnte mit ihm. Nachher hab ich ihn auch nicht mehr leiden können,
160 geb ich zu. Er hat einem nicht einmal mehr guten Tag gesagt. Ich sag ja nicht, es sei ihm recht geschehen, aber es lag halt auch an ihm, sonst wär's nie so gekommen. Als wir ihn nochmals fragten wegen Fußball, da war er sich schon zu gut für uns. Ich bin nicht schuld, daß sie ihn geholt haben später.

60

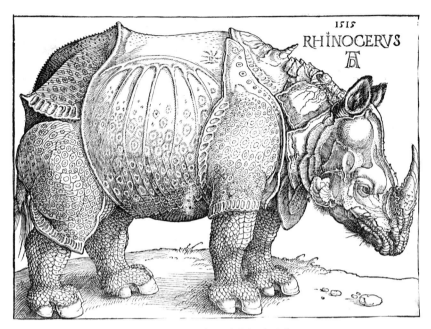

Albrecht Dürer (1471–1528): Das Nashorn (Holzschnitt)

Eugène Ionesco

Die Nashörner

Erster Akt

Bühnenbild. Platz in einer kleinen Provinzstadt. Im Hintergrund ein zweistöckiges Haus. Zu ebener Erde das Schaufenster eines Kolonialwarengeschäftes. Zwei oder drei Stufen führen zur Ladentür, die aus Glas ist. Über dem Schaufenster steht deutlich
5 *„Kolonialwaren". Im ersten Stock sind zwei Fenster, die offensichtlich zur Wohnung des Kolonialwarenhändlers gehören. Über dem Dach sieht man in der Ferne einen Kirchturm. Der Abstand zwischen diesem Haus und der linken Bühnenbegrenzung gibt den Blick in eine schmale Straße frei. Rechts, etwas schräg gestellt, die Fensterfront einer Gaststätte. Darüber ein Stockwerk mit einem Fenster. Vor der Gaststätte: fast bis*
10 *zur Mitte der Bühne einige Tische und Stühle. In deren Nähe ein staubbedeckter Baum. Blauer Himmel, klares Licht, sehr weiße Mauern. Ein Sommersonntag gegen Mittag. Hans und Behringer nehmen später an einem der Tische Platz.*
Ehe der Vorhang aufgeht, hört man ein Glockenspiel, das wenige Sekunden nach Aufgehen des Vorhanges verklingt. Wenn der Vorhang sich hebt, überquert eine Frau
15 *schweigend die Bühne von rechts nach links. Sie trägt eine leere Einkaufstasche und hält eine Katze im Arm. Sobald sie am Kolonialwarengeschäft vorbeigeht, öffnet die Händlerin die Ladentür und sieht ihr nach.*

61

HÄNDLERIN: Sieh mal! *Zu ihrem Mann im Ladeninnern:* Sieh mal einer an, wie ein-
gebildet! Sie kauft nicht mehr bei uns. *Sie tritt in den Laden zurück. Die Bühne*
20 *bleibt einige Augenblicke leer.*
Von rechts tritt HANS *auf und zur gleichen Zeit von links Behringer. Hans ist sehr*
sorgfältig gekleidet: brauner Anzug, roter Schlips, gesteifter Anknöpfkragen, brauner
Hut. Er ist rotbackig. Er trägt gelbe, gut geputzte Schuhe. Behringer ist unrasiert,
hutlos, seine Haare sind ungekämmt, seine Kleider zerknittert. Alles an ihm drückt
25 *Nachlässigkeit aus. Er macht einen müden, schläfrigen Eindruck. Von Zeit zu Zeit*
gähnt er.
HANS: Sie sind doch noch gekommen, Behringer.
BEHRINGER: Guten Tag, Hans.
HANS: Wie immer zu spät, natürlich! *Sieht auf seine Armbanduhr.* Wir hatten uns auf
30 halb zwölf verabredet. Es ist jetzt bald zwölf.
BEHRINGER: Verzeihen Sie, warten Sie schon lange?
HANS: Nein, ich komme eben. Das sehen Sie doch. *Sie gehen zu einem der Tische und*
setzen sich.
BEHRINGER: Ja dann … fühle ich mich weniger schuldig … weil … Sie selbst ja …
35 HANS: Bei mir ist das ganz was anderes, ich warte nicht gerne. Ich habe keine Zeit
zu verlieren. Weil Sie nicht pünktlich sind, komme ich absichtlich erst dann,
wenn ich annehmen kann, daß ich das Glück habe, Sie zu treffen.
BEHRINGER: Gewiß … natürlich, nur …
HANS: Sie werden doch nicht behaupten, daß Sie zur verabredeten Zeit gekommen
40 sind.
BEHRINGER: Natürlich nicht … das kann ich natürlich nicht behaupten.
Hans und Behringer haben sich gesetzt.
HANS: Also.
BEHRINGER: Was trinken Sie?
45 HANS: Sie haben Durst, schon am Vormittag?
BEHRINGER: Es ist so heiß, so trocken.
HANS: Je mehr man trinkt, desto durstiger wird man, sagt der Volksmund …
BEHRINGER: Es wäre weniger trocken, und man hätte weniger Durst, wenn man an
unserem Himmel künstliche Wolken kommen ließe.
50 HANS *prüft Behringer:* Das würde Ihnen gar nichts nützen. Es ist doch nicht Wasser,
wonach Sie Durst haben, Behringer …
BEHRINGER: Was wollen Sie damit sagen, Hans?
HANS: Sie verstehen mich sehr gut. Ich spreche von Ihrer ausgedörrten Kehle. Ein
unersättlicher Boden.
55 BEHRINGER: Ihr Vergleich scheint mir …
HANS *unterbricht ihn:* Sie sind in einem traurigen Zustand, mein Freund.
BEHRINGER: In einem traurigen Zustand, finden Sie?
HANS: Ich bin nicht blind. Sie fallen um vor Müdigkeit. Sie haben wieder die
Nacht durchgemacht. Sie gähnen, Sie sind todmüde.
60 BEHRINGER: Ich bin etwas verkatert.
HANS: Sie stinken nach Alkohol!
BEHRINGER: Ich habe einen kleinen Kater, schon wahr.
HANS: Jeden Sonntagmorgen das gleiche, die Wochentage nicht gerechnet.

62

BEHRINGER: Oh nein, während der Woche weniger häufig, wegen des Büros …

65 HANS: Und Ihr Schlips? Wo haben Sie den? Den haben Sie bei Ihren Ausschweifungen verloren!

BEHRINGER *faßt sich an den Kragen:* Ah ja, stimmt. Komisch, was hab' ich denn mit
dem gemacht?

HANS *zieht einen Schlips aus der Jackentasche:* Da, nehmen Sie diesen so lange.

70 BEHRINGER *bindet den Schlips um:* Oh danke, wirklich sehr aufmerksam.

HANS *während Behringer sich aufs Geratewohl den Schlips bindet:* Ihre Haare sind ganz
durcheinander. *Behringer fährt mit den Fingern durch die Haare.* Hier haben Sie
einen Kamm! *Er zieht aus der anderen Jackentasche einen Kamm.*

BEHRINGER *nimmt den Kamm:* Danke. *Er kämmt sich nachlässig.*

75 HANS: Unrasiert sind Sie auch. Sehen Sie sich mal Ihren Kopf an. *Er zieht einen
Spiegel aus der Innentasche seiner Jacke, gibt ihn Behringer, der sich darin betrachtet
und dabei die Zunge herausstreckt.*

BEHRINGER: Meine Zunge ist arg belegt.

HANS *nimmt den Spiegel und steckt ihn wieder ein:* Kein Wunder! … *Nimmt auch den
80 Kamm wieder, den ihm Behringer reicht, und steckt ihn ein.* Die Leber meldet sich,
mein Freund.

BEHRINGER *beunruhigt:* Glauben Sie …

HANS: Den Schlips können Sie behalten. Ich habe noch welche.

BEHRINGER *bewundert ihn:* Sie sind gepflegt, Sie.

85 HANS *fährt fort, Behringer eingehend zu betrachten:* Ihr Anzug ist ganz zerknittert, be-
jammernswert. Ihr Hemd widerlich dreckig, Ihre Schuhe … *Behringer versucht,
seine Füße unter dem Tisch zu verstecken.* Ihre Schuhe sind ungeputzt … So eine
Schlamperei! Ihre Schultern …

BEHRINGER: Was ist mit meinen Schultern …

90 HANS: Drehen Sie sich einmal um, los, drehen Sie sich um. Sie haben sich gegen
eine Mauer gelehnt … *Behringer streckt matt seinen Arm zu Hans hin.* Nein, eine
Bürste habe ich nicht dabei, das beult die Taschen aus. *Behringer schlägt sich
matt den Staub von den Schultern. Hans dreht den Kopf weg.* Eieieieiei – wo
kommt denn das her?

95 BEHRINGER: Ich erinnere mich nicht.

HANS: Ein Jammer, ein Jammer! Ich schäme mich, Ihr Freund zu sein.

BEHRINGER: Sie sind heute sehr streng …

HANS: Ich habe allen Grund dazu!

BEHRINGER: Hören Sie, Hans. Ich habe keinerlei Zerstreuung. Man langweilt sich in
100 dieser Stadt. Ich bin nicht geschaffen für die Arbeit, die ich mache … Tag für
Tag ins Büro, acht Stunden, nur drei Wochen Ferien im Sommer! Samstag abends,
da bin ich meist müde, und so, verstehen Sie … um mich zu entspannen …

HANS: Mein Lieber, alle Welt arbeitet. Und auch ich, auch ich, wie alle Welt, sitze
Tag für Tag meine acht Stunden im Büro ab, auch ich habe nur 21 Tage Ur-
105 laub im Jahr. Und dennoch, dennoch sehen Sie mich an … Mit ein bißchen
Willen, hol's der Teufel …

BEHRINGER: Oh, mit ein bißchen Willen! Nicht jeder hat einen Willen wie Sie.
Ich, ich gewöhne mich nicht daran. Nein, ich kann mich nicht an das Leben
gewöhnen.

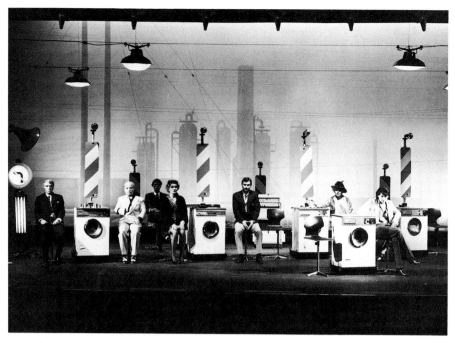

„Die Nashörner" im Stadttheater Basel 1982

110 HANS: Jedermann muß sich daran gewöhnen. Oder sind Sie etwa ein höheres
   Wesen?
BEHRINGER: Ich behaupte nicht ...
HANS *unterbricht ihn:* Ich bin so viel wert wie Sie; sogar, ohne falsche Bescheiden-
   heit, mehr wert als Sie. Ein höheres Wesen ist der, der seine Pflicht erfüllt.
115 BEHRINGER: Welche Pflicht?
HANS: Seine Pflicht ... Seine Pflicht als Angestellter, zum Beispiel.
BEHRINGER: Ah ja, seine Pflicht als Angestellter ...
HANS: Wo haben Sie denn diese Nacht herumgezecht, falls Sie sich erinnern?
BEHRINGER: Wir haben den Geburtstag von August gefeiert; unser Freund August ...
120 HANS: Unser Freund August? Mich hat man nicht eingeladen, zum Geburtstag un-
   seres Freundes August ...
   In diesem Augenblick hört man sehr weit weg, aber sich rasch nähernd, das Schnaufen
   eines wilden Tieres, sein rasches Galoppieren und sein langgezogenes Schnauben.
BEHRINGER: Ich konnte nicht absagen, das wäre nicht nett gewesen ...
125 HANS: Bin ich denn hingegangen?
BEHRINGER: Vielleicht nur darum nicht, weil Sie nicht eingeladen waren ...
KELLNERIN *kommt aus der Gaststätte:* Guten Tag, was wünschen die Herrschaften?
   Der Lärm ist sehr stark geworden.

64

HANS *zu Behringer, beinahe schreiend, um den Lärm zu übertönen, den er nicht realisiert:*
130 Nein richtig, ich wurde nicht eingeladen. Diese Ehre hat man mir nicht erwiesen ... Wie dem auch sei, ich versichere Ihnen, daß ich nicht gekommen
wäre, selbst dann, wenn man mich eingeladen hätte, denn ... *Der Lärm ist ge-*
waltig. Was ist los?
Das galoppierende Geräusch eines mächtigen und schweren Tieres ist jetzt ganz nah
135 *und sehr schnell. Man hört sein Schnauben.*
Hans: Aber was ist das?!
KELLNERIN: Aber was ist das?!
Behringer, immer noch gleichgültig, scheint überhaupt nichts zu bemerken. Er spricht
zu Hans ruhig weiter über die Einladung: er bewegt die Lippen, ohne daß man hört,
140 *was er sagt. Hans springt auf, sein Stuhl fällt dabei um, schaut nach links und zeigt*
mit dem Finger, während Behringer noch immer stumpf sitzen bleibt.
HANS: Oh! Ein Nashorn!
KELLNERIN: Oh! Ein Nashorn!
HÄNDLERIN *streckt den Kopf aus der Ladentür:* Oh! ein Nashorn! *Zu ihrem Mann im*
145 *Laden:* Komm schnell, sieh mal, ein Nashorn!
HANS: Es stürmt vor sich hin, knapp an den Marktständen vorbei!
HÄNDLER *im Laden:* Wo denn?
KELLNERIN *stützt die Hände in die Hüften:* Oh!
HÄNDLERIN *zu ihrem Mann, der immer noch im Laden sitzt:* Komm, sieh doch! *In die-*
150 *sem Augenblick erscheint der Kopf des Händlers.*
HÄNDLER: Oh, ein Nashorn!
LOGIKER *der schnell von links auftritt:* Ein Nashorn, in vollem Lauf, drüben auf dem
Bürgersteig!
Dieser ganze Dialog, vom ersten „oh! ein Nashorn!", das Hans spricht, findet fast
155 *gleichzeitig statt. Dann hört man ein „Ah!" von einer Frau. Sie tritt auf, rennt in die*
Mitte der Bühne: es ist die HAUSFRAU *mit ihrer Einkaufstasche. In der Mitte der*
Bühne läßt sie sie fallen, die eingekauften Sachen zerstreuen sich über den Boden, eine
Flasche zerbricht, aber die Katze behält sie im Arm.
HAUSFRAU: Ah! Oh!
160 *Der elegante ältere Herr folgt von links der Hausfrau. Er stürzt in den Laden und*
prallt dabei mit dem Händlerpaar zusammen. Der Logiker drückt sich an die Mauer
links von der Ladentür. Hans und die Kellnerin, die stehen, und Behringer, der noch
immer apathisch* dasitzt, bilden eine andere Gruppe. Zur gleichen Zeit konnte man
auch von links Oh- und Ah-Rufe hören sowie die Schritte von fliehenden Leuten. Der
165 *Staub, den das Tier aufgewirbelt hat, breitet sich über die Bühne.*
WIRT *erscheint am Fenster im ersten Stock:* Was ist los?
ÄLTERER HERR *der hinter dem Händlerpaar verschwindet:* Verzeihung ... *Der ältere Herr*
ist sehr elegant. Er trägt weiße Gamaschen, einen weichen Hut, einen Stock mit Elfen-
beinknopf. Der Logiker, platt an die Mauer gedrückt, hat einen kleinen grauen
170 *Schnurrbart, ein Monokel, einen Strohhut auf dem Kopf.*
HÄNDLERIN *die zur Seite gestoßen wird und dabei ihren Mann stößt, zum älteren Herrn:*
Passen Sie doch auf, Sie mit Ihrem Stock!
HÄNDLER: Passen Sie doch auf, Sie! *Man sieht den Kopf des älteren Herrn hinter dem*
Händlerpaar.

175 KELLNERIN *zum Wirt:* Ein Nashorn!

WIRT *von seinem Fenster aus zur Kellnerin:* Sie träumen! *Sieht das Nashorn.* Das ist doch die Höhe!

HAUSFRAU: Ah! *Die Oh- und Ah-Rufe hinter der Bühne bilden zu ihrem „Ah" eine Geräuschkulisse.* Armes Muschikätzchen. Es hat Angst gehabt!

180 *Der Wirt sieht weiterhin nach links. Er folgt mit den Augen dem Lauf des Tieres, während der Lärm langsam abnimmt. Behringer, der lediglich des Staubs wegen den Kopf etwas abwendet, schweigt verschlafen. Er verzieht nur sein Gesicht.*

WIRT: Das ist die Höhe!

HANS *auch er wendet den Kopf ab, aber lebhaft:* Das ist die Höhe! *Er niest.*

185 HAUSFRAU *nach links gewendet:* Das ist die Höhe! *Sie niest.*

ÄLTERER HERR

HÄNDLERIN

HÄNDLER *öffnen die Ladentür wieder, die der ältere Herr hinter sich zugezogen hatte, und sagen gleichzeitig:* Das ist die Höhe!

190 HANS: Das ist die Höhe! *Zu Behringer:* Haben Sie gesehen? *Der Lärm ist jetzt weit weg. Alle außer Behringer folgen dem Tier noch mit den Augen.*

ALLE *außer Behringer:* Das ist die Höhe!

BEHRINGER *zu Hans:* Ja, es scheint so, es war ein Nashorn! Das wirbelt Staub auf! *Er zieht ein Taschentuch und schneuzt sich.*

195 HAUSFRAU: Das ist die Höhe! Hab' ich eine Angst gehabt!

HÄNDLER *zur Hausfrau:* Ihre Tasche … Ihre Einkäufe …

Der ältere Herr nähert sich der Hausfrau und bückt sich, um die am Boden liegenden Sachen aufzuheben. Er grüßt galant, indem er seinen Hut lüftet.

WIRT: Nicht zu fassen …

200 KELLNERIN: Wirklich allerhand …

ÄLTERER HERR *zur Hausfrau:* Gestatten Sie, daß ich Ihnen behilflich bin? *Hebt die Sachen auf.*

HAUSFRAU *zum älteren Herrn:* Ich danke Ihnen, mein Herr. Aber bitte, bleiben Sie bedeckt! Oh, hab ich eine Angst gehabt!

205 LOGIKER: Die Angst ist irrational. Die Vernunft muß sie überwinden.

KELLNERIN: Jetzt sieht man's schon nicht mehr!

ÄLTERER HERR *deutet auf den Logiker, zur Hausfrau:* Mein Freund ist Logiker.

HANS *zu Behringer:* Was sagen Sie dazu?

KELLNERIN: Die laufen aber schnell, diese Viecher!

210 HAUSFRAU *zum Logiker:* Sehr angenehm!

HÄNDLERIN *zu ihrem Mann:* Geschieht ihr ganz recht, sie hat woanders eingekauft.

HANS *zu Wirt und Kellnerin:* Was sagen Sie dazu?!

HAUSFRAU: Mein Kätzchen habe ich aber trotzdem nicht fallen lassen.

WIRT *immer noch am Fenster, hebt die Schultern:* Das sieht man nicht oft!

215 HAUSFRAU *zum Logiker, während der ältere Herr ihre Sachen aufsammelt:* Würden Sie es einen Augenblick hüten?

KELLNERIN *zu Hans:* Ich habe noch nie eins gesehen!

LOGIKER *der das Kätzchen nimmt, zur Hausfrau:* Es kratzt doch nicht?

WIRT *zu Hans:* Wie ein Komet!

Anni und Heinz. „Oberösterreich" im Niederdeutschen Theater, Bremen

Franz Xaver Kroetz

Oberösterreich

Erster Akt

Erste Szene

Im Wohnzimmer vor dem Fernseher. Anni und Heinz. Die Sendung ist gerade zu Ende gegangen ...

5 HEINZ: Des wars.

ANNI: Schaltn mir aus?

HEINZ: Genau, wo mir „heute" schon gsehn ham. *Er steht auf und schaltet den Fernseher aus, macht das große Licht an.*

ANNI: Schön is wieder gwesn, gell.

10 *Heinz nickt. Pause.*

ANNI: Was die jetz machn?

HEINZ: Wer?

ANNI: Was die jetz nach der Sendung machn, das tät mich interessiern.

HEINZ: Warum?

15 ANNI: Wo es eine live-Sendung is.

HEINZ *lächelt:* Genau.

ANNI: Wien.

HEINZ: Eine Kaiserstadt.

ANNI: Einmal fahrn mir auch nach Wien, gell.

20 HEINZ: Münchn is eine Königsstadt, aber Wien is eine Kaiserstadt, heißt es.

ANNI: Und wie.

HEINZ: Sieht man eh auf die Bilder.

ANNI: Fahrn mir einmal nach Wien?

HEINZ: Wennst es willst, das is keine Affäre.

25 ANNI: Ebn.

HEINZ: Vierhundert Kilometer. Da redt man ned drüber.

ANNI: Ich möchert schon fahrn.

HEINZ: Brauchst es bloß sagn.

Pause.

30 ANNI: Essn gehn werdns jetz.

HEINZ: In ein Nobellokal.

ANNI: Genau. Da hams schon einen Tisch reserviert und das ganze Lokal wartet natürlich nur auf sie. Auf wen denn sonst. Und wenn die Sendung ein Erfolg war, dann werdns dementsprechend empfangen in dem Lokal.

35 *Pause.*

HEINZ: Aber nicht allein.

ANNI: Überhaupts ned. Ein ganz großer Tisch in einem Nobellokal. Mit viele Freunde und andere sitzns bis in der Früh und feiern den Erfolg der war. – Ich möchert schon einmal nach Wien!

40 HEINZ: Gfallt er dir der Schönherr?

ANNI: So mein ich es ned, bloß anders.

HEINZ: Weils etwas ham die zwei was einem imponiert und mitreißt. Man vergißt sich selber ganz. Das is das Schöne daran, was Mut macht.

ANNI *lächelt:* Genau.

Von alten Menschen

Herrad Schenk

Das Interview

Die Heimleiterin, eine resolute Frau Anfang fünfzig, brachte den Interviewer bis zur Tür von Nr. 23.

Frau Plittard ist fünfundsiebzig, sagte sie, sie entspricht genau Ihrer Beschreibung eines isolierten älteren Menschen. Sie hat kaum Kontakte im Heim.

5 Die Heimleiterin klopfte an die Tür. Sie kann auch etwas wunderlich sein, sagte sie noch leise zu dem Interviewer.

Sie klopfte noch einmal, legte das Ohr an die Tür, schüttelte den Kopf, wobei sie dem Interviewer einen vielsagenden Blick zuwarf und öffnete dann die Tür. Frau Plittard, sagte sie sehr laut und munter, der junge Mann hier ist von der Uni-

10 versität gekommen, um Sie zu interviewen.

Die kleine zusammengeschrumpfte Person im Schaukelstuhl am Fenster wandte den Kopf nicht nach ihnen um. Ich habe nicht „herein" gesagt, sagte sie mit einer überraschend tiefen kräftigen Stimme.

Oh, Sie müssen schon entschuldigen, sagte die Heimleiterin beflissen, ich
15 dachte, ich hätte Sie „herein" sagen hören. – Viel Glück, flüsterte sie dem Studenten noch zu, bevor sie das Zimmer verließ.

Sie lügt nicht nur, sie ist auch dumm, sagte die alte Frau im Ton einer sachli-
chen Feststellung; sie hörte nicht auf, aus dem Fenster zu schauen. Der Student sah
sich unsicher um. Das Zimmer war klein, dunkel, vollgestopft, roch muffig. Er
20 suchte mit den Augen nach einer Sitzgelegenheit, aber außer dem Schaukelstuhl
gab es nur noch einen weiteren Stuhl, der voll von Kleidern und Wäsche lag.

Frau Plittard, fing er an, wie Frau Frickerhaus eben schon sagte, komme ich also
von der Universität. Wir führen eine Untersuchung durch zu den Problemen älterer Menschen. Es wäre sehr nett, wenn Sie mir da ein paar Fragen beantworten
25 könnten.

Die alte Frau am Fenster schaukelte wortlos weiter. Der Student kreuzte im Fragebogen an: Geschlecht weiblich, warf einen schnellen Blick auf ihr fleddriges
bräunliches Kleid und ging zur nächsten Spalte über: äußere Erscheinung des Befragten, a. sauber und gefällig, sicherlich nicht, b. ordentlich, noch zu hoch gegrif-
30 fen, c. eher unordentlich und schlampig, das stimmt.

Darf ich fragen, wie alt Sie sind? las er die nächste Frage vor.

Frau Plittard hörte eine Weile zu schaukeln auf. Dem Studenten war nicht recht
klar, ob sie über die Antwort nachdachte oder darüber, ob sie überhaupt antworten
sollte. Sie schaukelte weiter. Fünfundsiebzig, sagte sie.

35 Der Student wandte das erste Blatt im Stehen um und äugte nach der Bettkante.
Dort lagen zwei zerknitterte Bildzeitungen, ein Wäschestück, das nach Nachthemd
aussah, ein Strickzeug und eine flache Plastikdose. Und wie lang leben Sie schon
hier im Heim? fragte er; er beschloß, daß es besser sei, sich auf das Bett zu setzen,
und ließ sich auf der Kante nieder.

40 Sechs Jahre, sagte sie.

Ziemlich unfreundlich, dachte er, und ging zu den Fragen nach Kindern und
Einkommen über.

Sie konnte vom Fenster aus die Straße überblicken und den Haupteingang. Da
kommt Dorothea Muth, ohne Schirm, und es wird sicherlich gleich regnen. Wirk-
45 lich schwer zu Fuß inzwischen. Daß sie sich immer noch nicht von dem Bonbon-
hut trennen kann. Die hat sie auch ganz schön reingelegt, heute mittag, mit dem
Spargel. Ob es noch riecht? Der Interviewer würde es natürlich nicht merken. Den
hatte sie auch reinkommen sehen, ein geschniegelter kleiner Junge mit angeberi-
schem Gang. Wollte mit ihr über Probleme sprechen, daß ich nicht lache.

50 Fühlen Sie sich zuweilen einsam? fragte der Student. Sie ist so mürrisch, hoffentlich bricht sie nicht mittendrin ab, dachte er, dann sind zwanzig Mark im Ei-
mer und die vertane Zeit.

Nein, sagte sie gleichgültig. Was für idiotische Fragen der Junge stellte. Kann
wohl selber nicht dafür, steht wohl so in seinem Zettel.

55 Würden Sie sagen, daß Sie sich nie oder fast nie oder zuweilen einsam fühlen?
hakte er sanft nach.

Sie antwortete nicht. Dorothea Muth und die dicke Zimmermann hatten zwar
was gemerkt, aber erst hinterher, und da konnten sie ihr nichts nachweisen. Erst
hatten sie wirklich geglaubt, sie käme nicht zum Essen runter, weil der Magen

70

60 wieder rumorte. Leider mußte es alles so schnell gehen, weil das Essen unten nie länger als eine halbe oder dreiviertel Stunde höchstens dauerte, mit Beten, bei Eintopf noch weniger. Außerdem gingen die zwei selten pünktlich zum Gebet.

Nie, fast nie oder zuweilen, wiederholte er höflich.

Zuweilen was? fragte sie und drehte sich zum erstenmal nach ihm um. Es war
65 ihr eingefallen, daß sie vorhin vom Fenster aus nicht gesehen hatte, ob er einen Bart trug oder nicht.

Einsam, sagte er geduldig. Natürlich hatte er einen Bart, einen gut gestutzten Schnäuzer. Sagen Sie, juckt das eigentlich? fragte sie und zeigte mit dem Finger.

Der Interviewer war verwirrt. Was meinen Sie? Ach, mein Bart, nein, nein. Er
70 lachte verlegen. Er juckt nicht.

Nie einsam, sagte sie und drehte sich wieder zum Fenster. Komische alte Ziege, dachte der Student. Laut fragte er: Wünschen Sie sich eigentlich manchmal, daß Sie mehr Freunde und Bekannte hätten, als Sie jetzt haben?

Freunde und Bekannte, dummes Zeug. Das wären nur noch mehr Leute, die ge-
75 schnuppert hätten: Was? Spargel? Hier riecht es ja nach Spargel! Kann die sich so was leisten? – und ihr am liebsten jede Stange einzeln wieder rausgezogen hätten. Ja, das hätten sie am liebsten getan, als sie einmal den Verdacht hatten. Wie sie nach dem Mittagessen den Gang auf- und abliefen, die Teeküche untersuchten, bei ihr anklopften, haben Sie sich vielleicht Spargel gekocht, Frau Plittard? Wissen
80 Sie denn, woher es so nach Spargel riecht? Sie hatte ganz ahnungslos getan, aber trotzdem fühlten sich beide betrogen, die Muth und die Zimmermann.

Nein, keine Freunde, sagte sie, als der Student die Frage wiederholte.

Verglichen mit anderen Leuten in Ihrem Alter, würden Sie da sagen, daß Sie mehr oder weniger gesellige Kontakte haben, fragte er weiter. Das zog sich ja ent-
85 setzlich hin. Zwischendurch trat sie immer weg, das konnte er ganz deutlich merken. Wahrscheinlich wußte sie gar nicht so genau, was sie antwortete. Wo gibt es das denn, daß man keine Freunde haben will, wenn man schon so leben muß wie die, dachte er. Hauptsache, ich kriege das Interview fertig. Ich muß sie bei guter Laune halten.
90 Es ging immer weiter. Vorurteile gegenüber alten Menschen, würden Sie den folgenden Sätzen eher zustimmen oder sie eher ablehnen, sie sind unsauber und nachlässig in ihrer äußeren Erscheinung, sie fühlen sich von ihren Kindern vernachlässigt, sie mischen sich in anderer Leute Angelegenheiten, würden Sie sagen, das ist eher richtig oder eher falsch? Sie sagte mal richtig, mal falsch, völlig abwe-
95 send, was für idiotische Fragen, mal ja, mal nein, machen Sie sich für die Zukunft große gesundheitliche Sorgen, nein, wissen Sie manchmal nicht, womit Sie sich beschäftigen sollen, nein; sie dachte: im Gegenteil, wenn die wüßten, aber wozu soll es gut sein, darauf zu antworten.

Der Student dachte, sie sagt irgendwas, sie hört nicht zu oder versteht nicht,
100 denn sie bejaht völlig gleichgültig alle Vorurteile über ältere Menschen; sie saß, schaukelte, schaute aus dem Fenster und verdaute Spargel. Natürlich war es etwas leichtsinnig gewesen, bei den paar Mark, die ihr im Monat blieben, zumal sie schon seit Tagen neue Seife brauchte. Vielleicht würde sie irgendwann mal gegen die Frickerhaus gerichtlich was unternehmen, wenn sie mehr Beweise hatte, daß
105 die ihr im Monat mindestens hundert Mark stahl, mindestens hundert, wenn nicht

mehr. Für den Fraß, den es da unten gab, und das bißchen Wäschewaschen nahm sie ihr die ganze Rente.

Was sind Ihrer Meinung nach die wichtigsten Eigenschaften, die man braucht, um mit den Problemen des Alterns gut fertig zu werden?

110 Tagelang war sie an dem Feinkostgeschäft auf der Ecke vorbeigegangen und hatte den Spargel angesehen, der immer noch vier Mark achtundvierzig kostete. Er war seit letzter Woche nicht billiger geworden, und vielleicht würde er nächste Woche schon wieder teurer. Dann war die Spargelzeit vorbei. Vielleicht ihre letzte Spargelzeit. Früher, mit Fritz, war sie an den Niederrhein gefahren, einmal in jedem Früh-
115 jahr, und sie hatten jeder zwei Pfund gegessen und auch Wein dabei getrunken.

Frau Plittard, sagte der Student laut, Sie hören ja gar nicht mehr zu. Wird Ihnen das Gespräch zu anstrengend?

Schreien Sie nicht, sagte die alte Frau, ich bin nicht taub.

Draußen fing es an zu regnen. Der asthmatische Glatzkopf, der seit drei Wo-
120 chen im ersten Stock wohnte, rettete sich in den Haupteingang. Er hatte auch keinen Schirm.

Welche Eigenschaften sind Ihrer Meinung nach am wichtigsten, wenn man gut mit den Problemen des Älterwerdens fertig werden will? wiederholte er. Er blätterte unauffällig nach vorne, gottseidank, noch vier Seiten, dann hatte er es ge-
125 schafft.

Geld.

Welche Eigenschaften, meine ich. Es war zum Verzweifeln.

Geld, beharrte sie.

Der Interviewer notierte: Frage nicht verstanden.

130 Denken Sie manchmal an den Tod?

Nein.

Haben Sie Pläne für die nähere und weitere Zukunft?

Nein.

Das beste war noch die Sache mit dem Tauchsieder gewesen, ihre Idee. In der
135 Teeküche hatten sie ja keine Töpfe, da das Kochen auf der Etage nicht erlaubt war.
Sie hatte den Spargel im Tauchsiedertopf in der Etagenküche gekocht. Erst hatte
sie überlegt, ob sie das Ganze mit dem Tauchsieder in ihrem Zimmer machen
sollte, aber der Tauchsieder wäre sicher davon kaputt gegangen, denn zwanzig Minuten braucht Spargel ja schon, und einen Tauchsieder kann man nicht klein stel-
140 len. Außerdem hätten die Stangen vielleicht verbrennen können, wenn sie gegen
den Tauchsieder gekommen wären. Also hatte sie es auf einer der Kocherplatten in
der Teeküche gemacht, im Tauchsiedertopf. Alles war schon vorbereitet, als die anderen zum Essen runtergingen, die Stangen lagen ganz dünn, feinsäuberlich ge-
schält in einem nassen Handtuch, acht Stück, mit einem Zwirnsfaden zusammen-
145 gebunden. Auch an den kleinen Stipp Margarine für das Wasser hatte sie im voraus
gedacht. Die anderen würden ihren Tee jetzt eine Weile mit Fettaugen trinken
müssen.

Nein, sagte sie. Er hatte gefragt, ob sie am Tag mehr als eine Stunde mit anderen Personen zusammen wäre.

150 Es hatte köstlich geschmeckt, ganz wie in alten Zeiten, obwohl es da natürlich
Spargel mit Butter, Schinken und Wein gewesen war. Sie hatte die acht Stangen
ganz langsam geschlürft, so langsam es eben ging, sie mußte ja noch alle Spuren
beseitigen. Alle acht ganz alleine, keine für Dorothea Muth, keine für die Zimmermann, keine für das dolle Gretchen vom anderen Gangende. Nur für sie. Sie
155 kicherte.

Wir sind damit, sagte der Student erleichtert, am Ende unseres Gesprächs angekommen. Ich danke Ihnen vielmals für Ihre Bereitschaft, uns zu helfen. Sagen Sie,
waren Ihnen diese Fragen eigentlich unangenehm? las er die letzte Frage ab.

Nein, sagte sie. Die anderen hatten heute unten wieder Leipziger Allerlei be-
160 kommen, den alten Dosenfraß.

Der Student machte die letzten Eintragungen auf der Rückseite des Fragebo-
gens. Interviewer, bitte nicht fragen! stand da. War der Befragte a. bereitwillig und
aufgeschlossen, b. bereitwillig, aber uninteressiert, c. unwillig? Er kreuzte c. unwillig an. Interviewer! bitte Verständnis des Befragten einschätzen. Hier kreuzte er
165 „verwirrt" und „langsame Auffassungsgabe" an.

Vielen Dank noch mal, sagte er und erhob sich von der Bettkante. Dann wünsche ich Ihnen noch alles Gute, Frau Plittard, sagte er noch höflich.

Die alte Frau drehte sich zum zweitenmal nach ihm um. Er sah ihr kleines ver-
schrumpeltes Gesicht. Eigentlich hat sie sehr wache pfiffige Augen, dachte er, ko-
170 misch, dabei hat sie so einen Stuß geredet.

Moment, sagte sie, Sie könnten mir noch einen Gefallen tun. Sie nahm von der
Fensterbank her ein kleines, in Zeitungspapier gewickeltes Paket. Bitte, werfen Sie
das in einen Papierkorb auf der Straße, sagte sie, aber bitte auf der Straße. Der Student nahm etwas verdutzt das kleine Paket an sich, sagte dann aber, selbstverständ-

lich, gern, und ging. Als er die Tür hinter sich geschlossen hatte, lehnte sie sich genüßlich im Schaukelstuhl zurück. Jetzt war auch auf unauffällige Art für die Schalen gesorgt, und die anderen konnten ihr gar nichts nachweisen. Höchstens die Fettaugen im Tee. Aber wenn Sie Ihre Tasse nie anständig spülen, Frau Zimmermann, dann bleiben natürlich Fettaugen im Tee, würde sie sagen.

180 Der Spargel hatte köstlich geschmeckt. Sie schaukelte sanft und verdaute.

Monika Helmecke

Klara, mach das Fenster zu

Jeden Morgen um fünf stand Klara Katzwedel auf und ging in den Betrieb. Sie schrubbte Flure, putzte Lampen, Klinken, Waschbecken. Obwohl sie eigentlich schon zu alt für diese Arbeit war, beklagte sie sich nie. Denn es machte ihr Spaß, wenn um sieben die Kollegen kamen, denen sie die Schreibtische säuberte, Papier-

5 körbe leerte, Stühle und Fensterbretter abwischte. Dann lebte sie auf, erzählte von früher, von ihrem Garten. Wie ordentlich der immer gewesen sei, und ihr Häuschen erst, das hätten sie sehen sollen. Aber irgendwann sei eben Schluß, und wenn man nicht mehr so richtig könne, dann ..., na ja. Zu jeder Jahreszeit wußte sie andere Geschichten und Ratschläge. Oder sie berichtete von neuen Sprecherfolgen

10 ihrer Vögel. Und dann war sie richtig glücklich. Jeder war freundlich zu ihr, nannte sie beim Namen. „Klara, wie lange muß man grüne Bohnen einkochen?" oder: „Klara, mach das Fenster zu!" oder: „Klara, bring mir zwei Brötchen zum Frühstück!" oder: „Klara, mach das." Sie eilte und wischte und fegte und erzählte. Nur wenn man vergaß, sich zu bedanken, war sie böse und konnte denjenigen

15 drei Tage durch Nichtachtung strafen. Aber länger hielt sie es nie aus, und ein freundliches Wort versöhnte sie sofort. Doch eines Tages ließ der Minert, also der Abteilungsleiter, sie rufen und sagte ihr, daß sie die Kollegen von der Arbeit abhalte und die Zimmer vorher sauberzumachen habe. Sie war nicht nur enttäuscht, sondern auch böse. Vor allem aber über sein förmliches „Kollegin Katzwedel", als

20 hätte er ihren Namen vergessen. Dabei war der sonst gar nicht so. „Na, Klara, wie geht's?" hatte er meist gesagt. Aber plötzlich: Kollegin Katzwedel.

Ihren Kummer konnte man von den stumpfen Fußböden, den unordentlich gesäuberten Möbeln ablesen. Bis ihr die Idee mit der Toilette kam. Von nun an widmete sie fast ihre ganze Emsigkeit diesen Räumen, scheuerte mehrmals täglich die

25 Klo- und Waschbecken, wischte den Fußboden, daß alles blitzte. Kamen die Kollegen und sagten: „Klara, das hast du aber schön gemacht", strahlte sie wie früher. Hinter der letzten Damentoilette hatte sie sich ein Häuschen, wie sie es nannte, eingerichtet – einen Hocker mit einem karierten Tuch darauf, einige Blattpflanzen am Fenster. Hier saß sie und gab ihre Ratschläge und Geschichten wie früher an

30 die Kolleginnen weiter. Nur manchmal hätte man ihr ansehen können, daß sie traurig war. Dann wirkten ihre Augen stumpf und müde. Aber es sah niemand. Wenn sich die Klotür öffnete, blickte sie bereits erwartungsvoll der Eintretenden

74

entgegen. Einmal sagte eine junge Frau: „Klara, du solltest dir einen Hund an-
schaffen, damit er dir dein Häuschen bewacht."

35   Klara hatte gelacht, aber der Gedanke fraß sich langsam fest. Sie dachte nicht an
einen Hund, aber wenn sie die Vögel ...

Und dann kam ihr Urlaub, zu dem man sie zwingen mußte.

„Ich will ihn nicht", sagte sie, „wozu, hier ist meine Familie, hier habe ich alles,
was ich brauch", und: „An den Wochenenden muß ich mich schon lange genug
40   erholen", aber die anderen dachten da anders, denn es gab die Gesetze, kurz, Klara
Katzwedel mußte ihren Urlaub antreten.

Niemand weiß, was in diesen zwölf Tagen mit ihr geschah. Am dreizehnten
Tag kam der Bericht von der Polizei und später die Bestätigung aus der Anstalt.
Man habe nachts um halb drei eine alte Frau, die sich als Klara Katzwedel auswei-
45   sen konnte, auf der Straße aufgegriffen, wo sie mit zwei Vogelbauern in der Hand
einen Polizisten nach dem Weg zum Maschinellen Rechnen gefragt habe. Sie hätte
behauptet, dort zu arbeiten, und sie müsse unbedingt Klara und Ottochen ihr Zuhause zeigen.

Otto Dix (1891–1969): Die Eltern des Künstlers (1924)

Peter Maiwald

Die Stillegung

Pobel ist stillgelegt. Die Gutachter sind gekommen und haben seine Rentabilität*
überprüft. Pobel, 60 Jahre alt, hat zwei Hände, aber sie packen nicht mehr zu wie
früher. Er hat zwei Beine, aber sie laufen nicht mehr auf vollen Touren. Er hat einen Kopf – „überaltertes Erfahrungsmaterial", meinen die Experten. Pobel hat
5 noch Augen und Ohren, einen Mund, eine Nase, Gefühle und sogar Fähigkeiten.
Aber Pobel lohnt nicht mehr.
   „Verschleißerscheinungen", sagen die Gutachter. Sie verabschieden sich. Sie
müssen noch zu anderen, die stillgelegt werden sollen. Pobel funktioniert noch
ein bißchen und darf – auf eigene Gefahr – unter die Menschen. Ein Amt über-
10 weist ihm monatlich die Betriebskosten für seine Person. Wenn er sparsam ist,
kommt er damit aus. Sein Magenleiden ist ein Glück: Er braucht weniger Nahrungsmittel. Dadurch werden die Instandhaltungskosten geringer.
   Pobel bekommt ein Richtlinienblatt der „Gesellschaft für technischen Fortschritt". Es enthält Bedienungsanleitungen für ältere Personen: Er soll nicht rosten.
15 Aber er soll sich nicht dem Verkehr aussetzen, vor allem die Innenstadt während
der Geschäftszeiten meiden. Er soll in jedem Fall zurückhaltend leben. Für ihn ist
gesorgt: Das Land ist mit chemikalischen Stationen, die man Apotheken nennt,
überzogen. Wartungshallen, denen Chefärzte vorstehen, gibt es in jeder Stadt. Das
Merkblatt wünscht Pobel einen schönen, ruhigen Lebensabend.
20   Er bemerkt, daß damit sein Alltag gemeint ist. Plötzlich ist er jedem im Wege:
Die Autofahrer fluchen, hupen und machen Handbewegungen, die besagen:
„Mensch, Alter, guck' doch hin." Pobel findet, diese Autofahrer sind noch das
kleinere Übel. Es gibt andere, die nehmen ihn überhaupt nicht mehr wahr. Oft
rettet ihn nur noch ein Sprung auf den Bürgersteig. Dort kommt er dann ins Ge-
25 dränge, wird geschubst, kriegt Rippenstöße.
   An der Kasse im Supermarkt murrt eine Schlange von Kunden hinter ihm, als er
einmal seine Geldbörse suchen muß. Wenn er eine Kneipe betritt und sich ein
Bier bestellt, guckt der Wirt ihn mißtrauisch an. Auf der Treppe trifft er dann und
wann seinen Hausherrn – einen vitalen* Menschen, der ihn jedesmal mit den
30 Worten begrüßt: „Mensch, Pobel, Sie leben ja noch."
   In der Parkanlage hat ihn neulich ein kleines Mädchen irgend etwas gefragt. Er
hat ihr geantwortet. Gleich darauf kommt eine Frau, wahrscheinlich die Mutter,
und sagt zu dem Kind: „Komm weg hier."
   Am Abend dieses Tages sitzt Pobel in dem Glashäuschen an der Haltestelle –
35 nicht weit von der Fabrik, in der er gearbeitet hat. Er bleibt sitzen, bis ihn eine
Streife aufgreift. Die Polizisten reden mit ihm in einer Sprache, die ihn an seine
Kindheit erinnert. Er hat Mühe, sie zu verstehen. Sie bringen ihn nach Hause und
machen einen Bericht über seinen Zustand.
   Die Fürsorge greift ein. Pobel kommt in ein Heim. Die Gutachter sagen, das sei
40 das Beste für ihn. Sein Tod, eine Woche später, ist für das Heim der Abgang eines
Neuzugangs.

76

Erwin Strittmatter

Großvaters Tod

Großvater wurde neunzig Jahre alt, und mir ist, als hätte ihn nicht das Alter, sondern der Hunger gefällt. Als der zweite große Krieg der deutschen ÜBERMENSCHEN*
endlich zu Ende war, lag Großvater ausgehungert und entkräftet zu Bett und navigierte sich, wie früher durch sein arbeitsreiches Leben, mit der Uhr und mit dem
5 Kalender auf seine Sterbezeit zu. Er sah auf dem Sterbebett nicht zum Fenster hinaus in die vielhundertjährigen Eichen auf dem Dorfanger, weil er auf seine Enkel
wartete und die Stubentür im Auge haben wollte, und neben der Stubentür hing
die Uhr. Das Zifferblatt und die Zeiger konnte Großvater ohne Brille nicht mehr
erkennen, aber da waren die drahtherben Stunden- und Halbstundenschläge, die
10 seine Sterbezeit in kleine Strecken aufteilten. Wenn die Gewichte der Uhr – in
Gußeisen nachgeformte Tannenzapfen – tiefer als die Abstellplatte des Küchenschrankes waren, auf der die Brotbüchse stand, so hieß es: „Die Uhr zieh auf,
Alte!"

Den Kalender ließ sich Großvater von Zeit zu Zeit aus dem Tischkasten reichen,
15 und auch das geschah im Befehlston. „Den Kalender!" Er sah nach, wie weit es bis
zum Frühling war, und er krakeelte, als die Aussaatzeit des Hafers herankam, ohne
daß jemand in den Nachkriegswirren Anstalten traf zu säen.

Die kleine Großmutter rackerte sich ab, denn bald hieß es: „Bett aufschütteln!"
oder: „Kartoffeln ran!" Und manchmal aß Großvater einen Topf Pellkartoffeln
20 aus, und manchmal aß er nur eine. Die Hauptsache, die Kartoffeln erschienen auf
dem Deckbett, wenn er sie verlangte, und er ließ sich einen Knotenstock geben,
mit dem er auf die Dielen stampfte, um seinen Befehlen bei Großmutter Nachdruck zu verleihen.

Bevor er bettlägerig wurde, hatte Großvater diesen Knotenstock nie benutzt,
25 denn er war sein Leben lang steil und dabei beweglich, hatte fast volles Haar, das
nicht einmal sehr grau war, bis er sich legte. Den Stock hatte Großvater wie manche seiner Sachen auf einer Auktion erworben. Es war ein HERRENSTOCK mit einer
kleinen Silberplatte am Ende des waagerechten Knaufs. Großvater fühlte wohl,
daß er sich lächerlich gemacht hätte, wenn er mit diesem Stock in den Wald und
30 in die Pilze gegangen wäre. Wichtig war, daß er einen so FEINEN Stock zum VERERBEN besaß, vielleicht, daß einer seiner Enkel doch ein HERR werden sollte, und
wenn das nicht eintreten würde, so sollte der Stock mir, als dem ältesten Enkel,
gehören.

Dann kam der junge Mann, der Großvaters Navigationsgerät*, die alte Uhr mit
35 den gußeisernen Tannenzapfen, fortnehmen wollte. Es war ein junger Pole, den
die Faschisten während des Krieges verschleppt hatten und der sich auf dem Rückweg in sein ausgeraubtes Heimatland befand. Er trat in Großvaters Stube, nahm
vom kranken Greis kaum Notiz und suchte nach brauchbaren Gegenständen. Er
steckte dies und das in die Taschen, und Großvater ließ es geschehen, aber dann
40 griff der Jüngling nach der Uhr, und niemand weiß, woher Großvater die Kraft
nahm, aus dem Bett zu fahren. Er schwang den Stock und ging auf den jungen
Menschen los. Vielleicht wurde in diesem Augenblick die Vorstellung des jungen

Mannes von Gespenstern zur Wirklichkeit; denn er flüchtete, obwohl er Großvater mit einer Armbewegung hätte umreißen können.

45 Großvater pochte auf die Dielen, bis Großmutter kam, die sich versteckt hatte,
und Großvater prahlte sogar ein wenig: „An die Uhr wollt er, aber Schißchen, die
brauch ich!"

Großvater machte sich ans Sterben wie an eine große Arbeit. Er starb wochen-
und monatelang, lag Tag und Nacht auf der Lauer und schrie von Zeit zu Zeit:
50 „Hähä, jetzt kommt er. Er will mir holen. Kahler Hund, du! Zeigen werd ich dir!"
Großvater schwang den Stock gegen den Unsichtbaren, und die energischen
Stockschwünge holten ihn wohl immer wieder ins Leben zurück. Er schrie und
ächzte, daß es durchs ganze Haus hallte, und meine Mutter hielt sich nachts die
Ohren zu. Tassen und Teller, Kannen und Schüsseln mußten aus der Nähe des
55 Krankenlagers und vor Großvaters Stockhieben in Sicherheit gebracht werden.

Ich kam zu Besuch aus dem Thüringischen, wo ich arbeitete, und hörte schon
im Hausflur Großvaters Sterbeflüche. Ich zögerte, zu ihm in die Sterbestube zu
steigen. Ich kann leidenden Tieren, die stumm sind, helfen, kann sie sogar heilen,
aber ich versage, wenn ich Menschen körperlich leiden sehe. Eine Lähmung befällt
60 mich, nicht einmal Trostworte kann ich formen und kann nicht ergründen, wo
dieses Versagen seinen Sitz hat, und manchmal meine ich, daß es schiere Feigheit
ist, die mich da lähmt.

Die kleine geschundene Großmutter kam nur für einen Augenblick zu uns herunter in die Wohnstube, um etwas zu besprechen, da hörten wir oben nach teufli-
65 schen Großvaterflüchen ein dumpfes Fallgeräusch. Großvater hatte sich, um Großmutter für ihre Abwesenheit zu strafen, aus dem Bett fallen lassen.

Wir rannten treppauf. Großvater lag auf den Dielen, das Gesicht nach unten,
und schrie und verfluchte die Großmutter – ein Totengerippe in blau-weiß ge-
streiftem Barchenthemd, kein Zoll Fleisch mehr an irgendeinem Glied, lag da,
70 fluchte und fluchte.

Meine Lähmung setzte ein. Ich sah zu, wie mein Bruder den ehemaligen Großvater von den Dielen hob, doch als das Großvatergerippe wieder gebettet war, erkannte es mich: „Ich sterb hier, und du treibst dir rum, und ich hab dir gerettet,
wie du kleene warst!"

75 Und das war wahr: Großvater hatte mich gesund gepflegt, als ich im Säuglings-
alter eine Lungenentzündung hatte und die Mutter im Kindbettfieber lag, und er
war nicht von meinem Bett gegangen, bis ich, sein erster Enkel, genas.

Nun schüttete Großvater seinen Zorn über mich aus, seine Enttäuschung, und er
verkündete, daß ich seinen Knotenstock nicht haben sollte. Was sollte ein Herum-
80 treiber mit einem Knotenstock? Den Knotenstock sollte mein Bruder haben, der
schon Neubauer* mit zwanzig Morgen Land war und nach Großvaters Vorstellung
die meiste Aussicht hatte, ein HERR zu werden.

Ich stand da – keine Handbewegung, kein Wort.

Ich mußte wieder weiter, und ich sah Großvater nicht sterben, aber seine Flüche
85 hörte ich Jahr für Jahr, wenn ich dasaß und an die Kindheit dachte, die poetisch
war durch Großvater. Und eines Tages begann ich die Geschichten vom Großvater
zu schreiben, und jede Geschichte war ein Abbitte für mein Versagen.

Halb ist es Lust, halb ist es Klage
– Gedichte –

Prometheus

Bedecke deinen Himmel, Zeus,
Mit Wolkendunst
Und übe, dem Knaben gleich,
Der Disteln köpft,
An Eichen dich und Bergeshöhn;
Mußt mir meine Erde
Doch lassen stehn
Und meine Hütte, die du nicht gebaut,
Und meinen Herd,
Um dessen Glut
Du mich beneidest.

Ich kenne nichts Ärmeres
Unter der Sonn als euch, Götter!
Ihr nähret kümmerlich
Von Opfersteuern
Und Gebetshauch
Eure Majestät
Und darbtet, wären
Nicht Kinder und Bettler
Hoffnungsvolle Toren.

Da ich ein Kind war,
Nicht wußte, wo aus noch ein,
Kehrt ich mein verirrtes Auge
Zur Sonne, als wenn drüber wär
Ein Ohr, zu hören meine Klage,
Ein Herz wie meins,
Sich des Bedrängten zu erbarmen.

Wer half mir
Wider der Titanen* Übermut?
Wer rettete vom Tode mich,
Von Sklaverei?
Hast du nicht alles selbst vollendet,
Heilig glühend Herz?
Und glühtest jung und gut,
Betrogen, Rettungsdank
Dem Schlafenden da droben?

Ich dich ehren? Wofür?
Hast du die Schmerzen gelindert
Je des Beladenen?
Hast du die Tränen gestillet
Je des Geängsteten?
Hat nicht mich zum Manne geschmiedet

Die allmächtige Zeit
Und das ewige Schicksal,
Meine Herrn und deine?

Wähntest du etwa,
Ich sollte das Leben hassen,
In Wüsten fliehen,
Weil nicht alle
Blütenträume reiften?

Hier sitz ich, forme Menschen
Nach meinem Bilde
Ein Geschlecht, das mir gleich sei,
Zu leiden, zu weinen,
Zu genießen und zu freuen sich,
Und dein nicht zu achten,
Wie ich!

Johann Wolfgang Goethe

Vorschlag

Ramme einen Pfahl
in die dahinschießende Zeit.
Durch deine Hand rinnt der Sand
und bildet Formlosigkeiten,
die sogleich auf Nimmerwiedersehen
in sich selbst einsinken:
vertanes Leben.

Was du nicht erschaffst, du
bist es nicht. Dein Sein nur Gleichung
für Tätigsein: wie will denn
wer nicht Treppen zimmert
über sich hinausgelangen?
Wie will heim zu sich selber finden
der ohne Weggenossen?

Hinterlasse mehr als die Spur
deiner Tatze, das Testament
ausgestorbener Bestien, davon die Welt
übergenug schon erblickt.

Ramme einen Pfahl ein. Ramme
einen einzigen, einen neuen Gedanken
als geheimes Denkmal
deiner einmaligen Gegenwart
in den Deich
gegen die ewige Flut.

Günter Kunert

Ich fälle einen Baum

Ich fälle einen Baum
fälle ihn einfach
trotz meiner Furcht
der fallende Baum
erschlägt mich.

Immer habe ich abseits gestanden
wenn Bäume gefällt wurden
zögernd in der Entfernung
in der man Kinder hält.
Immer haben andere
getan, was notwendig war:
bei den verdorrten Pappeln
in der Allee einzementiert
beim Kirschbaum, dessen
magere Ernte die Spatzen fraßen.
Immer abseits
mit den Händen in den Taschen.

Ich will nicht sagen
daß es leicht geht
mit Axt und Säge.
Die Späne fliegen
aber es geht. Mit einem Schlag
dem letzten, fällt die Zypresse
mir vor die Füße
verdunkelt nicht mehr
mit ihrem Friedhofsschatten
meinen Tisch am Fenster.

Jetzt wieder am Tisch
ist mein Gedicht ganz hell.

Ursula Krechel

Bronzefigur am Niederwalddenkmal bei Rüdesheim/Rhein

Aufruf (1813)

Frisch auf, mein Volk! Die Flammenzeichen rauchen,
Hell aus dem Norden bricht der Freiheit Licht.
Du sollst den Stahl in Feindesherzen tauchen;
Frisch auf, mein Volk! – Die Flammenzeichen rauchen,
Die Saat ist reif; ihr Schnitter, zaudert nicht!
Das höchste Heil, das letzte, liegt im Schwerte!
Drück' dir den Speer ins treue Herz hinein:
Der Freiheit eine Gasse! – Wasch' die Erde,
Dein deutsches Land, mit deinem Blute rein!

Es ist kein Krieg, von dem die Kronen wissen;
Es ist ein Kreuzzug, 's ist ein heil'ger Krieg!
Recht, Sitte, Tugend, Glauben und Gewissen
Hat der Tyrann aus deiner Brust gerissen;
Errette sie mit deiner Freiheit Sieg!
Das Winseln deiner Greise ruft: „Erwache!"
Der Hütte Schutt verflucht die Räuberbrut,
Die Schande deiner Töchter schreit um Rache,
Der Meuchelmord der Söhne schreit nach Blut.

Zerbrich die Pflugschar, laß den Meißel fallen,
Die Leier still, den Webstuhl ruhig stehn!
Verlasse deine Höfe, deine Hallen: –
Vor Dessen Antlitz deine Fahnen wallen,
Er will sein Volk in Waffenrüstung sehn.
Denn einen großen Altar sollst du bauen
In seiner Freiheit ew'gem Morgenrot;
Mit deinem Schwert sollst du die Steine hauen,
Der Tempel gründe sich auf Heldentod. –

Was weint ihr, Mädchen, warum klagt ihr, Weiber,
Für die der Herr die Schwerter nicht gestählt,
Wenn wir entzückt die jugendlichen Leiber
Hinwerfen in die Scharen eurer Räuber,
Daß euch des Kampfes kühne Wollust fehlt?
Ihr könnt ja froh zu Gottes Altar treten!
Für Wunden gab er zarte Sorgsamkeit,
Gab euch in euren herzlichen Gebeten
Den schönen reinen Sieg der Frömmigkeit.

So betet, daß die alte Kraft erwache,
Daß wir dastehn, das alte Volk des Siegs!
Die Märtyrer der heil'gen deutschen Sache,
O ruf't sie an als Genien der Rache,
Als gute Engel des gerechten Kriegs!
Louise*, schwebe segnend um den Gatten;
Geist unsers Ferdinand*, voran dem Zug!
Und all ihr deutschen freien Heldenschatten,
Mit uns, mit uns, und unsrer Fahnen Flug!

Der Himmel hilft, die Hölle muß uns weichen!
Drauf, wackres Volk! Drauf, ruft die Freiheit, drauf!
Hoch schlägt dein Herz, hoch wachsen deine Eichen,
Was kümmern dich die Hügel deiner Leichen?
Hoch pflanze da die Freiheitsfahne auf! –
Doch stehst du dann, mein Volk, bekränzt vom Glücke,
In deiner Vorzeit heil'gem Siegerglanz:
Vergiß die treuen Toten nicht, und schmücke
Auch unsre Urne mit dem Eichenkranz!

Theodor Körner

Mein Vaterland (1840)

Treue Liebe bis zum Grabe
schwör ich dir mit Herz und Hand:
Was ich bin und was ich habe,
dank ich dir, mein Vaterland.

Nicht in Worten nur und Liedern
ist mein Herz zum Dank bereit:
Mit der Tat will ich's erwidern
dir in Not, in Kampf und Streit.

In der Freude wie im Leide
ruf ich's Freund und Feinden zu:
Ewig sind vereint wir beide,
und mein Trost, mein Glück bist du.

Treue Liebe bis zum Grabe
schwör ich dir mit Herz und Hand:
Was ich bin und was ich habe,
dank ich dir, mein Vaterland.

Heinrich Hoffmann von Fallersleben

Kennst du das Land,
wo die Kanonen blühn? (1927)

Kennst du das Land, wo die Kanonen blühn?
Du kennst es nicht? Du wirst es kennenlernen!
Dort stehn die Prokuristen* stolz und kühn
in den Bureaus, als wären es Kasernen.

Dort wachsen unterm Schlips Gefreitenknöpfe.
Und unsichtbare Helme trägt man dort.
Gesichter hat man dort, doch keine Köpfe.
Und wer zu Bett geht, pflanzt sich auch schon fort!

Wenn dort ein Vorgesetzter etwas will
– und es ist sein Beruf etwas zu wollen –
steht der Verstand erst stramm und zweitens still.
Die Augen rechts! Und mit dem Rückgrat rollen!

John Heartfield (1891–1968): Untertanen

Die Kinder kommen dort mit kleinen Sporen
und mit gezognem Scheitel auf die Welt.
Dort wird man nicht als Zivilist geboren.
Dort wird befördert, wer die Schnauze hält.

Kennst Du das Land? Es könnte glücklich sein.
Es könnte glücklich sein und glücklich machen!
Dort gibt es Äcker, Kohle, Stahl und Stein
und Fleiß und Kraft und andre schöne Sachen.

Selbst Geist und Güte gibt's dort dann und wann!
Und wahres Heldentum. Doch nicht bei vielen.
Dort steckt ein Kind in jedem zweiten Mann.
Das will mit Bleisoldaten spielen.

Dort reift die Freiheit nicht. Dort bleibt sie grün.
Was man auch baut – es werden stets Kasernen.
Kennst Du das Land, wo die Kanonen blühn?
Du kennst es nicht? Du wirst es kennenlernen!   *Erich Kästner*

Kälbermarsch (1944)

Hinter der Trommel her
Trotten die Kälber
Das Fell für die Trommel
Liefern sie selber.
    Der Metzger ruft. Die Augen fest geschlossen
    Das Kalb marschiert mit ruhig festem Tritt.
    Die Kälber, deren Blut im Schlachthof schon geflossen
    Sie ziehn im Geist in seinen Reihen mit.

Sie heben die Hände hoch
Sie zeigen sie her
Sie sind schon blutgefleckt
Und sind noch leer.
    Der Metzger ruft. Die Augen fest geschlossen
    Das Kalb marschiert mit ruhig festem Tritt.
    Die Kälber, deren Blut im Schlachthof schon geflossen
    Sie ziehn im Geist in seinen Reihen mit.

Sie tragen ein Kreuz voran
Auf blutroten Flaggen
Das hat für den armen Mann
Einen großen Haken.
    Der Metzger ruft. Die Augen fest geschlossen
    Das Kalb marschiert mit ruhig festem Tritt.
    Die Kälber, deren Blut im Schlachthof schon geflossen
    Sie ziehn im Geist in seinen Reihen mit.   *Bertolt Brecht*

Die Moorsoldaten (1933)

Wohin auch das Auge blicket,
Moor und Heide nur ringsum.
Vogelsang uns nicht erquicket,
Eichen stehen kahl und krumm.
Wir sind die Moorsoldaten
und ziehen mit dem Spaten
ins Moor.

Hier in dieser öden Heide
ist das Lager aufgebaut,
wo wir fern von jeder Freude
hinter Stacheldraht verstaut.
Wir sind die Moorsoldaten ...

Morgens ziehen die Kolonnen
in das Moor zur Arbeit hin.
Graben bei dem Brand der Sonne,
doch zur Heimat steht ihr Sinn.
Wir sind die Moorsoldaten ...

Heimwärts, heimwärts jeder sehnet,
nach den Eltern, Weib und Kind.
Manche Brust ein Seufzer dehnet,
weil wir hier gefangen sind.
Wir sind die Moorsoldaten ...

Auf und nieder gehn die Posten,
keiner, keiner kann hindurch.
Flucht wird nur das Leben kosten,
vierfach ist umzäunt die Burg.
Wir sind die Moorsoldaten ...

Doch für uns gibt es kein Klagen,
ewig kann's nicht Winter sein.
Einmal werden froh wir sagen:
Heimat, du bist wieder mein.
Dann ziehn die Moorsoldaten
nicht mehr mit dem Spaten
ins Moor!

Wolfgang Langhoff

Todesfuge (1945)

Schwarze Milch der Frühe wir trinken sie abends
wir trinken sie mittags und morgens wir trinken sie nachts
wir trinken und trinken
wir schaufeln ein Grab in den Lüften da liegt man nicht eng
Ein Mann wohnt im Haus der spielt mit den Schlangen der schreibt
der schreibt wenn es dunkelt nach Deutschland dein goldenes Haar Margarete
er schreibt es und tritt vor das Haus und es blitzen die Sterne er pfeift seine Rüden
herbei
er pfeift seine Juden hervor läßt schaufeln ein Grab in der Erde
er befiehlt uns spielt auf nun zum Tanz

Schwarze Milch der Frühe wir trinken dich nachts
wir trinken dich morgens und mittags wir trinken dich abends
wir trinken und trinken
Ein Mann wohnt im Haus und spielt mit den Schlangen der schreibt
der schreibt wenn es dunkelt nach Deutschland dein goldenes Haar Margarete
Dein aschenes Haar Sulamith* wir schaufeln ein Grab in den Lüften da liegt man
nicht eng

Er ruft stecht tiefer ins Erdreich ihr einen ihr andern singet und spielt
er greift nach dem Eisen im Gurt er schwingt's seine Augen sind blau
stecht tiefer die Spaten ihr einen ihr andern spielt weiter zum Tanz auf

Schwarze Milch der Frühe wir trinken dich nachts
wir trinken dich mittags und morgens wir trinken dich abends
wir trinken und trinken
ein Mann wohnt im Haus dein goldenes Haar Margarete
dein aschenes Haar Sulamith er spielt mit den Schlangen

Er ruft spielt süßer den Tod der Tod ist ein Meister aus Deutschland
er ruft streicht dunkler die Geigen dann steigt ihr als Rauch in die Luft
dann habt ihr ein Grab in den Wolken da liegt man nicht eng

Schwarze Milch der Frühe wir trinken dich nachts
wir trinken dich mittags der Tod ist ein Meister aus Deutschland
wir trinken dich abends und morgens wir trinken und trinken
der Tod ist ein Meister aus Deutschland sein Auge ist blau
er trifft dich mit bleierner Kugel er trifft dich genau
ein Mann wohnt im Haus dein goldenes Haar Margarete
er hetzt seine Rüden auf uns er schenkt uns ein Grab in der Luft
er spielt mit den Schlangen und träumet der Tod ist ein Meister aus Deutschland
dein goldenes Haar Margarete
dein aschenes Haar Sulamith   *Paul Celan*

Gebranntes Kind (1964)

Für H. M. E.

Gebranntes Kind
fürchtet das Feuer
Gebrannten Kindes Kinder
fürchten das Feuer nicht

Gebrannten Kinds Kindeskinder
malen sich aus
wie schön die Großeltern brannten
und sammeln feurige Kohlen

Nochmals gebranntes Kind
fürchtet kein Feuer mehr

Asche ist furchtlos

Erich Fried

An die Gemeinderäte (1973)

Kann ja sein euch hängt das ewige Grün zum Hals raus
daß ihr lieber alles so glatt betoniert
wie eure neuen Wohngebiete
Albträume
Citykomplexe
Weltstadtimage
mit besonders günstigem Industrieklima
zur Raumkategorie der Verdichtungsbreite gehörend
Natur ist da um verbraucht zu werden
je mehr
desto
als Erinnerung an die vertriebenen
Pflanzen und Tiere gibts Straßennamen
und die Landschaftsgestalter werden nicht ruhn
bis eure Wiesen Vorgärten sind
bis eure Wacholderheiden Parks
bis sie die Wälder und Felsen im Griff haben
bis die Täler in Zwangsjacken stecken
organisiert
kommerzialisiert
trotzdem bitte ich
wehret den Planspielern
eh sie den letzten Rest
eurer Geschichte ausverkaufen
werden Enkel aus den verkarsteten Betonwüsten
aufbrechen
von weit her zu euch kommen
ein Stück Wacholderheide suchen
eine von keinem Bau unterbrochene
Hügellinie gegen den Himmel
dann wird ein fast unverdorbener Fluß
dem das Mäandern noch nicht vergangen ist
kostbar sein wie der Brunnen zu Nürnberg
oder der Aachener Dom.

Margarete Hannsmann

das ende der eulen (1960)

ich spreche von euerm nicht,
ich spreche vom ende der eulen.
ich spreche von butt und wal
in ihrem dunklen haus,
dem siebenfältigen meer,
von den gletschern,
sie werden kalben zu früh,
rab und taube, gefiederten zeugen,
von allem was lebt in lüften
und wäldern, und den flechten im kies,
vom weglosen selbst, und vom grauen moor
und den leeren gebirgen:

auf radarschirmen leuchtend
zum letzten mal, ausgewertet
auf meldetischen, von antennen
tödlich befingert floridas sümpfe
und das sibirische eis, tier
und schilf und schiefer erwürgt
von warnketten, umzingelt
vom letzten manöver, arglos
unter schwebenden feuerglocken,
im ticken des ernstfalls.

wir sind schon vergessen.
sorgt euch nicht um die waisen.
aus dem sinn schlagt euch
die mündelsichern gefühle,
den ruhm, die rostfreien psalmen.
ich spreche nicht mehr von euch,
planern der spurlosen tat,
und von mir nicht, und keinem.
ich spreche von dem was nicht spricht,
von den sprachlosen zeugen,
von ottern und robben,
von den alten eulen der erde.

Hans Magnus Enzensberger

Vincent van Gogh (1853–1890): Ausschnitt aus: Sämann

Der walt stuont aller grîse
vor snê und ouch vor îse.
derst in liehter varwe gar.
hebt iuch dar,
stolziu kint,
reien, dâ die bluomen sint!

Ûf manegem grüenem rîse
hôrte ich süeze wîse
singen kleiniu vogelîn.
bluomen schîn
ich dâ vant.
heide hât ir lieht gewant.

Ich bin holt dem meien:
dar inne sach ich reien
mîn liep in der linden schat.
manic blat
ir dâ wac
für den sunnenheizen tac.

Grau ist der Wald gestanden
   ganz vor Schnee und Eise;
nun ist er heller Farbe gar.
   Komm nun her,
   Mädchenschar,
   tanzen, wo die Blumen sind!

Auf vielen grünen Zweigen
   hört' ich kleine Vöglein
singen süße Melodie
   Blumenglanz
fand ich da
   Heide trägt ihr helles Kleid.

Gunst biet' ich dem Maien.
   In ihm sah ich im Schatten
der Linde meiner Liebsten Tanz.
   Blatt für Blatt
fächelt' ihr
   Schutz vor sonnenheißem Tag.

Neidhart von Reuental
Übertragung von Siegfried Beyschlag

Im Frühling

Hier lieg ich auf dem Frühlingshügel:
Die Wolke wird mein Flügel,
Ein Vogel fliegt mir voraus.
Ach, sag mir, alleinzige Liebe,
Wo *du* bleibst, daß ich bei dir bliebe!
Doch du und die Lüfte, ihr habt kein Haus.

Der Sonnenblume gleich steht mein Gemüte offen,
Sehnend,
Sich dehnend
In Lieben und Hoffen.
Frühling, was bist du gewillt?
Wann werd ich gestillt?

Die Wolke seh ich wandeln und den Fluß,
Es dringt der Sonne goldner Kuß
Mir tief bis ins Geblüt hinein;
Die Augen, wunderbar berauschet,
Tun, als schliefen sie ein,
Nur noch das Ohr dem Ton der Biene lauschet.
Ich denke dies und denke das,
Ich sehne mich, und weiß nicht recht nach was:
Halb ist es Lust, halb ist es Klage;
Mein Herz, o sage,
Was webst du für Erinnerung
In golden grüner Zweige Dämmerung?
– Alte unnennbare Tage!

Eduard Mörike

Morgen Sonnet

Die ewig helle schar wil nun ihr licht verschlissen /
    Diane steht erblaßt; die Morgenrötte lacht
    Den grawen Himmel an / Der sanffte Wind erwacht /
Und reitzt das Federvolck / den newen Tag zu grüssen.
Das leben dieser welt / eilt schon die welt zu küssen /
    Und steckt sein Haupt empor / man siht der Stralen pracht
    Nun blinckern auf der See: O dreymal höchste Macht
Erleuchte den / der sich itzt beugt vor deinen Füssen.
    Vertreib die dicke Nacht / die meine Seel umbgibt /
    Die Schmertzen Finsternüß / die Hertz und geist betrübt /
Erquicke mein gemüt / und stärcke mein vertrawen.
    Gib / daß ich diesen Tag / in deinem dinst allein
    Zubring; und wenn mein End' und jener Tag bricht ein
Daß ich dich meine Sonn / mein Licht mög ewig schawen.

Andreas Gryphius

Abendlied

Augen, meine lieben Fensterlein,
Gebt mir schon so lange holden Schein,
Lasset freundlich Bild um Bild herein;
Einmal werdet ihr verdunkelt sein!

Fallen einst die müden Lider zu,
Löscht ihr aus, dann hat die Seele Ruh;
Tastend streift sie ab die Wanderschuh,
Legt sich auch in ihre finstre Truh.

Noch zwei Fünklein sieht sie glimmend stehn
Wie zwei Sternlein innerlich zu sehn,
Bis sie schwanken und dann auch vergehn,
Wie von eines Falters Flügelwehn.

Doch noch wandl ich auf dem Abendfeld,
Nur dem sinkenden Gestirn gesellt;
Trinkt, o Augen, was die Wimper hält,
Von dem goldnen Überfluß der Welt!

Gottfried Keller

An die Sonne

Schöner als der beachtliche Mond und sein geadeltes Licht,
schöner als die Sterne, die berühmten Orden der Nacht,
viel schöner als der feurige Auftritt eines Kometen
und zu weit Schönrem berufen als jedes andre Gestirn,
weil dein und mein Leben jeden Tag an ihr hängt, ist die Sonne.

Schöne Sonne, die aufgeht, ihr Werk nicht vergessen hat
und beendet, am schönsten im Sommer, wenn ein Tag
an den Küsten verdampft und ohne Kraft gespiegelt die Segel
über dein Aug ziehn, bis du müde wirst und das letzte verkürzt.

Ohne die Sonne nimmt auch die Kunst wieder den Schleier,
du erscheinst mir nicht mehr, und die See und der Sand,
von Schatten gepeitscht, fliehen unter mein Lid.

Schönes Licht, das uns warm hält, bewahrt und wunderbar sorgt,
daß ich wieder sehe und daß ich dich wiederseh!

Nichts Schönres unter der Sonne, als unter der Sonne zu sein ...

Nichts Schönres, als den Stab im Wasser zu sehn und den Vogel oben,
der seinen Flug überlegt, und unten die Fische im Schwarm,

gefärbt, geformt, in die Welt gekommen mit einer Sendung von Licht,
und den Umkreis zu sehn, das Geviert eines Felds, das Tausendeck meines Lands
und das Kleid, das du angetan hast. Und dein Kleid, glockig und blau!

Schönes Blau, in dem die Pfauen spazieren und sich verneigen,
Blau der Fernen, der Zonen des Glücks mit den Wettern für mein Gefühl,
blauer Zufall am Horizont! Und meine begeisterten Augen
weiten sich wieder und blinken und brennen sich wund.

Schöne Sonne, der vom Staub noch die größte Bewundrung gebührt,
drum werde ich nicht wegen dem Mond und den Sternen und nicht,
weil die Nacht mit Kometen prahlt und in mir einen Narren sucht,
sondern deinetwegen und bald endlos und wie um nichts sonst
Klage führen über den unabwendbaren Verlust meiner Augen.

Ingeborg Bachmann

Caspar David Friedrich (1774–1840): Frau vor untergehender Sonne (um 1818)

Das Fräulein stand am Meere
Und seufzte lang und bang,
Es rührte sie so sehre
Der Sonnenuntergang.

Mein Fräulein! Sei'n Sie munter,
Das ist ein altes Stück;
Hier vorne geht sie unter
Und kehrt von hinten zurück.

Heinrich Heine

für die sonne

hey, sonne, von chemikern entweihter
gasball
von astrophysikern deklassierter
gelber stern
von dichtern idealisierter
himmelskörper
von säufern mit dem mond verwechselt
von indianern verherrlicht
von optimisten bejubelt
von pessimisten ignoriert
hey, da gehst du einfach unter.

Wolfgang Fienhold

Hochsommer

Heißer Abdruck einer Fußsohle.

Fliegen ertrinken im Weinessig.

Die Luft ist
der stumme Zuhörer
des Wüstenwindes.

Die Geschichte eines Wortes,
Durst geheißen.

Licht: leuchtender Punkt
auf der Netzhaut.

Jede Hand wartet
auf ein Glas Wasser.

Karl Krolow

Berufsleben

Bundesanstalt für Arbeit

Berufe

Umweltschutztechniker/Umweltschutztechnikerin

Auf Gebieten wie Reinhaltung der Luft, Lärm- und Erschütterungsschutz, Gewässerschutz, Strahlenschutz, Abfallwirtschaft und Landschaftspflege führen sie Messungen und Untersuchungen durch, um Grad und Umfang von Umweltgefährdungen festzustellen. Sie wirken mit bei der Planung und Überwachung, wenn technische Anlagen eingebaut und betrieben werden, die solcher Gefährdung entgegenwirken sollen. Außerdem kontrollieren sie die Einhaltung rechtlicher Vorschriften im Rahmen des Umweltschutzes.

Blätter zur Berufskunde: 2–IR 38

Mode-Designer/Mode-Designerin

Sie sind überwiegend im Bereich der Oberbekleidungsherstellung tätig. Hier entwickeln und entwerfen sie die Modelle und planen die Kollektionen. Dabei haben sie die vorhandenen Fertigungstechniken und Fertigungsabläufe ebenso wie die Herstellungskosten für die industrielle Produktion zu berücksichtigen. Für ihre Arbeit benötigen sie besondere gestalterische Fähigkeiten.
Die Studiendauer beträgt je nach Fachhochschule 3 bis 5 Jahre.
In Berlin gibt es außerdem eine 3jährige Ausbildung zum Staatlich geprüften Mode-Designer/zur Mode-Designerin. Zugangsvoraussetzung: Mittlerer Bildungsabschluß.

Blätter zur Berufskunde: 2–XI G 05

Datenverarbeitungskaufmann/Datenverarbeitungskauffrau

In vielen kaufmännischen Bereichen werden umfangreiche Daten und Informationen für elektronische Datenverarbeitungsanlagen aufbereitet und ausgewertet. Die Datenverarbeitungskaufleute haben die Aufgabe, kaufmännische und Verwaltungsvorgänge für diese Datenverarbeitung zu programmieren. Sie erstellen neue Programme und ändern bestehende Programme, je nach den Erfordernissen, ab. Sie können als Programmierer, Sachbearbeiter oder Operateur in der Datenverarbeitung tätig sein. Ihren Arbeitsplatz finden sie beispielsweise in den Datenverarbeitungsabteilungen, aber auch in Fachabteilungen von Industriebetrieben, Versicherungen und Verwaltungen.
Ausbildungsdauer 3 Jahre.

Blätter zur Berufskunde 1–IX A 303

„Es gibt nichts, was nicht geht"

Um als Frau in einem Männerberuf Erfolg zu haben, ist Selbstvertrauen ebenso wichtig wie das Können

Von unserer Mitarbeiterin Brigitte Wehrmann

Erding, 30. November „Eigentlich war alles nur Zufall, Witz und Blödsinn auf einem Haufen", lacht Kfz-Mechanikerlehrling Petra Ziemann – heute über die Gründe ihrer Berufswahl befragt. Seit zweieinhalb Jahren lernt sie in einer Erdinger Autowerkstatt, wie man Motoren wieder instandsetzt, korrekte Inspektionen durchführt oder alte Autos auf Vordermann bringt. Eine unweibliche Beschäftigung? „Keineswegs", sagt sie, „im Gegenteil – es ist ein tolles Gefühl, wenn man sich auf technischem Gebiet selbst zu helfen weiß. Zu jenen Frauen", fügt sie selbstbewußt hinzu, „die noch nicht einmal den Luftdruck selbst prüfen können und schon bei einem eingefrorenen Türschloß in Panik geraten, gehöre ich nun jedenfalls nicht mehr."

Als Petra Ziemann vor zweieinhalb Jahren mit dem Abiturzeugnis in der Tasche vor dem Arbeitsamt in Freising stand, hoffte sie auf die Vermittlung einer freien Lehrstelle. Konkrete Pläne hatte sie nicht. „Bei der heutigen Lage auf dem Arbeitsmarkt", erzählt sie, „wäre mir jeder Ausbildungsplatz recht gewesen." Doch statt erwarteter Beratung gab's Kritik. „Ohne ein bestimmtes Interesse", meinte die Berufsberaterin lakonisch, „ist selbst die Vermittlung einer Lehrstelle nicht drin." „Dann werd' ich eben Kraftfahrzeugmechanikerin", konterte Petra und war über ihre Antwort mindestens ebenso erstaunt wie die Angestellte, denn bisher beschränkte sich ihre Erfahrung mit Autos eigentlich nur auf ihren kleinen, grünen Käfer, der ihr durch seine Startschwierigkeiten das Leben jeden Morgen zur Hölle machte. Doch einmal ausgesprochen konnte und wollte sie das Gesagte nicht mehr rückgängig machen, und sie begann der Angestellten vehement ihr großes Interesse an Autos zu unterbreiten. Über deren verdutztes Gesicht freut sie sich noch heute.

„Immer wieder", erzählt Petra, „fragte sie mich, ob das tatsächlich mein Ernst sei." Als Petra, angesteckt von ihrer eigenen Geschichte, immer überzeugter die Vorzüge dieses Handwerkszweiges pries, stand die Angestellte schließlich auf und ging mit ihr zur Lehrstellenvermittlung. Das hatte sie nicht erwartet. „Aber einmal angefangen", berichtet sie, „wollte ich das Spiel unbedingt zu Ende spielen." Auch als aus dem Spiel plötzlich Ernst wurde, denn man bot ihr tatsächlich eine freie Lehrstelle an. „Ein gewisser Herr Weber", hieß es, „sucht einen Lehrling für seine Werkstatt – er würde sogar Frauen nehmen."

Schon eine halbe Stunde später sprach sie, ausgestattet mit einer Karte vom Arbeitsamt, bei der besagten Firma in Erding vor. Zu ihrem grenzenlosen Erstaunen stellte Willi Weber keine neugierigen Fragen, sondern wollte lediglich wissen, zu welchem Zeitpunkt sie anfangen könne. Nun konnte sie nicht mehr zurück. Sie gab den 1. Juli als Datum an und unterschrieb den Lehrlingsvertrag.

Arbeiten unter Beweiszwang
Neben der Berufsschule absolvieren die Lehrlinge den Hauptteil ihrer Ausbildung im Betrieb. In der Praxis heißt das: Jeden Morgen um halb sieben aufstehen, zur Werkstatt fahren, rein in den Blaumann, acht Stunden Arbeit, die für den Anfänger hauptsächlich in Autowaschen, Aufräumen und Hofkehren be-

steht und gerade jetzt im Winter, wo die Werkstätten oft schlecht geheizt sind, zu einer Tortur* werden kann. Auf weibliche Eitelkeit und die unvermeidlichen monatlichen Beschwerden wird keine Rücksicht genommen. Jungen und Mädchen lernen knallhart zu den gleichen Bedingungen – bei einem Anfangsgehalt von ganzen 320 Mark brutto.

Entgegen aller Erwartungen halten die meisten Mädchen durch. „Absringer", so Hilde Pieschl von der Münchner Innung für Kfz-Handwerk, „gibt es wenige." Lehrer Herbert Boguth vom Kfz-Bildungszentrum ist der gleichen Meinung: „Wer als Mädchen diesen Beruf wählt, hat es sich vorher genau überlegt", meint er. Unter seinen Schülerinnen befinden sich neben einem hohen Prozentsatz an Meistertöchtern auffallend viele Abiturientinnen, Studentinnen oder Mädchen, die nach einer meistens abgebrochenen Lehre in einem typisch weiblichen Beruf sich doch noch entschlossen haben, ins „männliche Fach" überzuwechseln.

„Gerade die älteren Mädchen", sagt Boguth, „treten konzentrierter und verantwortungsbewußter an ihre Aufgabe heran als ihre oft jüngeren männlichen Kollegen." Ein durchaus natürliches Verhalten, „Denn", so Boguth, „eine Frau steht immer noch unter Beweiszwang." Zwar sei eine Kfz-Mechanikerin heute keine Exotin* mehr, „aber", betont er, „alltäglich ist sie deswegen noch lange nicht."

Kollegen als Kavaliere

Mit 23 Jahren ist Petra Ziemann unter den durchschnittlich 16- bis 18jährigen Lehrlingen die älteste. Ein Altersvorsprung, der ihr beruflich nur Vorteile bringt. „Als 16- oder 17jährige", sagt sie, „hätte ich mich nicht so gut durchsetzen können." Denn nicht nur ihr Vater reagierte schockiert, auch viele Kunden sind der Ansicht, daß das von ihnen gehegte und gepflegte Auto nicht in die Hände eines Mädchens gehört. „In diesem Punkt", meint Petra, „habe ich von meinem Chef jedoch immer volle Unterstützung erhalten. Überhaupt", schwärmt sie, „habe ich mir die Zusammenarbeit mit lauter Männern viel schwieriger vorgestellt."

Denn außer handwerklicher Geschicklichkeit hatte sie nach herkömmlicher Vorstellung wenig Zeug zu einer Kfz-Mechanikerin. Nach Ansicht ihrer Lehrer im Gymnasium sowohl mathematisch als auch technisch ein „absoluter Tiefflieger", lagen ihre Stärken immer mehr auf sprachlichem und künstlerischem Gebiet. Vor ihrer Lehre ist sie viel gereist, hat auf Photos mit übereinanderbelichteten Negativen experimentiert, oder, wie man sich in ihrer Wohnung selbst überzeugen kann, abstrakte Öl- und Kohlebilder gemalt.

Ihr Chef hatte für derartige Talente verständlicherweise wenig Sinn. Trotzdem schaffte er es – gemäß seinem Motto „Es gibt nichts, was nicht geht" –, auch aus der „Studierten, die nicht weiß, was Arbeit ist", innerhalb von zweieinhalb Jahren eine „brauchbare Mechanikerin" zu machen. So brauchbar immerhin – daß sie aufgrund überdurchschnittlicher Leistungen ein halbes Jahr Lehrzeitverkürzung bewilligt bekam und ihre Gesellenprüfung bereits jetzt im Winter ablegt.

Dabei war sie anfangs ihren Mitlehrlingen eher unterlegen. „Ich hatte wirklich von nichts eine Ahnung", stöhnt sie noch heute, „oft stand ich hilflos vor den harmlosesten Schrauben und wußte nicht, wie ich sie aufkriegen sollte." Doch Chef und Gesellen zeigten Geduld und erwiesen sich entgegen aller Vorsätze auch schon mal als Kavaliere.

In den nächsten Jahren wird sie allerdings noch mehr lernen müssen. Denn kaum hat sie die Mechanik einigermaßen im Griff, bahnt sich ein neues Problem an. Elektronik heißt das Stichwort, das vor allem die älteren Mechaniker zunehmend beunruhigt. „Schon jetzt", erklärt Petra Ziemann, „werden immer mehr Motoren auf Elektronik umgestellt." Folge: Fehler werden wie beim Computer durch Herausmessen gefunden. „Statt zu reparieren", beschwert sie

sich, „müssen die defekten Teile jetzt lediglich durch neue ersetzt werden. Damit", fügt sie hinzu, „wird der Mechaniker zum bloßen Teilchenaustauscher."

Für die Frauen bringt diese Entwicklung nach Ansicht von Günter Zimmermann von der Münchner Metallverarbeitungsfirma „Südbremse" nur Vorteile. „Durch die Elektronik", meint er, „werden die Arbeitsplätze humaner und damit für Frauen geeigneter. Denn", so Zimmermann weiter, „trotz aller Krisenerscheinungen wird sich der Geburtenrückgang in den nächsten Jahren so bemerkbar machen, daß wir ohne Frauen nicht mehr auskommen werden."

„Vor allem im feinmechanischen Bereich", ergänzt Johann Wiedemann von der Innung für Elektrohandwerk, „haben die Frauen eine große Zukunft."

Als Kfz-Mechanikerin hat Petra Ziemann dagegen wenig Chancen, eine Stelle zu finden. „Als Frau", sagt sie, „muß man entweder einen Vater mit Werkstatt haben oder in der Gesellenprüfung mit Einsern glänzen." Zu letzterem besteht ihrer Meinung nach wenig Aussicht. „Ich arbeite zwar sorgfältig – aber für mein Gefühl immer noch zu langsam", kritisiert sie sich selbst. „Schon bei durchschnittlich guten Leistungen", fügt sie hinzu, „ist man als Frau gegen die männliche Konkurrenz machtlos."

Immerhin – als Abiturientin könnte sie ihre Lehre an der Universität noch zur Berufsschullehrerin ausbauen. „Aber am liebsten", betont sie, „würde ich als Gesellin irgendwo weiterarbeiten." Denn spätestens seit ihr Altlehrling Schorsch vor einigen Wochen das Fünfmarkstück in die Hand drückte, um sie für eine Paste mit dem klangvollen Namen „Ibidumm" (hochdeutsch: ich bin dumm) zum nächsten Autohändler zu schicken, ist sie sicher: „Wer versucht, dir solche Streiche zu spielen, sieht in dir keinen Außenseiter mehr. Für den gehörst du dazu."

(Süddeutsche Zeitung)

Der Beruf

Robert Walser

Um in der Welt ein rechtschaffenes Leben führen zu können, muß man einen Beruf haben. Man kann nicht nur so in den Tag hineinarbeiten. Die Arbeit muß ihren bestimmten Charakter und einen Zweck haben, zu dem sie führen soll. Um das zu erreichen, wählt man einen Beruf. Dies geschieht, wenn man aus der Schule tritt, und mit diesem Ereignisse ist man ein erwachsener Mensch, das heißt, nun hat man eine andere Schule vor sich: das Leben. Das Leben sei ein strenger Schulmeister, sagen sie einem, und das muß wahr sein, weil es eine allgemeine Ansicht ist. Wir dürfen nach unserer Lust den Beruf wählen, und wo wir das nicht dürfen, tut man uns unrecht. Ich habe zu allen möglichen Berufen Lust. Da ist das Wählen eine schwere Sache. Ich glaube, ich tue am besten, wenn ich irgendeinen, vielleicht den erstbesten ergreife, ihn erprobe, und, wenn ich ihn satt habe, fortwerfe. Kann man denn überhaupt wissen, wie es innerhalb eines Berufes aussieht? Ich denke, das muß man doch zuerst erfahren. Unerfahrene Geister, wie wir sind, können vor kein Urteil gestellt werden, ohne sich glänzend zu blamieren. Das ist durchaus Geschmack und Sache unserer Eltern, uns einen Beruf auszusuchen. Sie wissen am besten, wozu wir taugen. Taugen wir zu Besserem, als wozu sie uns fürs Leben bestimmt haben, so ist später immer Zeit umzusatteln. Man sinkt deshalb noch nicht zum Sattler hinunter. Nein, unrecht geschieht uns in diesem Falle selten. – Nun, mein Geschmack wäre ein Schiffskapitän. Aber ich frage mich, ob meine Eltern mit diesem Wunsch einverstanden sind. Sie lieben mich sehr, und sie würden besorgt sein um mich, wenn sie mich den Stürmen des Meeres ausgesetzt wüßten. Das beste wäre freilich, heimlich durchzubrennen. So zur Nachtzeit, durchs Fenster, an einem Seil herabgelassen und – ade. Aber nein! Meine Eltern habe ich nicht den Mut zu hintergehen, und wer weiß, ob ich überhaupt das Zeug zu einem Schiffskapitän habe. Schlosser, Schreiner oder Drechsler will ich nicht werden. Für einen Aufsatzschreiber von meiner Qualität ziemt sich kein solches Handwerk. Buchbinder wäre hübsch, aber meine Eltern werden es nicht zugeben wollen, weil ich ihnen, das weiß ich, viel zu gut dafür bin. Sie sollen mich nur nicht studieren lassen, ich würde verkommen. Zum Arzt habe ich keine Lust, zum Pfarrer kein Talent, zum Juristen kein Sitzleder und Lehrer werden … ich möchte lieber sterben. Unsere Lehrer zum mindesten sind alle nicht glücklich, man sieht es ihnen an. Förster möchte ich werden. Ich würde mir ein kleines efeuumranktes Haus am Waldrand bauen und den Tag lang bis in die Nacht im Wald umherschweifen. Vielleicht käme es mir mit der Zeit auch langweilig vor, und ich sehnte mich nach großen eleganten Städten. Als Dichter möchte ich in Paris, als Musiker in Berlin, als Kaufmann nirgends leben. Man tue mich nur in ein Bureau und erfahre dann das Weitere. Nun habe ich noch eines auf der Seele: Gaukler sein wäre schön. Ein berühmter Seiltänzer, Feuerwerk hinten auf dem Rücken, Sterne über mir, einen Abgrund neben und so eine feine schmale Bahn vor mir zum Schreiten. – Clown? Ja, ich fühle, ich habe zum Spaßmachen Talent. Aber den Eltern würde es Kummer bereiten, mich auf der Bühne zu wissen mit einer rotbemalten langen Nase und mehlbestreuten Wangen und im weiten lächerlichen Anzug. – Was nun denn? Daheim bleiben und greinen? Das niemals. Eins ist sicher, mir ist nicht bang vor Berufen. Es gibt so viele.

Verwandtenbesuch

Harry Tobinski

Seine Situation als Arbeitsloser verarbeitete Tobinski mit 19 Jahren in einer Erzählung.

Da stand man nun morgens irgendwann auf, stand auf, obgleich man nicht mußte, ja nicht einmal wollte. Aber man ließ sich treiben, man machte es eben. Es schien absolut sinnlos, es *war* absolut sinnlos.

Ich ging spazieren oder wie man das nennt. Der Himmel war grau, grau und
5 blaß. Leer, ausgesaugt, ein altes Kaugummi. Der Himmel war Himmel. Ich ging da lang, unter dem Himmel, durch die Straßen, an Menschen vorbei, durch sie hindurch und über sie hinweg. Ich war einer von ihnen, ich sah aus wie sie, aß wie sie, atmete wie sie, und doch: irgendwie war ich nicht wie sie.

Ich ging nach Hause, wusch das Geschirr ab, machte die Betten und sah fern.
10 Das war es nicht. Nein. Das konnte unmöglich alles sein. Sollte es etwa so weitergehen?

Ich ging in mein Zimmer, legte mich auf mein hartes Bett, mein hartes weißes Bett, lag da und dachte. Wie konnte ich nur hier heraus? Ich fühlte, daß ich etwas tun mußte, sonst war es aus. Einmal kam der Tag, da war es vorbei mit mir. Ir-
15 gendwann würde ich aufgeben. Ich glaube, der Mensch erträgt schließlich alles, aber – bis dahin ging viel zu Bruch.

Ich lag lange so da und hörte draußen ein paar Kinder spielen. Das Fenster war auf, und der Wind zog an der Gardine. Die Gardine hatte ein Muster, das mich stark an die Gitterstäbe eines Gefängnisses erinnerte. Oder war das Einbildung?
20 Irgendwann stand ich auf, legte eine Platte auf und suchte nach einem einigermaßen lesbaren Buch. Bücher und Platten. Das konnte doch nicht der einzige Lebensinhalt eines Menschen sein. Aber war ich überhaupt noch ein Mensch? Muddy Waters sang: „I don't wanna be no millionaire – to be a millionaire you have to treat somebody wrong". Es tat irgendwie gut. Es machte mir Mut. Irgend-
25 wie hatte ich plötzlich die Hoffnung, daß ich doch nicht allein bin; daß es noch mehr verzweifelte Menschen gibt.

Ich hörte, daß jemand nach Hause kam. Irgendwer schloß geräuschvoll die Wohnungstür auf. Ich schreckte hoch. Ich stellte das Buch ins Regal und nahm nervös die Platte vom Apparat. Verflucht, dachte ich. Und dann war sie wieder da,
30 diese verdammte Angst, diese Angst, daß irgendjemand irgendetwas von einem wollte. Daß irgendwer einem für irgendwas eine reinziehen wollte. Immer, wenn jemand nach Hause kam, war diese Angst da, und ich konnte nichts dagegen machen. Es war lächerlich. Vielleicht war ich verrückt.

Ich hörte Stimmen da draußen. Draußen auf dem Flur. Meine Mutter und ein
35 paar Verwandte. Eine Tante, ein Onkel. Herr Gott, dachte ich, und schloß die Tür zu meinem Zimmer ab. Ich hatte plötzlich keine Lust, mit ihnen zu reden. Ich setzte mir die Kopfhörer auf und hörte wieder Muddy Waters. Aber es gab mir nichts. Nicht jetzt. Ich horchte nur die ganze Zeit, ob nicht jemand an meine Tür klopfte, und hoffte, er würde wieder weggehen. Aber es kam niemand. Irgend-
40 wann nahm ich die Kopfhörer ab, und mich umfing wieder all das. Die Kinder draußen, die Autos, das Baby von oben und meine Mutter, die irgendwo da hinten laut redete. Ich merkte sofort, daß es um mich ging.

„Wer arbeiten will, der findet auch was", sagte meine Tante.

„Mag sein", antwortete meine Mutter.

45 Sie tranken Kaffee. Ich bildete mir ein, sie direkt vor mir zu sehen. Mit ihrem Kuchen und dem. Was sie redeten, bekam ich oft zu hören. Nein, nicht oft. Immer. Immer und ausschließlich. Es schien nichts anderes mehr zu geben für sie. Bestand ich denn nur noch aus Arbeitslosigkeit?

Es trommelte in mir. Die hatten nie in ihrem Leben etwas mit meinen Proble-
50 men zu tun gehabt. Aber sie wußten natürlich Bescheid. Verdammt, fragte ich mich, muß ich mir das bieten lassen? Muß ich mir diese Bildzeitungsweisheiten bieten lassen?

Ich stand hinter meiner Tür, und in mir kämpfte es, ob ich nicht hinausgehen und irgendetwas dazu sagen sollte. Aber ich tat es nicht. In diesem Augenblick ver-
55 achtete ich mich.

Sie redeten weiter. Nicht ausschließlich über Themen, die mich betrafen, die mich trafen, irgendwo tief drinnen. Trotzdem hörte ich diese Themen geradezu heraus.

Meine Schwester war gekommen.

60 „Ich würd auch gern mal eine Weile arbeitslos sein", sagte sie.

„Ich stell mir das toll vor. Man braucht nichts tun, ist ganz sein eigener Herr. Man kann wirklich tun, was man will."

„Hm", machte meine Mutter.

Es gab eine Pause. Jemand schlürfte Kaffee.

65 „Auf die Dauer ist das aber auch nichts", meinte meine Tante.

Ich hörte sie schmatzen, ich sah sie vor mir und spürte etwas wie Haß. Blinden, ausweglosen Haß.

„Nein, irgendwie verlottert man total, so mit der Zeit. Man verliert jeden Halt."

70 Sie meinten wohl nicht mich. Ganz sicher nicht. Aber es traf mich. Mitten ins Herz hinein. Man kann sich das nicht vorstellen. Zweifel. Haß. Fragen. Was waren

das nur für Menschen? Das war ja nicht zum Aushalten. Es ging immer so weiter. Eigentlich hätte ich lachen sollen, denn was sie redeten, war lächerlich. Lächerlich, aber ganz und gar nicht komisch.

75 „Was macht Harry eigentlich so den ganzen Tag?" fragte mein Onkel.

Eine Pause entstand.

„Ich weiß nicht", sagte meine Mutter dann, „ich weiß von dem Jungen nur so wenig. Es kommt mir vor, als würde er nur dasitzen, sich langweilen und herummäkeln."

80 „Warum wirfst du ihn dann nicht raus? Soll er doch sehen, wo er bleibt. Aus dem Jungen wird doch nie etwas."

„Ja, Papa hat recht. Er hat doch die langen Haare. Damit zeigt er doch, daß er sich nicht anpassen will. Die sind doch überhaupt nicht mehr modern. Welches Mädchen soll ihn denn da heiraten? Einen Jungen, der sich nicht anpassen will,

85 den heiratet doch keine. Und Arbeit wird er auch nicht finden, so."

Ich schüttelte den Kopf. Was sollte das? Das war einfach unerträglich. Wenn die sich hören könnten! Aber wahrscheinlich glaubten sie das sogar. Fast taten sie mir leid. Aber dann wieder: Wut, Verachtung, Haß.

Mein Onkel brachte schließlich den Satz fertig: „Das hätte es bei Hitler ja wohl

90 nicht gegeben." Wirklich. Hörte ich auch richtig? Ich konnte das alles nicht fassen. Ich sank buchstäblich auf das Bett. Verdammt, brüllte es in mir, ich bin doch *euer* Kind, ich bin dieser Idiot doch nicht absichtlich. Ihr alle habt mich dazu gemacht. Oder nicht? *Euer* Kind?

Es schrie in mir, und ich fühlte, daß es hinauswollte, daß ich es hinausheulen

95 mußte. Das alles tat mir weh. Was waren denn das nur für Menschen? Was für Menschen? Was für Menschen! Aber vielleicht war es gerade das: Daß sie Menschen waren. Vielleicht waren Menschen eben so. Vielleicht war da nichts zu machen. Aber wie sollte man es dann in der Welt aushalten?

Ich versuchte mich zu trösten: Eigentlich war das doch nichts. Gerede, Kleinig-

100 keiten, belangloses Zeug, alles mehr oder minder unabsichtlich dahingesagt ... Aber das überzeugte mich leider nicht.

Es war schon dunkel draußen, als sie gingen. Meine Mutter brachte sie zur Tür. Eine Tante, ein Onkel. Sonst nichts? Natürlich klopften sie noch bei mir an. Ich wollte nicht aufmachen. Aber ich machte auf. Meine Tante streckte mir die Hand

105 entgegen. Ich drückte sie flüchtig.

„Na, du bist ja doch da", sagte sie. „Wie geht es dir denn?"

Ich zögerte. „Ganz gut."

„Na prima."

Damit gingen sie. Ich hätte mich selbst ohrfeigen können. Wie konnte ich so-

110 was sagen? Warum hatte ich überhaupt aufgemacht?

Ich setzte mich hin und legte den „Bolero" von Ravel auf. Ein schönes Stück. Aber diesmal sagte es mir nichts. Alles war leblos. Die Musik wurde langsam lauter. Aber nur lauter. Lauter und sonst nichts. Ich konnte das nicht vergessen: Ich konnte meine eigene Schwäche nicht vergessen. Ich mußte verrückt sein. Ein Fehl-

115 griff der Natur. War das vielleicht normal? Ich sah mich selbst vor mir. Ich saß da und tat nichts und dachte nichts, außer an mich selbst. Ich tat mir selbst sehr leid. So kam ich mir vor. Sah ich mich richtig?

Peter Molter

Das Leben eines Bergarbeiters (1909)

Als um das Jahr 1900 in Zeitungsanzeigen nach Berichten aus dem Leben der Arbeiterschaft gesucht wurde, schickte Peter Molter einen Bericht ein, der hier in Auszügen abgedruckt ist.

Peter Molter, bin geboren am 7. November 1858 als Sohn eines armen Feldarbeiters zu Bosen im Fürstentum Birkenfeld. Meine Kindheit verlebte ich mit Arbeit, die es auf einem kleinen Bauerndorf gibt; ich mußte das Vieh hüten und sonst alles mithelfen. An Schulbesuch war da wenig zu denken. Mit 14 Jahren wurde ich
5 aus der Schule entlassen. Da ich schwach war und zu jung, konnte ich nirgends Arbeit bekommen, deshalb stellte mir der Ortsvorsteher eine Bescheinigung aus, daß ich 16 Jahre alt bin, damit ich auf dem Stummschen Werk zu Neunkirchen Arbeit bekam, und so mußte ich denn auch arbeiten, was andere Jungen von 16 bis 18 Jahren leisteten, was für mich natürlich keine leichte Arbeit war. Dabei kam ich so
10 herunter, daß ich die Arbeit fast nicht mehr verrichten konnte, denn von Hause fort, niemand, der nach mir sah, und die meiste Zeit nichts zu essen, wie Kaffee und Brot, nur, um etwas zu sparen, daß noch ein paar Groschen nach Hause kamen. So hielt ich es 2 Jahre aus, von 1872 bis 1874. Da hatte ich das Malheur*, mich zu verbrennen; da dachte ich, lieber tot als noch einmal aufs Werk. Als ich
15 nach 7wöchentlicher Kur aus dem Krankenhause entlassen wurde, nahm ich mir meinen Abkehr. Sofort ging ich mich nach einer andern Arbeit umsehen, aber da sah es böse aus, wo ich hinkam, hieß es, wir haben Arbeit, aber Du bist zu schwach. Endlich nach vielem Hin- und Herlaufen, bekam ich Arbeit in Friedrichstal auf einer Glashütte. Ich trachtete aber schon danach, auf die Grube zu kom-
20 men. Nach 6 Wochen endlich schaffte mich ein guter Freund unter, und so fuhr ich denn im Sommer 1874 auf Grube Friedrichstal an als Pferdeknecht. Da mich der Steiger* Erdmenger gut zu leiden hatte, weil ich fleißig war, nahm er mich bald in die Abteilung. Da arbeitete ich denn als Schlepper* bis 1877. Als dann die Arbeiter abgelegt* wurden wegen Mangel an Arbeit, war ich auch dabei; so konn-
25 ten wir ein halbes Jahr feiern. Als ich nachher wieder anfuhr, kam ich in eine andere Abteilung, weil ich dem Fahrsteiger Schmit keine Eier und Butter zugesteckt habe. Da ging es natürlich von einer schlechten Arbeit in die andere, und wurde gedrückt, wo es nur ging.
Auf Grube Dudweiler kam ich dann ans Schleppen in eine Arbeit, wo 30 Grad
30 Hitze war, da machte ich 2 Schichten und mußte 5 feiern. Nun kam ich sofort auf die schwarze Liste. Da tat mich der Steiger ein halbes Jahr ans Bergeversetzen für Strafe und wurde mit 2,10 Mark ausbezahlt. Nachher hatten sie eine Arbeit, in der keiner halten wollte, und so steckte man mich dann als 30. Schlepper hinein. Ich war aber froh, daß ich wenigstens wieder mehr verdienen konnte. In 7–8 Monaten
35 war die Arbeit fertig, aber froher noch als ich hinkam, war ich, als wir fertig waren. Nachher dachte ich etwas Besseres zu bekommen, aber die Arbeit war noch schlechter, bei 35–38 Grad Hitze mußten wir 12 Stunden arbeiten, dabei stand das Gedinge* so niedrig, daß wir bloß 3,40–3,50 Mark verdienen konnten, denn vom

107

Wagen Kohlen wurden nur 40 Pfg. gegeben, und von 10 Wagen wurde immer
einer genullt*. Am Lohntag sollten aber immer noch 3 Mark pro Mann an den
Steiger abgegeben werden; als ich mich da nicht drauf einließ, verlegte man mich
wieder in eine andere Abteilung.

Damals wollte ich die Grube immer verlassen und wollte nach Amerika auswandern, brachte aber nicht soviel Geld zusammen, und so mußte ich mich denn
weiter schinden und quälen um ein paar Pfennige. Arbeit war in der Zeit nicht zu
finden, das wußten die Steiger ganz genau. Sie spuckten den Leuten vom Katheder
aus ins Gesicht, warfen sie mit dem Schichtenbuch, konnten überhaupt machen,
was sie wollten, weil sie wußten, daß die Leute gezwungen waren zu bleiben. So
ging es, bis 1885 in Kamphausen die schwere Schlagwetterexplosion ausbrach; da
wurde ich mit zu Rettungsarbeiten kommandiert, und war dabei bis zum Schluß.
Der Kognak, der für Leute geliefert wurde, wurde von den Beamten gesoffen, und
wir bekamen noch nicht einmal Wasser. Die letzten Leichen waren schon ganz in
Verwesung übergegangen, was bei solcher Hitze sich leicht denken läßt, und
schließlich wurden wir mit 3,50 Mark ausbezahlt für eine solche schwere 12stün-
dige Arbeit. Da die Leute verlegt werden mußten, ließ ich mich auch verlegen, um
der großen Hitze auszuweichen. Ich kam nach Grube König, aber da konnte man
uns, die frisch hierher kamen, allen am Gesicht ansehen, wo wir herkamen, denn
da war es nicht so warm und die Leute, die hier arbeiteten, sahen bedeutend besser
aus.

Einen Verband kannte man da ja auch schon, der wurde 1889 dortselbst ge-
gründet; auch im Rechtsschutzverein seinerzeit ließ ich mich aufnehmen. Als aber
dann die Unregelmäßigkeiten in der Leitung des Ganzen vorkamen, ging wieder
alles in die Brüche. Alles hat auch dagegen geströmt, auf den Zechen wurde auf-
gefordert, dem Verbande fernzubleiben. Auf den Bureaus mußten die Leute sich
unterschreiben und ihren Austritt erklären. Wer eine Versammlung besuchte oder
eine sozialdemokratische Zeitung las und ein Beamter wurde es gewahr, der
mußte die Zeche verlassen. Es dachte auch kein Mensch daran, den Beamten entgegen zu handeln, weil das Volk nicht weiter wußte, als auf die Zeche und nach
Hause.

Nun trat ich auch bei. Aber kaum hatte ich mich angemeldet, so war ich auch
schon verraten. Der Obersteiger ließ mich zu sich kommen und sagte, es wäre
vom Landrat gekommen, ich würde dem Verbande angehören. Ich sagte ihm, daß
ich noch nicht drin wäre, sondern mich nur angemeldet hätte, aber trotzalledem
beitreten würde. Da sagte er mir, daß er mich dann kündigen müsse; trotzdem ließ
man mich noch arbeiten. Gleichzeitig mit dem Verband war ich auch der Partei
beigetreten. Dann kam die Wahl, und gleich darauf das Redener Unglück; darauf
die Stichwahl. Ich bekam von einem Genossen ein Flugblatt und nahm es, da es
gerade vor einer Wirtschaft war, in der Hand mit hinein. Da ich keine Brille hatte
und nicht lesen konnte, fragte mich einer, was ich hätte. Da lese es, sagte ich und
gab's ihm. Darauf ging er hin und zeigte mich auf der Grube an wegen Verbreiten
sozialdemokratischer Flugblätter. Hierauf ließ mich der Obersteiger wieder kommen und sagte mir, ich wäre angezeigt wegen Flugblattverbreitung, er müsse mich
kündigen oder ich solle den Verband fallen lassen, und er würde schon sehen, was
sich tun ließe. Ich sagte ihm, daß ich Verband und Partei hochhalte, und daraufhin

₈₅ bekam ich meinen Abkehr. Am 21. März wurde mir gekündigt ...

Im Jahre 1881 verheiratete ich mich mit Elisabeth geb. Molter von Dudweiler, und ich wohnte auch daselbst, bis ich nach dem Kamphauser Unglück nach Neun- kirchen verlegt wurde; jetzt zog ich auch dahin. In zwei kleine Dachzimmer mußte ich mich mit Frau und zwei kleinen Kindern setzen. Die Löhne waren ₉₀ schlecht, und so gab es keine großen Bissen, alles mußte eingeschränkt werden, wo es nur ging, und ich war gezwungen, mir einen Nebenverdienst zu suchen, nur um mich und meine Familie durchzubringen. Müde und abgearbeitet wußte ich manchmal nicht, wo mir der Kopf stand. Wenn am Zahltag das Geld ins Haus kam, war immer schon jeder Groschen bestimmt, an wen er gezahlt werden ₉₅ mußte, denn schon im Jahre 1887 hatte ich eine achtköpfige Familie, und kein Verdienst als der meinige. Die Löhne waren in der Zeit sehr schwach, da hieß es jeden Groschen dreimal umdrehen, ehe man ihn ausgab. Wie das Bier schmeckt, wußte ich nicht mehr.

Im ganzen hatte ich 16 Kinder, von denen noch zehn am Leben sind.

Wilhelm II.

Rede beim Empfang streikender Bergleute (1889)

Im Mai 1889 traten über 100 000 Ruhrarbeiter in den Streik. Der Kaiser empfing am 14. Mai 1889 eine Abordnung der streikenden Bergleute. Auf die Ansprache ihres Sprechers Schröder anwortete der Kaiser:

Jeder Unterthan, wenn er einen Wunsch oder eine Bitte vorträgt, hat selbstverständlich das Ohr seines Kaisers. Das habe Ich dadurch gezeigt, daß Ich der Deputation* gestattet habe, hierher zu kommen und ihre Wünsche persönlich vorzutragen. Ihr habt euch aber ins Unrecht gesetzt, denn die Bewegung ist eine ungesetz-
5 liche, schon deshalb, weil die vierzehntägige Kündigungsfrist nicht innegehalten ist, nach deren Ablauf die Arbeiter gesetzlich berechtigt gewesen sein würden, die Arbeit einzustellen. Infolgedessen seid ihr kontraktbrüchig. Es ist selbstverständlich, daß dieser Kontraktbruch die Arbeitgeber gereizt hat und sie schädigt.

Ferner sind Arbeiter, welche nicht streiken wollen, mit Gewalt oder durch Dro-
10 hungen verhindert worden, ihre Arbeit fortzusetzen. Sodann haben sich einzelne Arbeiter an obrigkeitlichen Organen und fremdem Eigentum vergriffen und sogar der zu deren Sicherheit herbeigerufenen militärischen Macht in einzelnen Fällen thätlichen Widerstand entgegengesetzt. Endlich wollt ihr, daß die Arbeit erst dann gleichmäßig wieder aufgenommen werde, wenn auf allen Gruben eure sämtlichen
15 Forderungen erfüllt sind.

Was die Forderungen selbst betrifft, so werde Ich diese durch Meine Regierung genau prüfen und euch das Ergebnis der Untersuchung durch die dazu bestimmten Behörden zugehen lassen. Sollten aber Ausschreitungen gegen die öffentliche Ordnung und Ruhe vorkommen, sollte sich der Zusammenhang der Bewegung
20 mit socialdemokratischen Kreisen herausstellen, so würde Ich nicht imstande sein, eure Wünsche mit Meinem Königlichen Wohlwollen zu erwägen. Denn für Mich ist jeder Socialdemokrat gleichbedeutend mit Reichs- und Vaterlandsfeind. Merke Ich daher, daß sich socialdemokratische Tendenzen in die Bewegung mischen und zu ungesetzlichem Widerstande anreizen, so würde Ich mit unnachsichtlicher
25 Strenge einschreiten und die volle Gewalt, die Mir zusteht – und die ist eine große – zur Anwendung bringen.

Fahrt nun nach Hause, überlegt, was Ich gesagt, und sucht auf eure Kameraden einzuwirken, daß dieselben zur Überlegung zurückkehren. Vor allem aber dürft ihr unter keinen Umständen solche von euren Kameraden, welche die Arbeit wie-
30 der aufnehmen wollen, daran hindern.

110

Max von der Grün

Masken

Sie fielen sich unsanft auf dem Bahnsteig 3a des Kölner Hauptbahnhofes in die
Arme und riefen gleichzeitig: Du?! Es war ein heißer Julivormittag, und Renate
wollte in den D-Zug nach Amsterdam über Aachen, Erich verließ diesen Zug, der
von Hamburg kam. Menschen drängten aus den Wagen auf den Bahnsteig, Men-
5 schen vom Bahnsteig in die Wagen, die beiden aber standen in dem Gewühl,
spürten weder Püffe noch Rempeleien und hörten auch nicht, daß Vorüberge-
hende sich beschwerten, weil sie ausgerechnet vor den Treppen standen und viele
dadurch gezwungen wurden, um sie herumzugehen. Sie hörten auch nicht, daß der
Zug nach Aachen abfahrbereit war, und es störte Renate nicht, daß er wenige Se-
10 kunden später aus der Halle fuhr.

Die beiden standen stumm, jeder forschte im Gesicht des anderen. Endlich
nahm der Mann die Frau am Arm und führte sie die Treppen hinunter, durch die
Sperre, und in einem Café in der Nähe des Doms tranken sie Tee.

Nun erzähle, Renate. Wie geht es dir? Mein Gott, als ich dich so plötzlich sah ...
15 du ... ich war richtig erschrocken. Es ist so lange her, aber als du auf dem Bahnsteig
fast auf mich gefallen bist ...

Nein, lachte sie, du auf mich.

Da war es mir, als hätte ich dich gestern zum letzten Male gesehen, so nah warst
du mir. Und dabei ist es so lange her ...
20 Ja, sagte sie. Fünfzehn Jahre.

Fünfzehn Jahre? Wie du das so genau weißt. Fünfzehn Jahre, das ist ja eine
Ewigkeit. Erzähle, was machst du jetzt? Bist du verheiratet? Hast du Kinder? Wo
fährst du hin? ...

Langsam Erich, langsam, du bist noch genauso ungeduldig wie vor fünfzehn
25 Jahren. Nein, verheiratet bin ich nicht, die Arbeit, weißt du. Wenn man es zu etwas bringen will, weißt du, da hat man eben keine Zeit für Männer.

Und was ist das für Arbeit, die dich von den Männern fernhält? Er lachte sie an,
sie aber sah aus dem Fenster auf die Tauben. Ich bin jetzt Leiterin eines Textilver-
sandhauses hier in Köln, du kannst dir denken, daß man da von morgens bis
30 abends zu tun hat und ...

Donnerwetter! rief er und klopfte mehrmals mit der flachen Hand auf den
Tisch. Donnerwetter! Ich gratuliere.

Ach, sagte sie und sah ihn an. Sie war rot geworden.

Du hast es ja weit gebracht, Donnerwetter, alle Achtung. Und jetzt? Fährst du in
35 Urlaub?

Ja, vier Wochen nach Holland. Ich habe es nötig, bin ganz durchgedreht. Und
du Erich, was machst du? Erzähle. Du siehst gesund aus.

Schade, dachte er, wenn sie nicht so eine Bombenstellung hätte, ich würde sie
jetzt fragen, ob sie mich noch haben will. Aber so? Nein, das geht nicht, sie würde
40 mich auslachen, wie damals.

Ich? sagte er gedehnt, und brannte sich eine neue Zigarette an. Ich ... ich ... Ach
weißt du, ich habe ein bißchen Glück gehabt. Habe hier in Köln zu tun. Habe um-

gesattelt, bin seit vier Jahren Einkaufsleiter einer Hamburger Werft, na ja, so was Besonderes ist das nun wieder auch nicht.

45 O, sagte sie und sah ihn starr an und ihr Blick streifte seine großen Hände, aber sie fand keinen Ring. Sie erinnerte sich, daß sie vor fünfzehn Jahren nach einem kleinen Streit auseinandergelaufen waren, ohne sich bis heute wiederzusehen. Er hatte ihr damals nicht genügt, der schmalverdienende und immer ölverschmierte Schlosser. Er solle es erst zu etwas bringen, hatte sie ihm damals nachgerufen, viel-
50 leicht könne man später wieder darüber sprechen. So gedankenlos jung waren sie damals. Ach ja, die Worte waren im Streit gefallen und trotzdem nicht böse ge-meint. Beide aber fanden danach keine Brücke mehr zueinander. Sie wollten und wollten doch nicht. Und nun? Nun hatte er es zu etwas gebracht.

Dann haben wir ja beide Glück gehabt, sagte sie, und dachte, daß er immer
55 noch gut aussieht. Gewiß, er war älter geworden, aber das steht ihm gut. Schade, wenn er nicht so eine Bombenstellung hätte, ich würde ihn fragen, ja, ich ihn, ob er noch an den dummen Streit von damals denkt und ob er mich noch haben will. Ja, ich würde ihn fragen. Aber jetzt?

Jetzt habe ich dir einen halben Tag deines Urlaubs gestohlen, sagte er und
60 wagte nicht, sie anzusehen.

Aber Erich, das ist doch nicht so wichtig, ich fahre mit dem Zug um fünfzehn Uhr. Aber ich, ich halte dich bestimmt auf, du hast gewiß einen Termin hier.

Mach dir keine Sorgen, ich werde vom Hotel abgeholt. Weißt du, meinen Wa-gen lasse ich immer zu Hause, wenn ich längere Strecken fahren muß. Bei dem
65 Verkehr heute, da kommt man nur durchgedreht an.

Ja, sagte sie. Ganz recht, das mache ich auch immer so. Sie sah ihm nun direkt ins Gesicht und fragte: Du bist nicht verheiratet? Oder läßt du Frau und Ring zu Hause? Sie lachte etwas zu laut für dieses vornehme Lokal.

112

Weißt du, antwortete er, das hat seine Schwierigkeiten. Die ich haben will, sind
70 nicht zu haben oder nicht mehr, und die mich haben wollen, sind nicht der Rede
wert. Zeit müßte man eben haben. Zum Suchen, meine ich. Zeit müßte man haben. Jetzt müßte ich ihr sagen, daß ich sie noch immer liebe, daß es nie eine andere Frau für mich gegeben hat, daß ich sie all die Jahre nicht vergessen konnte.
Wieviel? Fünfzehn Jahre? Eine lange Zeit. Mein Gott, welch eine lange Zeit. Und
75 jetzt? Ich kann sie doch nicht mehr fragen, vorbei, jetzt, wo sie so eine Stellung
hat. Nun ist es zu spät, sie würde mich auslachen, ich kenne ihr Lachen, ich habe es
im Ohr gehabt, all die Jahre. Fünfzehn? Kaum zu glauben.

Wem sagst du das? Sie lächelte. Entweder die Arbeit oder das andere, echote er.
Jetzt müßte ich ihm eigentlich sagen, daß er der einzige Mann ist, dem ich blind
80 folgen würde, wenn er mich darum bäte, daß ich jeden Mann, der mir begegnete,
sofort mit ihm verglich. Ich sollte ihm das sagen. Aber jetzt? Jetzt hat er eine
Bombenstellung, und er würde mich nur auslachen, nicht laut, er würde sagen,
daß … ach … es ist alles so sinnlos geworden.

Sie aßen in demselben Lokal zu Mittag und tranken anschließend jeder zwei
85 Cognac. Sie erzählten sich Geschichten aus ihren Kindertagen und später aus ihren
Schultagen. Dann sprachen sie über ihr Berufsleben und sie bekamen Respekt voreinander, als sie erfuhren, wie schwer es der andere gehabt hatte bei seinem Auf-
stieg. Jaja, sagte sie; genau wie bei mir, sagte er.

Aber jetzt haben wir es geschafft, sagte er laut und rauchte hastig.
90 Ja, nickte sie. Jetzt haben wir es geschafft. Hastig trank sie ihr Glas leer.

Sie hat schon ein paar Krähenfüßchen, dachte er. Aber die stehen ihr nicht einmal schlecht.

Noch einmal bestellte er zwei Schalen Cognac, und sie lachten viel und laut.

Er kann immer noch so herrlich lachen, genau wie früher, als er alle Menschen
95 einfing mit seiner ansteckenden Heiterkeit. Um seinen Mund sind zwei steile Falten, trotzdem sieht er wie ein Junge aus, er wird immer wie ein Junge aussehen,
und die zwei steilen Falten stehen ihm nicht einmal schlecht. Vielleicht ist er jetzt
ein richtiger Mann, aber nein, er wird immer ein Junge bleiben. Kurz vor drei
brachte er sie zum Bahnhof.
100 Ich brauche den Amsterdamer Zug nicht zu nehmen, sagte sie. Ich fahre bis Aachen und steige dort um. Ich wollte sowieso schon lange einmal das Rathaus be-
sichtigen.

Wieder standen sie auf dem Bahnsteig und sahen aneinander vorbei. Mit leeren
Worten versuchten sie die Augen des anderen einzufangen, und wenn sich dann
105 doch ihre Blicke trafen, erschraken sie und musterten die Bögen der Halle. Wenn
sie jetzt ein Wort sagen würde, dachte er, dann …

Ich muß jetzt einsteigen, sagte sie. Es war schön, dich wieder einmal zu sehen.
Und dann so unverhofft …

Ja, das war es. Er half ihr beim Einsteigen und fragte nach ihrem Gepäck.
110 Als Reisegepäck aufgegeben.

Natürlich, das ist bequemer, sagte er.

Wenn er jetzt ein Wort sagen würde, dachte sie, ich stiege sofort wieder aus,
sofort. Sie reichte ihm aus einem Abteil erster Klasse die Hand. Auf Wiedersehen,
Erich … und weiterhin … viel Glück.

Wie schön sie immer noch ist. Warum nur sagt sie kein Wort. Danke, Renate. Hoffentlich hast du schönes Wetter.

Ach, das ist nicht so wichtig. Hauptsache ist das Faulenzen, das kann man auch bei Regen.

Der Zug ruckte an. Sie winkten nicht, sie sahen sich nur in die Augen, so lange
120 dies möglich war.

Als der Zug aus der Halle gefahren war, ging Renate in einen Wagen zweiter Klasse und setzte sich dort an ein Fenster. Sie weinte hinter einer ausgebreiteten Illustrierten.

Wie dumm von mir, ich hätte ihm sagen sollen, daß ich immer noch die kleine
125 Verkäuferin bin. Ja, in einem anderen Laden, mit zweihundert Mark mehr als früher, aber ich verkaufe immer noch Herrenoberhemden, wie früher, und Socken und Unterwäsche. Alles für den Herrn. Ich hätte ihm das sagen sollen. Aber dann hätte er mich ausgelacht, jetzt, wo er ein Herr geworden ist. Nein, das ging doch nicht. Aber ich hätte wenigstens nach seiner Adresse fragen sollen. Wie dumm von
130 mir, ich war aufgeregt wie ein kleines Mädchen, und ich habe gelogen, wie ein kleines Mädchen, das imponieren will. Wie dumm von mir.

Erich verließ den Bahnhof und fuhr mit der Straßenbahn nach Ostheim auf eine Großbaustelle. Dort meldete er sich beim Bauführer.

Ich bin der neue Kranführer.
135 Na, sind Sie endlich da? Mensch, wir haben schon gestern auf Sie gewartet. Also dann, der Polier* zeigt Ihnen Ihre Bude, dort drüben in den Baracken. Komfortabel ist es nicht, aber warmes Wasser haben wir trotzdem. Also dann, morgen früh, pünktlich sieben Uhr.

Ein Schnellzug fährt Richtung Deutz. Ob er auch nach Aachen fährt? Ich hätte
140 ihr sagen sollen, daß ich jetzt Kranführer bin. Ach, Blödsinn, sie hätte mich nur ausgelacht, sie kann so verletzend lachen. Nein, das ging nicht, jetzt, wo sie eine Dame geworden ist und eine Bombenstellung hat.

Heinrich Böll

Es wird etwas geschehen

Zu den merkwürdigsten Abschnitten meines Lebens gehört wohl der, den ich als Angestellter in Alfred Wunsiedels Fabrik zubrachte. Von Natur bin ich mehr dem Nachdenken und dem Nichtstun zugeneigt als der Arbeit, doch hin und wieder zwingen mich anhaltende finanzielle Schwierigkeiten – denn Nachdenken bringt
5 so wenig ein wie Nichtstun –, eine sogenannte Stelle anzunehmen. Wieder einmal auf einem solchen Tiefpunkt angekommen, vertraute ich mich der Arbeitsvermittlung an und wurde mit sieben anderen Leidensgenossen in Wunsiedels Fabrik geschickt, wo wir einer Eignungsprüfung unterzogen werden sollten.

Schon der Anblick der Fabrik machte mich mißtrauisch: die Fabrik war ganz aus
10 Glasziegeln gebaut, und meine Abneigung gegen helle Gebäude und helle Räume

ist so stark wie meine Abneigung gegen die Arbeit. Noch mißtrauischer wurde ich, als uns in der hellen, fröhlich ausgemalten Kantine gleich ein Frühstück serviert wurde: hübsche Kellnerinnen brachten uns Eier, Kaffee und Toasts, in geschmackvollen Karaffen stand Orangensaft, Goldfische drückten ihre blasierten Gesichter
15 gegen die Wände hellgrüner Aquarien. Die Kellnerinnen waren so fröhlich, daß sie vor Fröhlichkeit fast zu platzen schienen. Nur starke Willensanstrengung – so schien mir – hielt sie davon zurück, dauernd zu trällern. Sie waren mit ungesungenen Liedern so angefüllt, wie es Hühner gibt, die mit ungelegten Eiern angefüllt sind.
20 Ich ahnte gleich, was meine Leidensgenossen nicht zu ahnen schienen: daß auch dieses Frühstück zur Prüfung gehöre; und so kaute ich hingebungsvoll, mit dem vollen Bewußtsein eines Menschen, der genau weiß, daß er seinem Körper wertvolle Stoffe zuführt. Ich tat etwas, wozu mich normalerweise keine Macht auf dieser Welt bringen würde: ich trank auf den nüchternen Magen Orangensaft, ließ
25 den Kaffee und ein Ei stehen, den größten Teil des Toasts liegen, stand auf und marschierte handlungsschwanger in der Kantine auf und ab.
So wurde ich als erster in den Prüfungsraum geführt, wo auf reizenden Tischen die Fragebogen bereitlagen. Die Wände waren in einem Grün getönt, das Einrichtungsfanatikern das Wort „entzückend" auf die Lippen gezaubert hätte. Niemand
30 war zu sehen, und doch war ich sicher, beobachtet zu werden, daß ich mich benahm, wie ein Handlungsschwangerer sich benimmt, wenn er sich unbeobachtet glaubt: ungeduldig riß ich meinen Füllfederhalter aus der Tasche, schraubte ihn auf, setzte mich an den nächstbesten Tisch und zog den Fragebogen an mich heran, wie Choleriker Wirtshausrechnungen zu sich hinziehen.

35 Erste Frage: Halten Sie es für richtig, daß der Mensch nur zwei Arme, zwei Beine, Augen und Ohren hat?

Hier erntete ich zum ersten Male die Früchte meiner Nachdenklichkeit und schrieb ohne Zögern hin: Selbst vier Arme, Beine, Augen, Ohren würden meinem Tatendrang nicht genügen. Die Ausstattung des Menschen ist kümmerlich.

40 Zweite Frage: Wieviel Telefone können Sie gleichzeitig bedienen?

Auch hier war die Antwort so leicht wie die Lösung einer Gleichung ersten Grades. Wenn es nur sieben Telefone sind, schrieb ich, werde ich ungeduldig, erst bei neun fühle ich mich vollkommen ausgelastet.

Dritte Frage: Was machen Sie nach Feierabend?

45 Meine Antwort: Ich kenne das Wort Feierabend nicht mehr – an meinem fünfzehnten Geburtstag strich ich es aus meinem Vokabular, denn am Anfang war die Tat.

Ich bekam die Stelle. Tatsächlich fühlte ich mich sogar mit den neun Telefonen nicht ganz ausgelastet. Ich rief in die Muscheln der Hörer: „Handeln Sie sofort!"
50 oder „Tun Sie etwas! – Es muß etwas geschehen – Es wird etwas geschehen – Es ist etwas geschehen – Es sollte etwas geschehen." Doch meistens – denn das schien mir der Atmosphäre gemäß – bediente ich mich des Imperativs.

Interessant waren die Mittagspausen, wo wir in der Kantine, von lautloser Fröhlichkeit umgeben, vitaminreiche Speisen aßen. Es wimmelte in Wunsiedels Fabrik
55 von Leuten, die verrückt darauf waren, ihren Lebenslauf zu erzählen, wie eben handlungsstarke Persönlichkeiten gern ihren Lebenslauf erzählen. Ihr Lebenslauf ist ihnen wichtiger als ihr Leben, man braucht nur auf einen bestimmten Knopf zu drücken, und schon erbrechen sie ihn in Ehren.

Wunsiedels Stellvertreter war ein Mann mit Namen Broschek, der seinerseits
60 einen gewissen Ruhm erworben hatte, weil er als Student sieben Kinder und eine gelähmte Frau durch Nachtarbeit ernährt, zugleich vier Handelsvertretungen erfolgreich ausgeübt und dennoch innerhalb von zwei Jahren zwei Staatsprüfungen mit Auszeichnung bestanden hatte. Als ihn Reporter gefragt hatten: „Wann schlafen Sie denn, Broschek?" hatte er geantwortet: „Schlafen ist Sünde!"

65 Wunsiedels Sekretärin hatte einen gelähmten Mann und vier Kinder durch Stricken ernährt, hatte gleichzeitig in Psychologie und Heimatkunde promoviert, Schäferhunde gezüchtet und war als Barsängerin unter dem Namen „Vamp 7" berühmt geworden.

Wunsiedel selbst war einer von den Leuten, die morgens, wenn sie kaum er-
70 wacht sind, schon entschlossen sind zu handeln. „Ich muß handeln", denken sie, während sie energisch den Gürtel des Bademantels zuschnüren. „Ich muß handeln", denken sie, während sie sich rasieren, und sie blicken triumphierend auf die Barthaare, die sie mit dem Seifenschaum von ihrem Rasierapparat abspülen: Diese Reste der Behaarung sind die ersten Opfer ihres Tatendranges. Auch die intimeren
75 Verrichtungen lösen Befriedigung bei diesen Leuten aus: Wasser rauscht, Papier wird verbraucht. Es ist etwas geschehen. Brot wird gegessen, dem Ei wird der Kopf abgeschlagen.

Die belangloseste Tätigkeit sah bei Wunsiedel wie eine Handlung aus: wie er den Hut aufsetzte, wie er – bebend vor Energie – den Mantel zuknöpfte, der Kuß,
80 den er seiner Frau gab, das alles war Tat.

116

Wenn er sein Büro betrat, rief er seiner Sekretärin als Gruß zu: „Es muß etwas geschehen!" Und diese rief frohen Mutes: „Es wird etwas geschehen!" Wunsiedel ging dann von Abteilung zu Abteilung, rief sein fröhliches: „Es muß etwas geschehen!" Alle antworteten: „Es wird etwas geschehen!" Und auch ich rief ihm,
85 wenn er mein Zimmer betrat, strahlend zu: „Es wird etwas geschehen!"
Innerhalb der ersten Woche steigerte ich die Zahl der bedienten Telefone auf elf, innerhalb der zweiten Woche auf dreizehn, und es machte mir Spaß, morgens in der Straßenbahn neue Imperative zu erfinden oder das Verbum „geschehen" durch die verschiedenen Tempora, durch die verschiedenen Genera, durch Kon-
90 junktiv und Indikativ zu hetzen; zwei Tage lang sagte ich nur den einen Satz, weil ich ihn so schön fand: „Es hätte etwas geschehen müssen", zwei weitere Tage lang einen anderen: „Das hätte nicht geschehen dürfen."
So fing ich an, mich tatsächlich ausgelastet zu fühlen, als wirklich etwas geschah. An einem Dienstagmorgen – ich hatte mich noch gar nicht richtig zurechtgesetzt –
95 stürzte Wunsiedel in mein Zimmer und rief sein „Es muß etwas geschehen!" Doch etwas Unerklärliches auf seinem Gesicht ließ mich zögern, fröhlich und munter, wie es vorgeschrieben war, zu antworten: „Es wird etwas geschehen!" Ich zögerte wohl zu lange, denn Wunsiedel, der sonst selten schrie, brüllte mich an: „Antworten Sie! Antworten Sie, wie es vorgeschrieben ist!" Und ich antwortete
100 leise und widerstrebend wie ein Kind, das man zu sagen zwingt: Ich bin ein böses Kind. Nur mit großer Anstrengung brachte ich den Satz heraus: „Es wird etwas geschehen", und kaum hatte ich ihn ausgesprochen, da geschah – tatsächlich etwas: Wunsiedel stürzte zu Boden, rollte im Stürzen auf die Seite und lag quer vor der offenen Tür. Ich wußte gleich, was sich mir bestätigte, als ich langsam um meinen
105 Tisch herum auf den Liegenden zuging: daß er tot war.
Kopfschüttelnd stieg ich über Wunsiedel hinweg, ging langsam durch den Flur zu Broscheks Zimmer und trat dort ohne anzuklopfen ein. Broschek saß an seinem Schreibtisch, hatte in jeder Hand einen Telefonhörer, im Mund einen Kugelschreiber, mit dem er Notizen auf einen Block schrieb, während er mit den blo-
110 ßen Füßen eine Strickmaschine bediente, die unter dem Schreibtisch stand. Auf diese Weise trägt er dazu bei, die Bekleidung seiner Familie zu vervollständigen.
„Es ist etwas geschehen", sagte ich leise.
Broschek spuckte den Kugelstift aus, legte die beiden Hörer hin, löste zögernd seine Zehen von der Strickmaschine.
115 „Was ist denn geschehen?" fragte er.
„Herr Wunsiedel ist tot", sagte ich.
„Nein", sagte Broschek.
„Doch", sagte ich, „kommen Sie!"
„Nein", sagte Broschek, „das ist unmöglich", aber er schlüpfte in seine Pantof-
120 feln und folgte mir über den Flur.
„Nein", sagte er, als wir an Wunsiedels Leiche standen, „nein, nein!" Ich widersprach ihm nicht. Vorsichtig drehte ich Wunsiedel auf den Rücken, drückte ihm die Augen zu und betrachtete ihn nachdenklich.
Ich empfand fast Zärtlichkeit für ihn, und zum ersten Male wurde mir klar, daß
125 ich ihn nie gehaßt hatte. Auf seinem Gesicht war etwas, wie es auf den Gesichtern der Kinder ist, die sich hartnäckig weigern, ihren Glauben an den Weihnachts-

mann aufzugeben, obwohl die Argumente der Spielkameraden so überzeugend klingen.

„Nein", sagte Broschek, „nein."

130 „Es muß etwas geschehen", sagte ich leise zu Broschek.

„Ja", sagte Broschek, „es muß etwas geschehen."

Es geschah etwas: Wunsiedel wurde beerdigt, und ich wurde ausersehen, einen Kranz künstlicher Rosen hinter seinem Sarg herzutragen, denn ich bin nicht nur mit einem Hang zur Nachdenklichkeit und zum Nichtstun ausgestattet, sondern
135 auch mit einer Gestalt und einem Gesicht, die sich vorzüglich für schwarze Anzüge eignen. Offenbar habe ich – mit dem Kranz künstlicher Rosen in der Hand hinter Wunsiedels Sarg hergehend – großartig ausgesehen. Ich erhielt das Angebot eines eleganten Beerdigungsinstitutes, dort als berufsmäßiger Trauernder einzutreten.

140 „Sie sind der geborene Trauernde", sagte der Leiter des Instituts, „die Garderobe bekommen Sie gestellt. Ihr Gesicht – einfach großartig!"

Ich kündigte Broschek mit der Begründung, daß ich mich dort nicht richtig ausgelastet fühlte, daß Teile meiner Fähigkeiten trotz der dreizehn Telefone brachlägen. Gleich nach meinem ersten berufsmäßigen Trauergang wußte ich: Hierhin
145 gehörst du, das ist der Platz, der für dich bestimmt ist.

Nachdenklich stehe ich hinter dem Sarg in der Trauerkapelle, mit einem schlichten Blumenstrauß in der Hand, während Händels Largo gespielt wird, ein Musikstück, das viel zu wenig geachtet wird. Das Friedhofscafé ist mein Stammlokal, dort verbringe ich die Zeit zwischen meinen beruflichen Auftritten, doch
150 manchmal gehe ich auch hinter Särgen her, zu denen ich nicht beordert bin, kaufe aus meiner Tasche einen Blumenstrauß und geselle mich zu dem Wohlfahrtsbeamten, der hinter dem Sarg eines Heimatlosen hergeht. Hin und wieder auch besuche ich Wunsiedels Grab, denn schließlich verdanke ich es ihm, daß ich meinen eigentlichen Beruf entdeckte, einen Beruf, bei dem Nachdenklichkeit geradezu er-
155 wünscht und Nichtstun meine Pflicht ist.

Spät erst fiel mir ein, daß ich mich nie für den Artikel interessiert habe, der in Wunsiedels Fabrik hergestellt wurde. Es wird wohl Seife gewesen sein.

Bücher und Leser

Giuseppe Arcimboldo (1527–1593): Der Bibliothekar

Ingrid Ziesmer

Rangun und Recke

Erste Leseerlebnisse

Lesefutter war knapp damals, als ich mit dem Schmökern anfangen wollte. Wir tauschten untereinander die typischen Kinder- und Jungmädchenbücher, aber davon ist nicht viel hängengeblieben, das meiste fesselte mich nur für die Dauer des Lesens. Die Romane, die meine Eltern besaßen, waren mir zum größten Teil noch
5 unverständlich, was mich aber nicht hinderte, es immer mal wieder zu probieren, bis es nicht mehr weiterging. Ein solcher Stolperstein waren zum Beispiel die Buddenbrooks*. Aber dann geriet ich an ein Buch, das eine anhaltende und etwas merkwürdige Wirkung auf mich hatte.

119

An Titel und Verfasser kann ich mich ebenso wenig erinnern wie an das ganze
10 Drum und Dran des Inhalts. Möglicherweise war es ein Thema aus den nordischen
bzw. germanischen Heldensagen. Jedenfalls ist mir, als hätte die Geschichte in
grauer Vorzeit gespielt. Das Leben, das beschrieben wurde, war schon wegen seiner Einfachheit sehr anschaulich, die Personen durchweg kriegerisch und stolz, äu-
ßerst empfindlich, wenn es um ihre Ehre ging. Aber beeindruckt war ich vor allem
15 von der weiblichen Hauptfigur, die ganz anders dargestellt war als alle Mädchen
und Frauen, von denen ich bis dahin gelesen hatte. Wie kann sie nur geheißen haben? Ich will sie jetzt Rangun nennen.

Rangun war nicht zimperlich, keine Heulsuse, beschäftigte sich auch nie mit
solchen langweiligen Dingen wie Sticken oder Kochen und Backen. Natürlich war
20 sie wunderschön und klug, außerdem stolz. Sie vereinigte jedenfalls alle Tugenden
in sich, die mir selber erstrebenswert schienen. Ich machte Rangun schleunigst zu
meinem Idol und nahm mir vor, so zu werden wie sie. Ich jubelte, als sich heraus-
stellte, daß sie stark und unabhängig genug war, um sich gegen den Mann, den sie
heiraten sollte, und gegen die Meinung der gesamten Verwandtschaft erfolgreich
25 zur Wehr zu setzen. Sie liebte nämlich einen anderen, der aber leider entsetzlich
stolz und eigensinnig war, und so gab es im Verlaufe der Handlung unendliche
Verwicklungen und Mißverständnisse, nur keine klärende Aussprache unter vier
Augen, die ich von Seite zu Seite immer heftiger, aber vergebens herbeisehnte.
Allmählich wurde ich wütend auf sämtliche Akteure, nur nicht auf meine Heldin,
30 denn sie war vollkommen im Recht, ich hätte es an ihrer Stelle genauso gemacht
(vor lauter Trotz den Mund nicht aufbekommen!). Schon hatte ich mich schweren
Herzens damit abgefunden, daß Rangun ihren stolzen Recken eben nicht bekommt, fand diesen Ausgang zwar tragisch, aber auch logisch nach Lage der Dinge
– da nahm die Story plötzlich eine überraschende Wende. Da trat doch noch – mit
35 Pünktchen, Pünktchen, Pünktchen gewissermaßen und von mir als Anhängsel
empfunden – das Unwahrscheinliche ein: Nach längerer Zeit und anläßlich weiterer dramatischer Geschehnisse treffen Rangun und Recke noch einmal zusammen,
und jetzt klappt es. Sie gestehen sich endlich ihre Liebe und kriegen sich.

Über diesen Ausgang war ich regelrecht empört, fühlte mich getäuscht. Wäh-
40 rend des Lesens hatte ich nämlich immer die Zeit mitgerechnet, die bei dem vielen Hin und Her der Handlung schon verflossen sein mußte, und irgendwann
kam der Punkt, wo ich mir sagte: Jetzt ist es sowieso zu spät, jetzt sind sie zu alt.
Und nun das! Ich blätterte wieder zurück, versuchte, alles zusammenzuzählen, aber
aus allerlei Hinweisen (zum Beispiel waren Ranguns Eltern längst verstorben)
45 schloß ich zwingend, daß meine vergötterte Heldin zum Zeitpunkt des Happyends
mindestens dreißig, wenn nicht fünfunddreißig Jahre alt sein mußte. Mit einem so
alten Liebespaar konnte meine Fantasie nichts anfangen. Die sollten sich nun küssen, heiraten, Kinder kriegen, wo sie garantiert schon graue Haare, Zahnlücken
und Falten im Gesicht hatten? Diese Lösung war für mich kein Happyend, Rangun
50 hätte lieber tot umfallen sollen.

120

Mich interessierten die Beziehungen der Kinder

Protokoll eines Interviews mit einem Studenten (25)

Meine Mutter hat mir oft Comics, „Micky-Maus-Heftchen" gegeben. Die hab ich immer von Anfang bis Ende durchgeguckt, Bild für Bild. Ich weiß
5 nicht, ob ich mir Geschichten dazu ausgedacht hab, auf jeden Fall war ich auf der einen Seite nicht fähig, aber zum großen Teil einfach zu faul, um die zu lesen. Trotzdem kann ich aber sagen:
10 Lesen hab ich erst durch die Comics gelernt. Weil irgendwann hat es mich doch mal interessiert, was da eigentlich steht.

Trotzdem hatte ich viel mit Büchern zu tun, weniger durch meine Eltern als
15 vielmehr durch meinen Bruder. Der hat sich für Geologie und überhaupt für Naturwissenschaften interessiert. Und da gabs so ein Buch, das hieß „Schöne neue Welt" oder „Schön ist unsere
20 Welt" oder so ähnlich.

Auf jeden Fall wurde da in deutlichen Bildern die Weltentstehung geschildert, angefangen vom glühenden Feuerball bis hin zur Menschwerdung. Es war ein
25 Buch, das mich unheimlich fasziniert hat. Übrigens auch noch später. Ich hab dann später mit 14–15 Jahren das Buch zerschnitten und hab eine Collage daraus gemacht. Weil in dem Buch halt die
30 ganze Welt abgebildet war.

Aber das hatte wenig mit Lesen eigentlich zu tun. Wirklich bewußt zu lesen hab ich erst angefangen in der dritten Klasse am Ende vom Schuljahr. Da
35 hat einer von der Blyton „Geheimnisse um einen nächtlichen Brand" vorgelesen. Jedenfalls, das hat mich unheimlich fasziniert, das Buch. Ich hab es mir dann auch gekauft, wie übrigens auch
40 alle damals erschienenen 15 Geschichten von der Blyton.

Mich interessierten die Beziehungen der Kinder, ihre Freundschaften. Bei den Geheimnisbüchern, da gabs immer
45 diesen Polizisten, der war dumm und gemein, aber manchmal hat er auch ein gutes Herz gehabt und wollte dazugehören. Dann gabs da noch den Dicki, der war halt dick und deswegen für
50 mich interessant, weil ich selber dick war. Das ist auch der einzige Name, an den ich mich noch erinnern kann. Außer dem Hund Purzel, den hab ich auch nicht vergessen.
55 Durch meinen Bruder bin ich dann in die Stadtbibliothek gekommen. Am Anfang bin ich bloß immer mitgegangen und hab geholfen, Bücher zu tragen. Ich wollte dort immer Geheimnisbücher
60 ausleihen, die waren aber immer gerade verliehen. Da hab ich einmal ein Buch gesehn – ich weiß nicht, obs ein Mädchenbuch ist –, es hat mir auf jeden Fall so gefallen, es war das schönste Buch,
65 was ich je gelesen hab. Das war die „Rote Zora". Aber auch da, das weiß ich ganz genau, hat mich an dem Buch nicht eine Geschichte begeistert, sondern auch wieder mehr die Spannung
70 zwischen den Leuten: Vor allem die Zora, die hat mich wahnsinnig fasziniert. Also ich könnte mir fast vorstellen, daß, wenn ich heute eine Frau gern habe, die ist der Zora nicht unähnlich.
75 Zumal, meine beste Freundin, in Südamerika aufgewachsen, hat in ihrer Kindheit auch dieses Buch mit der gleichen Begeisterung wie ich gelesen. Da war das anscheinend noch ein viel po-
80 puläreres Buch. Zwar kann ich mich jetzt nicht mehr daran erinnern, wie die im einzelnen beschrieben wurde, ich

weiß bloß, daß die ganz tief in mir drin
ist und auch mein Frauenbild geprägt
85 hat.

Lexika hab ich gern angeschaut. Übrigens auch heute noch. Also stundenlang konnte ich da drin rumblättern.
Einfach rumgucken, was da alles drin
90 ist an Bildern. Da gabs auch noch ein
Buch, ein Lexikon für Kinder: „Ich sag
dir alles", da hab ich auch gern drin
rumgeblättert. Hat mir einfach Spaß
gemacht, da drin zu gucken, wie'n
95 Film, der ablief. Ich meine: Ein Buch
war sowieso nur Ersatz für die Zeit, wo
es kein Fernsehen gab. Bücher warn
nur so nebenbei.

Wenn ich ein Buch gekriegt hab,
100 dann hab ichs erst mal angemalt.
Schade übrigens, daß es damals noch
kein Farbfernsehen gab. Kinoerlebnisse
waren auch da. Der erste Film: Rot-
käppchen. Wobei ich mich da nur an
105 den Vorfilm erinnern kann. Da ist nämlich der Teufel aufgetreten. Da hab ich
eine Wahnsinnsangst gehabt und hab
geschrien und getobt im Kino. Raus-
gelaufen bin ich dann auch.
110 Fernsehen ist wichtig, das war viel
wichtiger als irgendwelche Bücher.
Meine Eltern haben schon 1958 einen
Fernseher gekauft. Da war ich 4 Jahre
alt. Wenns möglich war, vorm Fern-
115 seher zu sitzen, dann hab ichs gemacht.

Richtig gelesen hab ich eigentlich
erst dann, als ich entdeckte, daß es Bücher über neue Musik gab. Auch die
120 Lektüre dieser Art von Literatur habe
ich erst durch meinen Bruder kennengelernt. Daß mich allerdings gerade
diese Literatur so faszinieren konnte,
lag daran, daß ich stark an neuer Musik,
125 neuen Klängen interessiert war.

Alles was mich in dieser Zeit, etwa ab
dem zehnten Lebensjahr, begeistern
konnte, war sofort Gegenstand eifriger

Bemühungen des Selbermachens,
130 Nachahmens. Vom Colorieren der Bücher bis hin zum Selber-Schreiben von
Geschichten, auf Tonband auf-
genommenen Hörspielen, habe ich damals Bücher zum Anlaß eigener Pro-
135 duktion genommen. Bewirkt haben die
Bücher bei mir, daß ich sie nach-
gemacht, selbst gemacht habe.

Durch die Musikbücher, bei denen
ich mich, da ich sie sehr genau durch-
140 gearbeitet habe, auch genau an den
Inhalt erinnern kann, hab ich mir ein
unheimlich großes Wissen über „Neue
Musik" angeeignet. Musik der Zeit hat
unheimlich viel mit Technik zu tun. Auch
145 mit Zahlenoperationen, mit Computer-
technik. Durch die Bücher hab ich eine
wahnsinnsutopische Vision bekommen.
Ich hab wirklich ein Weltbild da gewonnen, das vielleicht gar nichts mit Musik
150 zu tun hatte. Da Musik ja ein unheimlich
großer Bereich ist, wo mit Klängen gedacht werden kann, Formen, Gerüche
aufgespürt werden können, vermittelte
mir das alles ein Gefühl für Weite, Tole-
155 ranz.

Peter Weiss

In den Büchern trat mir das Leben entgegen

In den Büchern trat mir das Leben entgegen, das die Schule vor mir verborgen hatte. In den Büchern zeigte sich mir eine andere Realität des Lebens als die, in die meine Eltern und Lehrer mich pressen wollten. Die Stimmen der Bücher forderten mein Mittun, die Stimmen der Bücher forderten, daß ich mich öffnete und auf
5 mich selbst besann. Ich stöberte in der Bibliothek meiner Eltern. Das Lesen dieser Bücher war mir verboten, ich mußte die Bücher heimlich entwenden und die Lükken sorgsam ausgleichen, meine Lektüre fand unter der Bettdecke statt, beim Schein der Taschenlampe, oder im Klosett oder unter der Tarnung von Schulbüchern. Das Chaos in mir von unausgegorenen Sehnsüchten, von romantischen
10 Verstiegenheiten, von Ängsten und wilden Abenteuerträumen wurde aus unzähligen Spiegeln auf mich zurückgeworfen, ich bevorzugte das Anrüchige, Zweideutige, Düstere, suchte nach Schilderungen des Geschlechtlichen, verschlang die Geschichten von Kurtisanen* und Hellsehern, von Vampiren, Verbrechern und Wüstlingen, und wie ein Medium* fand ich zu den Verführern und Fantasten und
15 lauschte ihnen in meiner Zerrissenheit und Melancholie. Doch je mehr ich meiner selbst bewußt wurde, und je weniger ich vor mir selbst zurückschreckte, desto stärker wurde meine Forderung, daß die Stimme des Buches unverstellt zu mir spräche und nichts vor mir verbarg. Bald zeigten mir schon die ersten Worte eines Buches die Wesensart des Sprechenden. Ich wollte gleich von ihm angerührt wer-
20 den, wollte gleich seine Glut und innere Überzeugung erfahren. Lange Umschreibungen machten mich ungeduldig. Ich wollte gleich mitten in das Erlebnis hineingerissen werden, wollte gleich wissen, um was es ging. Nur selten befaßte ich mich mit Gedichten, hier war mir alles zu sehr bearbeitet, zu sehr einem Gerüst von Formen unterworfen. Ich mißtraute dem Abgerundeten und Vollendeten, und
25 es fiel mir schwer, unter dem Kunstvollen und Geschliffenen nach dem verborgenen Sinn zu forschen. Oft ließ mich das Durchdachte kalt, während das Rohe, Ungestaltete mich ergriff. Mein logisches Denken war unentwickelt. Wenn ich versuchte, diesem Mangel mit dem Lesen von naturwissenschaftlichen oder filosofischen Werken entgegenzuwirken, so zerflossen mir die Buchstaben vor den Au-
30 gen, ich konnte sie nicht zu lebenden Worten zusammenfügen, ich spürte keinen Atem in ihnen. Was ich behielt, lag weniger auf dem Gebiet der allgemeinen Bildung als auf dem Gebiet der Empfindungen, mein Wissen setzte sich zusammen aus bildmäßigen Erfahrungen, aus Erinnerungen an Laute, Stimmen, Geräusche, Bewegungen, Gesten, Rhythmen, aus Abgetastetem und Gerochenem, aus Einblik-
35 ken in Räume, Straßen, Höfe, Gärten, Häfen, Arbeitsplätze, aus Schwingungen in der Luft, aus Spielen des Lichts und des Schattens, aus Regungen von Augen, Mündern und Händen. Ich lernte, daß es unter der Logik eine andere Folgerichtigkeit gab, eine Folgerichtigkeit von undurchschaubaren Impulsen, hier fand ich mein eigenes Wesen, hier im scheinbar Unorganisierten, in einer Welt, die den
40 Gesetzen der äußeren Ordnung nicht entsprach.

123

Johann Georg Heinzmann

Vom Lesen der Romanen (1780)

Eine der schädlichsten Wirkungen der Romanen ist, daß sie uns das wahre Maas
zur Beurtheilung der Menschen aus den Augen rücken. Indem sie uns lauter Muster von Standhaftigkeit, von Muth, Treue, Verläugnung, Aufopferung – darstellen, so machen uns diese Bücher zu bekannt mit der Vorstellung einer Vollkom-
5 menheit, davon wir in der Welt so wenig Beyspiele antreffen. Sie füllen uns den
Kopf mit Idealen an, verrücken uns den Gesichtspunkt, aus welchem wir die
Dinge betrachten sollen, und schaffen um uns herum eine ganz andere Welt als
die wirkliche ist. Wenn wir nun aus diesem süssen Traume, durch unangenehme
Vorfälle, durch Disharmonie unsers Selbsts mit der Gesellschaft, erweckt werden;
10 wann uns die eingebildeten Vollkommenheiten entschlüpfen: so werden wir un-
zufrieden, misvergnügt, und sehen uns als den unglücklichen Gegenstand eines
hartverfolgenden Schicksals an. Daher kömmt es, daß uns so selten der wirkliche
Genuß befriedigt, weil er unserm Ideal nicht entspricht. Wie reizend, und doch
wie gefährlich, in mehr als einem Verstande gefährlich, ist nicht eine blühende

*Johann Andreas Benjamin Nothnagel (1729–1804): Brustbild eines Mädchens, das in ‚Wer-
thers Leiden' liest; aus dem Busen schlagen die Flammen des brennenden Herzens, die ein im
Hintergrund stehender kleiner Amor mit einem Blasebalg anfacht.*

15 Einbildungskraft! Daher entsteht so oft Muthlosigkeit, Melankolie, Sättigung, Ek-
kel; daher so manche unglückliche Ehen, weil keines von den Eheleuten so ist,
wie sich es das andere vorgestellt und man in diesem vertrauten Umgange das
nicht findet, was man, nach Anleitung der Komödie, der Oper, oder des Romans,
zu finden glaubte. Hat man jemals kaltes Blut, und mit der Natur der Dinge über-
20 einstimmende Begriffe nöthig, so ist es beym *Freyen**. Und wenn hat man sie
wohl weniger? – Wenn sich jedermann ächte, unüberspannte Ideen von dem
Menschen, und den Zufällen die ihn betreffen, machte, so würde man sich nicht
dem Zorn, der Wuth, dem Unwillen, der Melankolie, der Verzweiflung, der när-
rischen ausschweifenden Liebe – überlassen; eine freudige Gelassenheit würde die
25 Stelle der Leidenschaften einnehmen; Unglücksfälle, die man sich oft als möglich
vorgestellet, würden weniger drücken; der Verlust der Güter, der Freunde – weniger darnieder schlagen und muthlos machen; Biegsamkeit, Nachgiebigkeit, Gefäl-
ligkeit, Ueberlegung und überdachte Mildthätigkeit würde den Menschen bele-
ben; eine gewisse Gleichmüthigkeit würde die Triebfeder seiner Handlungen
30 seyn; den Ehestand zu einem beglückten Umgang, und das goldene Zeitalter, das
leider bisher immer nur noch in den Schriften der Dichter existirt zu haben
scheint, unter uns aufblühen machen: gerade deswegen, weil wir es in der Welt
und in uns, und nicht in zauberischen Feen-Mährchen suchten.

Narajan S. Phadke

Das Buch

Parvati ging gemächlich hinter der kleinen Viehherde her, die sie den steilen Berg
hinauf heimtrieb. Plötzlich stockte sie: Ein Fetzen Papier war vor ihr in einen
Busch geflattert.

Mit wenigen Schritten war sie bei dem Busch. Mit dem Stock fuhr sie zwischen
5 die Dornenzweige, fischte das Papier heraus und nahm es in die Hand. Es war ein
Zeitungsblatt, vom Regen durchtränkt, von der Sonne ausgetrocknet, voll Flecken
und verblichen. Die Laune des Windes hatte es in diesen seltsamen Schlupfwinkel
geweht. Parvati jedoch hielt es fest, als wäre es ein wertvoller Fund. Sie setzte sich
auf einen flachen Stein, um es im schnell verschwindenden Licht des Abends zu
10 lesen oder vielmehr die auf dieses Stück Papier gedruckten Buchstaben zu entziffern. Denn das war alles, was sie gelernt hatte, aber sie war sehr darauf erpicht, es
zu tun. Wo immer sie eines fand, in den Straßen, auf dem Marktplatz, im Tempel,
in den Hecken um die Felder, pflegte sie jedes Stück bedruckten Papiers aufzuheben.
Gierig verschlang sie dann ein gedrucktes Wort nach dem anderen, bei jedem
15 Buchstaben innehaltend, bis sie ihn entziffert hatte. Und so setzte sie sich auch
jetzt auf dem Stein zurecht und widmete sich der aufregenden Aufgabe, die Buchstaben auf dem zerknüllten Papier zu deuten.

Noch vor einem Monat hätte es Parvati hellen Wahnsinn genannt. Aber sie war
nicht mehr die alte, des Lesens und Schreibens unkundige, unwissende Parvati.
20 Eine Veränderung war in ihr vorgegangen. Früher hatte sie nur eine Verwen-

dungsart für Papier gekannt: Der Krämer brauchte es zum Verpacken von Tee und Zucker. Aber nun hatte sie noch eine weitere Verwendungsmöglichkeit gelernt. Sie hatte gelernt, daß Zeitungspapier mit Buchstaben bedruckt ist und daß es Vergnügen bereiten kann, sie zu entziffern. Denn gelegentlich hatte sie auch die auf-
25 regende Erfahrung gemacht, daß die von ihr gelesenen Buchstaben zusammen einen gewissen Sinn ergaben. Ihr Herz hüpfte, wenn sich ihr dieser Sinn erschloß.

In das Wunderland des Lesens war Parvati durch Zufall eingedrungen. Vor vier Wochen war Kusum, die Tochter des Gutsbesitzers, für einige Tage zu ihrem Vater ins Dorf gekommen. Sie hatte ein Mädchen als Hilfe für ihr kleines Kind ge-
30 braucht und zu diesem Zweck Parvati in Dienst genommen. Und einmal hatte sie zu Parvati gesagt: „Ich sehe, daß du oft müßig herumsitzt und deine Zeit vergeudest. Ich werde dich lesen und schreiben lehren. Möchtest du das lernen?"

Parvati war von diesem Vorschlag zunächst entsetzt. „Mein Vater", erwiderte sie, „hat nie schreiben oder lesen gelernt, und du schlägst jetzt vor, daß ich es tun
35 soll. Was für einen Zweck sollen Lesen und Schreiben für eine Frau wie mich haben?"

Kusum hatte daraufhin dem Mädchen einen sauberen kleinen Vortrag über die Vorteile des Lesen- und Schreibenkönnens vom Stapel gelassen, und innerhalb eines Monats hatte Parvati, die von Natur recht klug war, das Fibelstadium hinter
40 sich.

Kusum war mit diesem Fortschritt sehr zufrieden und hätte Parvati auch weiter unterrichtet, mußte jedoch plötzlich zu ihrem Gatten zurückkehren. Doch war sie nicht abgereist, ohne der kleinen Parvati einige Lehren zu geben. „Paß auf, Parvati", hatte sie gesagt, „du kannst jetzt das Alphabet, und so wirst du auch ohne
45 Lehrer weiterkommen. Nimm diese zwei Bücher da. Sie sind ganz einfach. Lies sie immer wieder. Und wenn du irgendwo etwas Gedrucktes findest, nimm es und lies es. Es macht nichts, wenn du's nicht verstehst. Mach dir zur Gewohnheit, alles zu lesen, was dir in den Weg kommt, und mit der Zeit wirst du es auch zu verstehen beginnen."

50 Parvati hatte versprochen, diesen Rat zu beherzigen, und Kusum war sehr stolz darauf, einem einfachen Bauernmädchen die Scheuklappen der Unwissenheit von den Augen genommen und ihr den Weg zur Erfüllung der höheren Zwecke des Lebens gewiesen zu haben. Parvati selbst war in dieser Hinsicht ganz unschuldig und hatte sich über Lebenszweck und Erfüllung den Kopf nie zerbrochen. Sie war
55 ein einfaches Bauernmädchen und merkte nur, daß sie einen neuen Genuß entdeckt hatte – den Genuß des Lesens von Buchstaben, die ihr früher überhaupt nicht aufgefallen waren. Sie befolgte Kusums Rat und las nicht nur die zwei hinterlassenen Bücher, sondern griff nach jedem Stück bedruckten Papiers, das sie finden konnte. Sie hatte schon eine ganze Menge davon gesammelt und hob sie, in
60 ein sauberes Tuch eingepackt, sorgfältig auf.

Ihr alter Vater Ramdschi hatte sie zunächst voll Neugierde und Verwunderung beobachtet. Es schmeichelte ihm, daß die Tochter des Gutsbesitzers Parvati in eine solche Gelehrte verwandelt hatte, daß sie ein Buch zu lesen vermochte. Aber als er Parvati Altpapier aufheben und die einzelnen Teile davon stundenlang zusammen-
65 legen sah, schwand seine Bewunderung dahin, und er begann, sich zu fragen, ob das Mädchen im Kopf ganz richtig sei. Warum sollte ein Bauernmädchen wie

Balthus (d.i. Balthasar Klossowski, geb. 1908): Katia lesend (1976)

Parvati aufs Lesen so versessen sein? Die Mädchen auf dem Dorfe wuchsen doch nur zu dem Zweck heran, um zu heiraten, Kinder zu gebären und zu sterben. Das und nichts anderes hatte das Weibervolk in dem Dorf seit Menschengedenken
70 getan, also mußte es das Richtige sein. Und nun kommt da ein Bauernmädchen daher und ist auf Bücher versessen. Meine Tochter verliert den Verstand! dachte Ramdschi.

Aber Parvati kümmerte sich weder um seine Ratschläge noch um seine Drohungen, so daß er den Kampf schließlich aufgab. Mochte die Verrückte tun, was ihr
75 beliebte. Es würde ohnedies nicht lange anhalten. Sie würde bald heiraten und dann mit ihrem Gatten leben, und das würde sie von ihrem Wahnsinn kurieren. Ramdschi hatte ihr einen passenden Gatten schon ausgesucht: Schiwram, den Sohn Lakhus. In einigen Monaten würden sie heiraten.

So wurde denn Parvati verheiratet und lebte nun mit ihrem Gatten zusammen.
80 Aber die von Ramdschi erhoffte Wirkung blieb aus. Parvati verrichtete die gesamte Hausarbeit zur allseitigen Zufriedenheit, half auch dem Gatten und dem Schwiegervater bei der Feldarbeit, aber ihre Bücher ließ sie nicht im Stich. Immer wieder gelang es ihr, für sie Zeit zu finden.

Schiwram, ihr Gatte, war ein typischer Bauernbursche. Robust, ein gerader Mi-
chel, herzlich, aber völlig phantasielos und ohne Ehrgeiz. Nie hatte er eine Schule
besucht, und es fiel ihm gar nicht ein, es könne ihm dadurch, daß er nicht lesen
und schreiben konnte, etwas Wertvolles entgangen sein. Was hatten diese Dinge
mit dem Leben des Menschen zu tun? Er war ganz verdutzt, als er seine Frau Parvati zum erstenmal bei dem trüben Licht einer Petroleumlampe ein Buch lesen sah.
Er war nahe daran, ihr zu sagen, daß sie sich nicht lächerlich machen solle. Aber
schließlich war sie sonst nicht so arg, sagte ihm eine innere Stimme; sie arbeitete
großartig, und sie war eine vorzügliche Lebensgefährtin. Also unterdrückte
Schiwram den aufsteigenden Zorn. Was schadet es mir schon, wenn das dumme
Frauenzimmer liest? fragte er sich und beschloß dann, ihrer seltsamen Leidenschaft
keine Beachtung zu schenken.

„Ich möchte dir gern etwas schenken", fragte er sie einmal liebevoll, „was
möchtest du denn gern? Vielleicht ein goldenes Anhängsel? Sag es mir. Morgen
habe ich in der Stadt zu tun. Was soll ich dir dort kaufen?"

Parvati blickte ihn an. Ein zartes Lächeln überflog ihr Gesicht. „Willst du wirklich wissen, was ich möchte? Willst du es mir kaufen?"

„Natürlich. Ich liebe dich doch. Was immer du verlangst, kaufe ich dir."

„Ich möchte ein schönes, neues Buch", sagte sie.

„Ein Buch?" Schiwram hielt das für einen Heidenspaß und lachte herzlich.
„Was du für eine Närrin bist, Parvati! Also ein Buch. Willst du es dir an die Nase
oder ans Ohr hängen?" Schiwram tat es leid, sie gekränkt zu haben. „Gut, ich
bringe dir ein Buch", sagte er lachend. „Du bekommst von mir ein hübsches kleines Schmuckstück und auch ein hübsches kleines Buch."

Schiwram fuhr zur Buchhandlung hin und kaufte ein Buch. Ein Blick auf das
Bild auf dem Schutzumschlag überzeugte ihn, daß es sich um ein gutes Buch
handelte. Das Buch zeigte Ardschuna, einen Helden des Mahabharata, wie er eben
dabei war, einen Pfeil von seinem Bogen abzuschießen. Es war ein schönes Bild.
Das Buch mußte gut sein. Parvati würde sich sehr freuen. Nach Erledigung seiner
übrigen Geschäfte fuhr Schiwram erwartungsvoll heim.

Parvati war von dem Buch so fasziniert, daß sie es, war sie allein, für keinen Augenblick aus der Hand legte. Es war in einem sehr einfachen Stil geschrieben, und
obwohl sie hier und dort auf eine Wendung stieß, die über ihre Fassungskraft
ging, verstand sie doch den Sinn jeder der Geschichten. Vom Fluß der Erzählungen mitgerissen, durchflog sie zunächst einmal das ganze Buch, um die Höhe-
punkte der in die Erzählung eingeflochtenen Episoden kennenzulernen.

Als sie es dann aufmerksam von neuem las, fand sie, daß die Geschichten einen
viel tieferen Sinn hatten, als aus der Handlung hervorging. Sie beschrieben die ge-
sellschaftlichen Zustände jener längst vergangenen Tage, die Sitten und Bräuche
der Menschen, die Art und Weise, wie Männer Krieg führten und liebten, die
Stellung und die Würde der Frauen, ihre Art, sich zu kleiden und zu sprechen, die
Freiheit, deren sie sich erfreuten, und den Anteil, den sie an öffentlichen Angelegenheiten nahmen.

Parvati las das alles und begann, es mit ihrem eigenen Los zu vergleichen. Die
großen Heldinnen des Mahabharata hatten sich ihre Gatten selbst ausgesucht.
Keine hatte eine von den Eltern verabredete Ehe einzugehen. Diese Frauen hatten

128

130 sogar kühne Ränke geschmiedet, um den Helden ihres Herzens heiraten zu können. Gott hatte ihnen beigestanden, und die Menschen hatten sie bewundert.
Die Erzählungen von diesen Frauen rührten Parvatis Geist zutiefst auf.
Mit wachsender Begierde las sie die Beschreibung der Schönheit dieser Frauen
und ihre Liebesabenteuer wieder und wieder. Oft hielt sie mitten im Lesen inne.
135 Von den schwindelerregenden Gipfeln des Lebens, wie sie in diesem Buch beschrieben waren, stürzte sie jählings in die armselige Wirklichkeit ihres eigenen
Daseins ab. Zweifel und Unzufriedenheit beschlichen ihr Herz, wenn sie an ihr eigenes Eheleben dachte. Schiwram war ihr Gatte. Aber hatte er ein Recht darauf,
sich ihren Gatten zu nennen? Hatte sie ihn geliebt und auserwählt? Hatte ihr Vater
140 sie gefragt, ob er ihr gefiel? Lakhu hatte einen Sohn, und ihr Vater hatte eine
Tochter. Der eine brauchte eine Schwiegertochter, der andere war auf der Suche
nach einem Schwiegersohn. Das war der einzige Grund, aus dem sie an Schiwram
verheiratet worden war.
Aber niemand hatte Parvati nach ihren Wünschen gefragt, als sie mit Schiwram
145 verheiratet wurde. Urplötzlich war der des Lesens und Schreibens unkundige, unwissende, wenig anziehende, ja eher abstoßende dunkelhäutige Sohn Lakhus ihr
Mann geworden, derselbe Schiwram, der oft auf dem Feld gearbeitet oder mit allerhand Tagedieben am Gemeindebrunnen oder vor der Hütte des Dorfältesten
geschwatzt hatte. Und sie hatte das ohne ein Wort des Widerspruchs hingenom-
150 men!
Ihr Herz empörte sich. Ihre Unlust, Schiwram als Gatten anzuerkennen und sich
dementsprechend zu verhalten, wurde immer größer. Äußerlich war sie weiter wie
sonst, lächelte freundlich und vernachlässigte keine ihrer Alltagspflichten. Aber innerlich war sie verzweifelt, wie ausgeblutet und ausgebrannt. Haß und Verachtung
155 erfüllten sie.
Parvatis Kopf war nun zu einem Kriegsschauplatz geworden. Furcht bewahrte sie
davor, plötzlichen Eingebungen zu folgen, aber das Herkömmliche hatte gegen
die Ausbrüche von Aufruhr in ihrem Innern einen harten Kampf zu führen. Sie
war von der Sinnlosigkeit ihres Lebens so gebrochen, daß sie oft wünschte, es
160 durch eine Verzweiflungstat zu beenden. Aber dann schreckte sie vor diesem
Wunsch als etwas Verwerflichem und Verabscheuenswertem zurück. Ihre Einstellung zu dem Buch, das diese Wandlung in ihrem Herzen herbeigeführt hatte,
wurde zu einer seltsamen Mischung aus Verlockung und Furcht. Sie fühlte sich
ständig versucht, danach zu greifen und in jener Wunderwelt unterzutauchen,
165 hatte aber zugleich Angst davor. Zuerst hatte das Buch sie nur unterhalten. Dann
hatte es ihr langsam die Augen geöffnet. Hernach hatte sie sich angewöhnt, immer
dann darin zu lesen, wenn sie ihr eigenes trauriges Schicksal vergessen wollte.
Jetzt war es so weit gekommen, daß das Buch sie wie ein Rauschgift gleichzeitig
anzog und in Furcht versetzte.
170 Wenn sie dieses Buch bloß niemals gelesen hätte! Dann wäre die unwissende,
dumme und blinde Parvati, die man an Schiwram verheiratet hatte, blind, unwis-
send und gehorsam geblieben, aber bis ans Ende ihrer Tage mit ihrem Los zufrieden gewesen.
Aber nun war sie nicht mehr blind. Ihr Geist war erwacht. Sie hatte zu denken
175 gelernt; sie konnte jetzt das Richtige vom Falschen ebenso unterscheiden wie

Recht und Unrecht. Und darin lag die Gefahr. Es fiel ihr immer schwerer, Schiwram als Gatten zu ertragen.

Schiwram war ein einfacher Junge, aber auch ihm blieb die Kälte Parvatis nicht verborgen. Und er geriet in Wut und tobte wie ein gemartertes Tier.

180 Eines Tages vergaß er sich in seinem Zorn und schlug auf sie ein, als hiebe er auf eine wilde Stute los. Parvati fiel unter seinen Hieben ohnmächtig nieder.

Als sie aus ihrer Ohnmacht erwachte, wurde ihr zuerst der kalte Wind bewußt. Es mußte sehr früh am Morgen sein, dachte sie. Das Zimmer war dunkel. Langsam begann sie sich zu erinnern. Eine Weile lag sie regungslos da und starrte in die un-
185 durchdringliche Finsternis. Sie war keines Gedankens fähig. Aber wie ein verwundeter Vogel langsam zu atmen und seine Flügel zu regen beginnt, so begann auch ihr Geist nach einer Weile wieder zu arbeiten. So wie näherkommende Schritte immer deutlicher werden, so hörte sie die Stimme ihrer Gedanken immer voller, klarer und dringlicher. Lange lag sie reglos und lauschte dieser Stimme. Sie erhob
190 sich schließlich, nachdem sie sich zu einem Entschluß durchgerungen hatte. Sie ging in die Ecke des Zimmers, rieb ein Streichholz an und zündete die Petroleumlampe an. Dann nahm sie das Buch „Geschichten aus dem Mahabharata", riß einige Blätter heraus und hielt sie in die Flamme der Lampe. In ihrem Feuer riß sie das Buch auseinander und verbrannte einige weitere Blätter. Dann mehr! Und
195 noch mehr! Und noch mehr!

Als das ganze Buch zum Raub der Flammen geworden war, löschte sie die Lampe aus. Nie wieder würde sie sie anzünden, um in ihrem Licht ein Buch zu lesen. Sie hatte das Gift des Wissens, das sie aus dem Buch getrunken hatte, ausgespien. Das Buch hatte ihr Augen gegeben, zu sehen. Sie hatte sie sich nun aus
200 den Höhlen gerissen. Sie war wieder erblindet. Finsternis war in das Zimmer zurückgekehrt und füllte es aus. Eingehüllt in die Finsternis, lehnte sie sich an die Wand und schloß die Augen.

Draußen im Stall scharrte das Vieh mit den Füßen, schlug mit dem Schweif um sich, machte merkwürdige Geräusche mit den Kinnbacken und schnaubte. Parvati
205 konnte es deutlich hören.

Ihr Leben, so dachte sie, unterschied sich in nichts von dem des Viehs. Es durfte sich nicht unterscheiden. Sie war dazu geboren, das stumpfe Leben eines Tieres zu führen. Sie hatte das zur Kenntnis zu nehmen. Es hatte keinen Sinn, an dem Strange zu zerren, der ihr um den Hals gelegt war. Als Schiwram am nächsten
210 Morgen aufstand, bemerkte er neben dem Getreidesack ein kleines Häufchen Asche und den Schutzumschlag. Auf diesem war das Bild eines jungen Mannes, der eben daran war, einen Pfeil von seinem Bogen abzuschießen. Lange betrachtete er das Bild. Er erinnerte sich des Buches, das er für Parvati gekauft hatte. Es hatte ihm so viel Freude bereitet, es ihr zu schenken.
215 Und das Geschenk hatte sie überglücklich gemacht. Immer hatte er es in ihren Händen gesehen. Und jetzt? Gerade dieses Buch? Schiwram stand vor einem für ihn unlösbaren Rätsel. Er konnte keine Erklärung finden …

Mit einem Achselzucken nahm er einen Besen zur Hand und kehrte den Aschenhaufen und den Schutzumschlag in eine Ecke.

In der Woche des 10. Mai 1933 brannten in vielen Städten Deutschlands die Scheiterhaufen. In sorgfältig inszenierten theatralischen Veranstaltungen wurden die Werke mißliebiger Autoren „den Flammen übergeben". Führende Nationalsozialisten wie Goebbels und prominente Literaturprofessoren hielten die Reden. Die Bücherverbrennung war der Auftakt für die Zerstörung der demokratischen Literaturkultur in Deutschland.

Flamme empor!

Der Himmel hielt seine Schleusen nicht geschlossen. Der dauernd niedergehende Regen tat sicherlich der Versammlung und Kundgebung großen Abbruch, und insbesondere waren es die gerade vor dem Kundgebungsbeginn einsetzenden heftigen Regenschauer, die manchen, der an der Feier der Studentenschaft teilnehmen wollte, doch noch zu Hause hielten. Und doch: Es war eine eindrucksvolle und imposante Feier, in deren Mittelpunkt die lodernde Flamme des Scheiterhaufens hochschoß, die die Schriften verzehrte, die in Widerspruch stehen zum deutschen Empfinden und zum deutschen Geist. Der Führer der Studentenschaft, Walter Schlevogt, wies darauf in einführenden Worten hin: Es sei die vornehmste Aufgabe der Studentenschaft, Literatur und Kunst von allem Undeutschen zu säubern. Man stehe in einer Revolution, die aber erst begonnen habe. So sei auch mit dem flammenden Feuer nicht die Aktion gegen den undeutschen Geist vollbracht, sondern erst eingeleitet. Ihr Ziel sei die Ausrottung aller undeutschen Geistesproduktion. Prof. Naumann* betonte, daß die Studentenschaft heute nicht das verbrenne, was sie ehedem angebetet, sondern das, was sie bedrohte und verführte. Man verwerfe, was verwirre, und verfeme*, was verführe. Gewiß: irren sei menschlich; aber die undeutschen Schriften seien nicht aus dem Irrtum geboren, sondern dem unreinen Geist. Dank sei der Studentenschaft zu sagen, weil sie so schnell zugegriffen habe. Sie schüttele impulsiv das Fremde ab. Nicht nur das Fremde, sondern sie beseitige die Fortsetzung des Krieges gegen Deutschland, der

mit fremdem Geist weitergeführt worden sei. Die Wissenschaft möge sich auch weiterhin mit dieser Art von Geistesproduktion beschäftigen. Aber das Gefährliche müsse dem lebendigen Volk vorenthalten bleiben. Auch aus dem eigenen Herzen sei das Fremde und Unreine zu bannen. Dazu habe jeder Gelegenheit, denn niemandes Herz könne diesen Frühlingssturm nicht miterleben, der so hinreißend schön gewesen sei. Allzu große Menschlichkeit könne nur das Brausen dieses Sturms dämmen. Rücksichtslos sei also der Kampf. Man wolle keine Literaten mehr, sondern verantwortliche Dichtung, die aus der Kühnheit des Geistes und der Schönheit alles Deutschen geboren sei. Völkische Aktivität in Dichtung und Kunst sei die Sehnsucht des deutschen Menschen.

Während die Menge das Horst-Wessel-Lied* anstimmte, stand unten auf dem Markt mitten in dem Fahnenwald der Korporationen*, die übrigens eine schwarz-weiß-rote Flagge mit der Aufschrift „Deutsch die Saar"* in ihre Mitte genommen hatten, der Scheiterhaufen in hohen Flammen. Bücher und Zeitungen, Zeitschriften und Broschüren flogen in die prasselnde Glut, daß die Funken weit über die dunkle Menschenmenge dahinstoben. Dann krachte der Scheiterhaufen zusammen. Die Holzscheite, leuchtend und glühend, fielen auseinander, die Asche der Bücher hob sich in dunkler Wolke empor, schwebte durch den milchigen Lichtkegel der Scheinwerfer und zerstob in der Nacht.

(Generalanzeiger für Bonn und Umgebung 11.5.1933)

131

Oskar Maria Graf

Verbrennt mich!

Wie fast alle links gerichteten, entschieden sozialistischen Geistigen in Deutschland, habe auch ich etliche Segnungen des neuen Regimes zu spüren bekommen:
Während meiner zufälligen Abwesenheit aus München erschien die Polizei in meiner dortigen Wohnung, um mich zu verhaften. Sie beschlagnahmte einen großen
5 Teil unwiederbringlicher Manuskripte, mühsam zusammengetragenes Quellenstu-
dienmaterial, meine sämtlichen Geschäftspapiere und einen großen Teil meiner Bücher. Das alles harrt nun der wahrscheinlichen Verbrennung. Ich habe also mein
Heim, meine Arbeit und – was vielleicht am schlimmsten ist – die heimatliche Erde
verlassen müssen, um dem Konzentrationslager zu entgehen.
10   Die schönste Überraschung aber ist mir erst jetzt zuteil geworden. Laut ‚Berliner
Börsencourier' stehe ich auf der weißen Autorenliste des neuen Deutschland und
alle meine Bücher mit Ausnahme meines Hauptwerkes ‚Wir sind Gefangene' werden empfohlen! Ich bin also dazu berufen, einer der Exponenten des ‚neuen' deutschen Geistes zu sein!

15 Vergebens frage ich mich, womit ich diese Schmach verdient habe.

Das Dritte Reich hat fast das ganze deutsche Schrifttum von Bedeutung ausge-
stoßen, hat sich losgesagt von der wirklichen deutschen Dichtung, hat die größte
Zahl ihrer wesentlichsten Schriftsteller ins Exil gejagt und das Erscheinen ihrer
Werke in Deutschland unmöglich gemacht. Die Ahnungslosigkeit einiger wichtig-
20 tuerischer Konjunkturschreiber* und der hemmungslose Vandalismus der augen-
blicklich herrschenden Gewalthaber versuchen all das, was von unserer Dichtung
und Kunst Weltgeltung hat, auszurotten, und den Begriff ‚deutsch' durch engstir-
nigsten Nationalismus zu ersetzen. Ein Nationalismus, auf dessen Eingebung
selbst die geringste freiheitliche Regung unterdrückt wird, ein Nationalismus, auf
25 dessen Befehl alle meine aufrechten sozialistischen Genossen verfolgt, eingeker-
kert, gefoltert, ermordet oder aus Verzweiflung in den Freitod getrieben werden!

Und die Vertreter dieses barbarischen Nationalismus, der mit Deutschsein
nichts, aber auch schon gar nichts zu tun hat, unterstehen sich, mich als einen ihrer ‚Geistigen' zu beanspruchen, mich auf ihre sogenannte weiße Liste zu setzen,
30 die vor dem Weltgewissen nur eine schwarze Liste sein kann!

Diese Unehre habe ich nicht verdient!

Nach meinem ganzen Leben und nach meinem ganzen Schreiben habe ich das
Recht, zu verlangen, daß meine Bücher der reinen Flamme des Scheiterhaufens
überantwortet werden und nicht in die blutigen Hände und die verdorbenen Hirne
35 der braunen Mordbanden gelangen!

Verbrennt die Werke des deutschen Geistes! Er selber wird unauslöschlich sein,
wie eure Schmach!

(Alle anständigen Zeitungen werden um Abdruck dieses Protestes ersucht.)

Oskar Maria Graf

Einer, der auch mitverbrannt sein will!

In der marxistischen „Wiener Arbeiterzei-
tung" finden wir eine Notiz, in der sich der
bayerische Dichter Oskar *Graf* in entschie-
dener Weise dagegen beschwert, daß er
während seiner Abwesenheit von Deutschland auf die weiße Liste der Autoren gesetzt wurde und damit berufen sei, einer
der Exponenten des „neuen deutschen Geistes" zu sein. Er schreibt wörtlich:
„Diese Unehre habe ich nicht verdient!
Nach meinem ganzen Leben und nach meinem ganzen Schreiben habe ich das Recht
zu verlangen, daß meine Bücher der reinen
Flamme des Scheiterhaufens überantwortet
werden, um nicht in unwürdige Hände zu
gelangen."

Wir sind, offen gesagt, über diese Harm-
losigkeit sehr erstaunt. Wir haben bisher
die Bücher Oskar Maria Grafs, abgesehen
von gewissen edelkommunistischen Tendenzen und urderben Schweinigeleien, für
viel zu unbedeutend gehalten, als daß wir
ihn deshalb auf die schwarze Liste gesetzt
hätten. Aber wenn es der Herr Dichter
durchaus will, nun, wir sind gar nicht so,
und pflegen Privatwünsche in diesem Fall
sehr wohl zu berücksichtigen.

*(Der Führer. Hauptorgan der NSDAP
Gau Baden, 9. Juni 1933)*

133

Erich Kästner

Über das Verbrennen von Büchern

Aus der Ansprache auf der Hamburger PEN-Tagung am 10. Mai 1958

Meine Damen und Herren, eine Gedenkstunde soll eine Gedächtnisübung sein, und noch etwas mehr. Was hülfe es, wenn sie nur der Erinnerung an arge Zeiten diente, nicht aber der Erinnerung an unser eignes Verhalten? Das heißt, hier und jetzt, für mich nicht mehr und nicht weniger: an mein Verhalten? Ich bin nur ein
5 Beispiel neben anderen Beispielen. Doch da ich mich etwas besser als andere kenne, muß in meiner Rede nun ein wenig von mir die Rede sein.

Ich habe mich, damals schon und seitdem manches Mal gefragt: „Warum hast du, am 10. Mai 1933 auf dem Opernplatz in Berlin, nicht widersprochen? Hättest du, als der abgefeimte Kerl eure und auch deinen Namen in die Mikrophone
10 brüllte, nicht zurückschreien sollen?" Daß ich dann heute nicht hierstünde, darum geht es jetzt nicht. Nicht einmal, daß es zwecklos gewesen wäre, steht zur Debatte. Helden und Märtyrer stellen solche Fragen nicht. Als wir Carl von Ossietzky* baten, bei Nacht und Nebel über die Grenze zu gehen – es war alles vorbereitet –, sagte er nach kurzem Nachdenken: „Es ist für sie unbequemer, wenn ich bleibe",
15 und er blieb. Als man den Schauspieler Hans Otto, meinen Klassenkameraden, in der Prinz-Albrecht-Straße schon halbtotgeschlagen hatte, sagte er, bevor ihn die Mörder aus dem Fenster in den Hof warfen, blutüberströmten Gesichts: „Das ist meine schönste Rolle." Er war, nicht nur auf der Bühne am Gendarmenmarkt, der jugendliche Held. Gedenken wir dieser beiden Männer in Ehrfurcht! Und fragen
20 wir uns, ob wir es ihnen gleichgetan hätten! [...]

Verbotene Autoren 1933–1945

Adler, Alfred	Frank, Leonhard	Kautsky, Karl
Baum, Vicki	Freud, Sigmund	Kesten, Hermann
Becher, Johannes R.	Gide, André	Keun, Irmgard*
Benjamin, Walter	Gorki, Maxim	Kisch, Egon Erwin*
Bloch, Ernst*	Graf, Oskar Maria*	Klabund
Brecht, Bertolt*	Grosz, George	Klaeber, Kurt
Bredel, Willi	Hašek, Jaroslaw	(= Kurt Held)*
Broch, Hermann	Hemingway, Ernest	Kolb, Annette
Bruckner, Ferdinand	Horvath, Ödön v.	Kracauer, Siegfried*
Döblin, Alfred	Jahnn, Hans Henny	Kraus, Karl
Dos Passos, John	Kästner, Erich*	Lasker-Schüler, Else*
Einstein, Albert	Kafka, Franz*	London, Jack
Feuchtwanger, Lion*	Kaiser, Georg	Luxemburg, Rosa
Fleisser, Marie Luise	Kaléko, Mascha	Malraux, André

134

Ich hatte angesichts des Scheiterhaufens nicht aufgeschrien. Ich hatte nicht mit der Faust gedroht. Ich hatte sie nur in der Tasche geballt. Warum erzähle ich das? Warum mische ich mich unter die Bekenner? Weil, immer wenn von der Vergangenheit gesprochen wird, auch von der Zukunft die Rede ist. Weil keiner unter
25 uns und überhaupt niemand die Mutfrage beantworten kann, bevor die Zumutung an ihn herantritt. Keiner weiß, ob er aus dem Stoffe gemacht ist, aus dem der entscheidende Augenblick Helden formt. Kein Volk und keine Elite darf die Hände in den Schoß legen und darauf hoffen, daß im Ernstfall, im ernstesten Falle, genügend Helden zur Stelle sein werden.
30 Und auch wenn sie sich zu Worte und zur Tat meldeten, die Einzelhelden zu Tausenden – sie kämen zu spät. Im modernen undemokratischen Staat wird der Held zum Anachronismus*. Der Held ohne Mikrophone und ohne Zeitungsecho wird zum tragischen Hanswurst. Seine menschliche Größe, so unbezweifelbar sie sein mag, hat keine politischen Folgen. Er wird zum Märtyrer. Er stirbt offiziell an
35 Lungenentzündung. Er wird zur namenlosen Todesanzeige.

*

Die Ereignisse von 1933 bis 1945 hätten spätestens 1928 bekämpft werden müssen. Später war es zu spät. Man darf nicht warten, bis der Freiheitskampf Landesverrat genannt wird. Man darf nicht warten, bis aus dem Schneeball eine Lawine geworden ist. Man muß den rollenden Schneeball zertreten. Die Lawine hält kei-
40 ner mehr auf. Sie ruht erst, wenn sie alles unter sich begraben hat.
Das ist die Lehre, das ist das Fazit dessen, was uns 1933 widerfuhr. Das ist der Schluß, den wir aus unseren Erfahrungen ziehen müssen, und es ist der Schluß meiner Rede. Drohende Diktaturen lassen sich nur bekämpfen, ehe sie die Macht übernommen haben. Es ist eine Angelegenheit des Terminkalenders, nicht des
45 Heroismus. [...]

Mann, Heinrich,	Reich, Wilhelm	Toller, Ernst
Mann, Klaus	Remarque, Erich Maria	Traven, Bruno
Mann, Thomas	Ringelnatz, Joachim*	Trotzki, Leo
Marchwitza, Hans	Roth, Joseph	Tucholsky, Kurt*
Marx, Karl	Sachs, Nelly	Zuckmayer, Carl
Mehring, Walter	Salten, Felix	Zweig, Arnold
Meyrink, Gustav v.	Schnitzler, Arthur	Zweig, Stefan
Mühsam, Erich	Seghers, Anna	Wassermann, Jacob
Musil, Robert	Silone, Ignazio	Werfel, Franz
Ossietzky, Carl v.	Sinclair, Upton	Wolf, Friedrich
Ottwalt, Ernst	Steiner, Rudolf	
Reger, Erik	Sternheim, Carl	
Regler, Gustav	Tetzner, Lisa*	

Diese Namen – eine Auswahl – sind entnommen aus: Liste des schädlichen und unerwünschten Schrifttums. Stand vom 31. Dezember 1938. Die mit * versehenen Autoren sind in den Bänden 5–10 des Lesebuch vertreten.

Sterben „Bücherwürmer" langsam aus?

Lesen ist unbeliebt

Junge Leute: Wieviel sie sehen, hören, lesen

Stundenlang „Glotze" und kaum ein Buch

Das Buch wird vom Fernsehen nicht zurückgedrängt

Großangelegte Studie „Jugend und Medien" vorgelegt

Fernsehen ist kein Bücher-Killer

Eine „Null-Bock"-Generation konnten die Autoren nicht finden

Wie verhält sich die junge Generation in bezug auf ihren Fernseh- und Radiokonsum? Welche Medien werden bevorzugt? Verdrängen die elektronischen Medien das Lesen, und welchen Stellenwert haben Lesen, Fernsehen und Radiohören innerhalb der Freizeit? Dies alles und noch viel mehr wollten das ZDF, die ARD und die Bertelsmann-Stiftung wissen, und die großangelegte Studie, die sie gemeinsam erarbeiteten, soll darüber nun Auskunft geben.

Möglichst umfassend wollte man Bescheid wissen, darum wurden die jungen Leute nach allen Faktoren gefragt, die in ihrem Leben eine Rolle spielen. In Übereinstimmung mit den Erhebungen der letzten Jahre fand die neue Studie „Jugend und Medien" heraus, daß von einer „Null-Bock"-Generation nicht die Rede sein kann. Die Jugend ist durchaus leistungswillig, sie strebt nach sozialer Sicherheit und sucht Geborgenheit im Privaten.

● *Das Fernsehen spielt, wie zu erwarten war, in der Freizeit die größte Rolle unter allen Medienangeboten. Während der*

tägliche Fernsehkonsum von rund zwei Stunden bei den 12- bis 15jährigen auf eineinhalb Stunden bei den mittleren Altersgruppen zurückgeht, nimmt gleichzeitig das tägliche Radiohören von gut einer Stunde auf über zwei Stunden bei den Älteren zu. Für Lektüre wird erheblich weniger Zeit aufgewendet: 25 Minuten im Durchschnitt bei den Jüngeren, 20 Minuten bei den 25- bis 29jährigen.

Die mittlere Altersgruppe sieht insgesamt am wenigsten fern, was mit der Lösung vom Elternhaus zu tun hat. Die jungen Erwachsenen verbringen zunehmend weniger

Zeit im Familienkreis. Sobald sie allerdings einen eigenen Haushalt gründen, gewinnt das Fernsehen die Abtrünnigen zurück. Zwischen 25 und 30 wird etwa genauso viel Zeit vor dem Apparat verbracht wie zwischen 12 und 15 Jahren.

Auch das Leseverhalten sieht nicht nur in den einzelnen Bildungs-, sondern auch in den Altersgruppen völlig verschieden aus. Nur zehn v.H. der 12- bis 13jährigen lesen eine Zeitung – von den 29jährigen sind es immerhin rund 50 v.H. Umgekehrt bei Büchern: 28 v.H. der Jüngeren, aber nur noch 12 v.H. der Älteren geben an, täglich in einem Buch zu lesen. Keine Neuigkeit ist, daß der Stellenwert des Buches mit dem Bildungsgrad wächst und daß in den unteren Bildungsschichten mehr ferngesehen wird als in den höheren. Gleichzeitig läßt sich aus der Studie folgern, daß das Fernsehen die Lektüre nicht verdrängt. Es gibt eine Gruppe von Lesern, die sich anspruchsvoller Literatur zuwendet und wenig fernsieht, daneben jedoch eine andere Gruppe, die mit Eifer und Interesse liest und gleichzeitig TV-Angebote gezielt wahrnimmt. Überhaupt läßt die Studie den Schluß zu, daß eine aktive Lebensführung mit der effektiven Nutzung aller Medien einhergeht.

Monika Buschey
(Westdeutsche Allgemeine Zeitung)

„Null Bock" auf Bücher

Mainz – Drei Millionen Jugendliche (20%) lesen nie ein Buch in ihrer Freizeit, ergab eine Studie im Auftrag von ARD, ZDF und der Bertelsmann-Stiftung. Die meisten aller 15 Millionen jungen Deutschen sehen am liebsten fern (38%), hören Radio oder Platten (19%) – vier Stunden und 54 Minuten am Tag.

(Bild)

Macht der Fernseher süchtig?

Die Deutschen seien ein Volk von Fernsehsüchtigen. Ihre Kinder hingen bis zum Sendeschluß vor der „Glotze", wie es auf neudeutsch so schön verächtlich heißt. Das Spielen hätten sie verlernt. Verhaltensgestört, aggressiv und übernächtigt, wie sie seien, komme ihnen auch der wohlwollendste Lehrer nicht mehr bei.

Solche und ähnliche Vorurteile werden laut, wenn es ums Fernsehen geht. Unreflektiert übernimmt man amerikanische Zustände als Trendsetter' für hiesige Verhältnisse. Dort können in den unteren Einkommensschichten 16 Prozent der weißen und 44 Prozent der schwarzen Bevölkerung nicht oder nur unzureichend lesen. Diese Analphabetismusrate sieht man in Zukunft auch auf die Bundesrepublik übergreifen.

Sucht man nach Material, das die „Schwarzseherei" statistisch untermauern könnte, so stößt man dabei ziemlich ins Leere. Nicht alles, was man erfährt, ist erfreulich, aber zu Katastrophenangst besteht kein Anlaß.

Eine neue Studie („Jugend und Medien", von der ARD/ZDF-Medienkommission gemeinsam mit der Stiftung Bertelsmann in Auftrag gegeben) hat ermittelt, daß junge Erwachsene bis 30 Jahre eineinhalb bis zwei Stunden täglich vorm Bildschirm, einschließlich Video, verbringen, aber nur zwischen 15 und 25 Minuten mit einem Buch.

Etwa ein Viertel aller erwachsenen Fernsehzuschauer kann man zu den Vielsehern rechnen, wie eine unlängst veröffentlichte Studie im Auftrag der Arbeitsgemeinschaft Rundfunkwerbung aufweist. „Vielseher" sitzen drei Stunden und länger vor dem Bildschirm und geben ihren Kindern, die im übrigen erheblich weniger fernsehen, ein zweifelhaftes Vor-Bild ab.

Kindliche Vielseher mit einem Konsum von durchschnittlich 165 Fernsehminuten

137

pro Tag sind unter den Drei- bis Fünfjährigen kaum anzutreffen, von den Elf- bis 13jährigen machen sie immerhin ein Viertel aus. Das heißt: die weitaus meisten Kinder geben sich an Wochentagen mit einem Fernsehkonsum von etwa einer Stunde zufrieden. Interessanterweise ist das Fernsehzeit-Budget* in den letzten zehn Jahren bei Erwachsenen und bei Kindern um durchschnittlich 20 Minuten pro Tag gesunken.

TV und Comic-Heft

Zwar wird vergleichsweise wenig gelesen. Doch machen die Leser seit 20 Jahren – bei verbesserten Bildungs- und Freizeitbedingungen, aber verstärkter Medienkonkurrenz – eine gleichbleibend stabile Minderheit aus.

Kinder sehen zwar meist länger und lieber fern, als daß sie lesen, aber selbst 45 Prozent der Vielseher-Kinder geben an, „häufig" zum Buch oder zum Comic-Heft zu greifen, wenn auch von langer Dauer freilich nicht die Rede sein kann.

Freizeitspaß Nummer eins bei allen Kindern ist – oder wäre – das Spielen mit Freunden, Sport und „action" im Freien. Wo aber überhaupt keine eigene „action" möglich ist, weil es keinen Platz für Kinder gibt, muß man sie notgedrungen aus der Flimmerkiste beziehen.

Als Lebensersatz dient das Fernsehen auch vielen Erwachsenen. Nicht-berufstätige alleinstehende Personen, zumal mit niederem Einkommen, vor allem aber auch alte Menschen, die sich häufig einsam fühlen, haben den höchsten Fernsehkonsum.

Sehr selten richtet sich Fernsehschelte gegen die Verhältnisse, die „süchtig" machen, sondern fast immer gegen das Medium selbst, als ob es den Mißbrauch schon in sich trüge. Ganz ähnlich war es übrigens vor 200 Jahren, als sich die Lesekultur ausbreitete und Ärzte und Gelehrte vor den verderblichen Folgen der „Lesesucht" warnten.

Auch heute heißt es oft: Lesen ist ein aktiver, anspruchsvoller Vorgang. Fernsehen ein passiver, stupider. Lesen vermittelt wichtige Fähigkeiten, Fernsehen vereinigt alle Defizite auf sich, Lesen ist eine Tugend, Fernsehen ein Laster. Die Fernsehschelte läßt sich auf den ebenso schlichten wie fragwürdigen Nenner bringen: Lesen bildet, Fernsehen macht dumm. Allzuleicht läßt sie sich als billiges Abgrenzungsgerede einer (Möchtegern-)Elite gegen das Fernsehvolk ge- und mißbrauchen.

Weniger Leser

Gewiß: die Angst der Kinder- und Jugendbuchverleger um ihren Absatzmarkt ist nicht ganz unberechtigt. Die Kinderzahl geht anhaltend zurück: Im Jahr 1990, so hat der Börsenverein des deutschen Buchhandels hochgerechnet, gibt es voraussichtlich 200 000 Acht- bis Zehnjährige weniger als 1980. Die Zahl der Zehn- bis Zwölfjährigen wird bis Ende der 80er Jahre sogar um 600 000 zurückgehen. Die Lesergewohnheiten sind zudem in diesem Alter noch nicht stabil, das Buch muß sich gegen die leichter zugänglichen attraktiven Bildmedien erst noch durchsetzen.

Indes: das Gerücht vom drastischen Rückgang kindlicher Lesefreude hat sich bisher empirisch* nicht belegen lassen.

Dorothea Keuler

(Ruhr-Nachrichten)

Generationen

Karin Q. (16)

Schülertagebuch

Dienstag, den 13. Januar 1976

„Lieder sind die besten Freunde,
sie sind immer für Dich da.
Melodien, die erzählen,
5 wie es früher war.
Lieder sind die besten Freunde,
Freunde, die man nie vergißt,
sie sind da in dunklen Stunden,
und Du singst sie,
10 wenn Du glücklich bist."

Schön, nicht?
In den letzten Tagen gab es nicht viel zu schreiben. Ich habe im Bett gelegen und
die meiste Zeit geschlafen. Morgen werde ich wieder zur Schule gehen. Ich freue
mich sehr darauf. Es ist so furchtbar langweilig in der letzten Zeit. Ich bin zwar noch
15 nicht ganz gesund, aber ich halte es im Bett nicht mehr aus. Heute war ich den ganzen Tag auf und habe meiner Mutter geholfen.
Ich weiß nicht, warum ich den Teil des Liedes zu Anfang geschrieben habe, aber
ich weiß so vieles nicht. Vielleicht, weil ich glücklich bin. Ja, es ist ein komisches,
aber angenehmes Gefühl, das ich im Moment empfinde. Ich fühle mich frei und ir-
20 gendwie beschwingt. Ich möchte tanzen, singen, irgendetwas Verrücktes tun. Einfach etwas tun, ohne zu wissen, was ich tue. Ich möchte alles umarmen. Solche Augenblicke gab es schon des öfteren für mich. Aber mit jedem Mal ist es schöner,
verrückter, könnte man sagen. Am liebsten würde ich dann alles auf den Kopf stellen, ohne mir den Kopf darüber zu zerbrechen, warum. Manchmal möchte ich mich
25 irgendwie verkleiden, das Radio aufdrehen und durch die Wohnung hüpfen, einfach
mal Kasper sein. Aber ich habe Angst, daß man mich beobachtet, und so tue ich es
einfach in Gedanken. Ich möchte die Welt nicht so sehen, wie sie ist. Ich will meine
eigene Welt, eine verrückte Welt.

30 Mein liebes Tagebuch!
Es kommt mir heute so vor, wie wenn Du alles bist, was ich noch besitze. Dir kann man alles anvertrauen. Aber Du kannst mir keine Antwort geben auf meine Fragen, keinen Rat geben, wie es weitergehen soll. Es gibt da ein schönes Lied:

,,Sag Adio,
35 nimm Dein Päckchen
und geh.
Irgendwo bist Du willkommen,
wirst Du nicht nur hingenommen.
Und Dein Abschied
40 tut nur einmal weh.
Papa weiß,
wann ein Fußballspiel beginnt,
Mama,
wann König Gustav sich rasiert.
45 Doch bei ihrem eignen Kind
sind sie taub und blind.
Drum sag Adio,
nimm Dein Päckchen
und geh.
50 Irgendwo bist Du willkommen,
wirst Du nicht nur hingenommen.
Und Dein Abschied
tut nur einmal weh.''

Einmal habe ich mein Päckchen schon gepackt. Ich bin aber am nächsten Tag
55 wieder heim gegangen. Nun bin ich bald wieder so weit, aber dann werde ich nicht wiederkommen. Ich will endlich leben. So leben, wie ich es will. In einer Welt nach meiner eigenen Idee. Gestern nacht habe ich gelebt. Ich war glücklich. Bin um halb drei nach Hause gekommen. Jetzt habe ich Hausarrest, 14 Tage. Ja, es ist so einfach, Strafen zu verteilen. Ihr vernünftigen, gerechten Erwachsenen. Ihr glaubt, al-
60 les zu wissen. Aber Ihr wißt nichts, nichts, nein, Ihr seid ja so dumm. Man möchte glauben, Ihr habt kein Herz. Ihr wollt nichts verstehen, denn Ihr habt Angst vor dem Verzeihen.
Ja, meine liebe *Mama,* Du hast versucht, *meine Schwester* einzusperren, es ist Dir nicht gelungen. Und auch bei mir wird es Dir nicht gelingen. Oh nein, nie, nie,
65 nie. Ich bin 16 Jahre und darf nichts. *Luna* war 15, sie durfte alles. Je älter man wird, um so weniger Ausgang bekommt man. Du urteilst über meine Freunde, Menschen, die Du nicht kennst. Hast Du ein Recht zu urteilen? Du willst nicht, daß ich so werde wie meine Schwester. Aber Du bringst mich doch so weit. Eines Tages werde ich fortgehen, heute, morgen, nächstes Jahr, irgendwann, und Du wirst mich
70 nicht halten, niemand wird mich halten können.

Franziska (17)

Mit der Mutter zu gut verstanden

Wenn man einen Entwurf von sich selber hat, dann muß man ausziehen.
Dann ist es schwierig und auch gefährlich, noch zu Hause zu wohnen, denn
man kommt doch zu leicht in dieselbe Bahn wie die Eltern. Die Freiheit, etwas anderes zu wagen, sich auch mal selber auszuprobieren, die gibt es nicht zu Hause. Nicht deshalb, weil die Eltern mit mir zu streng gewesen waren, nein, sie haben mir nie etwas richtig verboten; aber auch so ein Rat, den ich im Moment gar nicht brauchte, konnte schon reinhauen. Ich war mal mit jemandem befreundet, den meine Mutter nicht so gerne mochte. Sie sagte, das und das wird passieren, ich blieb trotzdem mit ihm zusammen, und genau das passierte dann auch. Das war vernichtend, weil ich irgendwie das Gefühl hatte, die hat ja von vornherein immer recht, und ich habe gar keinen eigenen Handlungsfreiraum mehr.

Ich wollte meine eigenen Erfahrungen machen. Es waren also gar keine wirklichen Beschränkungen, nicht so sehr die Auseinandersetzung, die mich raustrieb, sondern eher, daß ich mich mit meiner Mutter zu gut verstanden habe. Wir sind uns unheimlich ähnlich, zwei wirklich sehr verwandte Menschen von der Art her, so daß dann einfach meine eigene Positionsbestimmung sehr schwer wurde mit der Zeit. Ich hatte manchmal nicht mehr das Gefühl, ich bin Franziska und das ist Mami; die Grenze zwischen uns, die fehlte.

Ich glaube, das war der Grund, weshalb ich weg wollte: um mich abzugrenzen. Ich wollte nicht immer ein schlechtes Gewissen haben, wenn ich was machte, von dem ich wußte, daß meine Mutter es gar nicht gut findet. Ich wollte ihre Sorge und ihre Angst um mich nicht dauernd spüren. Diese Dünnhäutigkeit, dieses Mitgefühl, das war einfach zuviel, es kam zu dicht an mich ran. Und dann immer dies mütterliche Verhalten von ihr: diese Mütter, die ihre Kinder immer ganz cool durchschauen, schon morgens beim Frühstück, wenn man spät nach Hause gekommen war. Dann fühlte ich mich ertappt, kriegte gleich wieder ein schlechtes Gewissen. Dabei kriegt sie die Punkte doch gar nicht mehr mit, die mich bestimmen: Bücher, Freunde, Beziehungen. Also von wegen durchschauen, das kann ich ja noch nicht mal bei mir selber!

Ich brauche viel Zeit, um mit mir selber klarzukommen und mit dem, was ich eigentlich will. Und da mag ich mich nicht auch noch auf meine Eltern einlassen, mag ihnen nicht erklären, wieso und warum, will sie nicht beruhigen müssen. Das braucht so viel Energie.

Denn so ähnlich sind wir uns natürlich auch wieder nicht. Wir haben ähnliche Gefühle, meine Mutter und ich, aber sind natürlich sonst ganz anders. Bei aller Liebe, ich hab verdammt was anderes vor mit mir als meine Mutter!

Meine Eltern leben schon anders als ich; so würde ich nicht leben wollen. Dieses Pflichtgefühl, dieses Bewußtsein, daß manche Sachen unbedingt gemacht werden müssen, das ist sehr ausgeprägt bei meinen Eltern. Zum Beispiel bei der Schule. Dies Gerede, wenn ich mal schwänzen wollte, weil mir anderes wirklich wichtiger war. Ja, die Wichtigkeitskategorien*, die sind es, die ganz anders bei mir sind.

Hermann Hesse

Brief an den Vater

*Der 1877 geborene Hermann Hesse wurde in Calw/Württemberg als Sohn des pro-
testantischen Missionslehrers und Verlegers Johannes Hesse geboren. Bereits
1884 suchten die Eltern wegen „Erziehungsschwierigkeiten" mit dem Jungen
fremde Hilfe. Der Konflikt steigerte sich, nachdem der Gymnasiast 1891 in das Pfar-
rerseminar Maulbronn aufgenommen worden war: Hesse riß dort 1892 aus, wurde
bald aufgegriffen und nach Bad Boll gebracht, wo sein Gemütszustand untersucht
werden sollte. Ein Selbstmord- und ein zweiter Fluchtversuch veranlaßten die Eltern, Hermann in die Nervenheilanstalt Stetten zu bringen, die von einem Pfarrer
Schall geleitet wurde. Von dort schrieb Hesse eine Reihe von Briefen nach Hause.
Darin wiederholte er auch die Selbstmorddrohung. Im Herbst des gleichen Jahres
holten die Eltern Hermann wieder zu sich zurück.*

[Ohne Anrede]   *[1894]*
Um unnötige Erregung zu verhüten, wähle ich den umständlichen Weg des Schreibens; es hat sich so oft gezeigt, daß wir beide eben leider nicht miteinander sprechen können, da wir beide reizbar und in unsern Ansichten und Grundsätzen so
5 verschieden sind. Doch zur Sache!
    Im Seminar* gefiel es mir nicht, ebenso wenig in Cannstatt und Eßlingen. Daß ich
ohne weiteres immer weglaufen, galt Euch für krankhaft. Es war natürlich nicht
das Richtige, aber ich fühlte zu allem, was Ihr aus mir machen wolltet, keine Lust,
keine Kraft, keinen Mut. Wenn ich so ohne jedes Interesse an meiner Arbeit Stunde
10 um Stunde im Geschäft oder Studium war, ergriff mich eben Ekel.
    Meine freien Stunden habe ich immer zur Privatausbildung verwendet; Ihr nann-

Klassenfoto 1893. In der Mitte der hintersten Reihe Hermann Hesse

tet es brotlose Künste etc, ich aber hoffte und hoffe, davon zu leben. Nie hatte ich den Mut, meine Absichten und Wünsche Euch zu sagen, denn ich wußte, daß sie mit den Euren nicht übereinstimmten, so kamen wir immer weiter auseinander. Ich
15 versuchte es ja mit dem Buchhandel, hatte den Willen, wenn ich der Sache auch nur eine einzige freundliche Seite abgewänne, mich anzustrengen, etc etc; aber es ekelte mich an. Jetzt ist eine Entscheidung nötig; ich weiß, daß Du an Stetten, Chrischona u. ähnliches dachtest oder denkst, also muß es heraus. Mit *Euren* Plänen, zu denen ich ja gesagt, ist es nichts geworden; darf ich es, ehe ich ins Irrenhaus
20 gehe oder Gärtner oder Schreiber werde, nicht doch einmal mit *meinen* Plänen versuchen. Meine Bitte geht dahin – ich weiß, daß Du Genauigkeit in solchen Dingen liebst: – Ich möchte versuchen, mit dem, was ich privatim gelernt, mein Brot zu verdienen. Anfangen würde ich da, wo ich schon Boden habe, in Cannstatt, Eßlingen, Stuttgart. Dazu brauchte ich aber die nötigen Papiere der Polizei wegen, und zum
25 Anfang einiges Geld. Ohne ein paar Mark könnte ich ja nicht einmal nach Eßlingen etc kommen, angenommen, ich käme für den ersten Tag ungelegen, so hätte ich ja kein Brot. Für den Anfang *muß* ich also natürlich Jemandes Hilfe in Anspruch nehmen. Später, d. h. in nächster Zeit schon, hoffe ich, Einiges zu verdienen.

Du hast für mich viel ausgegeben, um Deine Pläne mit mir zu verwirklichen, woll-
30 test Du nicht ein Weniges daran setzen, mir Gelegenheit zu geben, die eigenen Pläne auf ihren praktischen Wert zu probieren. Mit nackten Worten also: Ich bitte Dich, (statt der 1000 M, die doch allermindestens nötig wären zum Kaufmann oder ähnlichem,) mir *Freiheit* zu geben, d. h. mir für die nötigen Papiere sorgen zu helfen, mir einiges Geld zum Anfangen zu geben, und die Erlaubnis, in Sachen wie Wä-
35 sche, Stiefelflicken etc mich in der allernächsten Zeit noch an Euch zu wenden. Geht es mir dann gut, dann umso besser! Geht es nicht, so ist ja die Wertlosigkeit meiner Hoffnung erwiesen, und ich mache nimmer Anspruch darauf, einen eigenen Willen zu haben, d. h. mit dem Irrenhaus verschont[?] zu werden.   *Hermann*

Die Familie Hesse im Jahr 1899. Hinten rechts Hermann Hesse

Rolf Schneider

Die Reise nach Jaroslav

Die siebzehnjährige Heldin des Romans („Ich heiße Gitti und wiege einundneunzig Pfund") lebt bei ihren vierzigjährigen Eltern am Alexanderplatz in Ostberlin. Sie hofft, in die Erweiterte Oberschule („E-O-Es") aufgenommen zu werden, was stets nur einer Schülerin der Klasse zugestanden wird. Bald merkt sie, daß der Vater ihrer Konkurrentin Regine Stuff als Parteifunktionär den begehrten Platz für seine Tocher reservieren kann.

Es kam die Zeit, wo wir in der Penne ungeheuer auf Endspurt machten, das heißt, die Pauker machten und die anderen machten, ich war immer noch Spitze. Ich wartete, daß ich doch noch auf die E-O-Es kam. Ich sah mich lässig an Regine Stuff vorbeigehen, die bestimmt inzwischen in die Wolken gewachsen war und
5 dort oben schlecht aus dem Mund roch. Ich freute mich auf ihre dämliche Visage. Ich freute mich auf E-O-Es und ungeheures Arbeiten. Der Greis hatte mir immer gesagt, ich hätte prima Aussichten. Der Greis hatte das gesagt, weil er es von anderen wußte, die davon was verstanden.

Die Wochen gingen rasant auf Abschluß zu, aber von E-O-Es war keine Rede.
10 Ich stellte mich vor den Greis und machte ihm Andeutungen. Der Greis ging zu irgendwelchen Leuten und sagte hinterher, die Sache wäre noch in der Entscheidung.

Es war inzwischen Frühsommer. Der Frühsommer war ungeheuer warm. Ich hatte noch genau neun Tage Penne, und noch immer war nichts zu hören wegen
15 E-O-Es. Ich stellte mich wieder vor den Greis. Er wirkte irgendwie gereizt und sagte, er würde sich erkundigen.

Ich hatte schließlich noch genau fünf Tage Penne. Es war Abend. Ich saß in meinem Zimmer und pumpte mich mit Energie auf. Dann ging ich hinüber in das Zimmer, wo der Greis saß.
20 Der Greis war nicht allein. Der Greis saß an einem Tisch mit Herrn Tabernier und kungelte* Münzen. Herr Tabernier war Agronom bei einer El-Pe-Ge* im Bezirk Potsdam und sammelte Münzen wie der Greis. Manchmal fuhr der Greis zu Herrn Tabernier, der eine gute Sammlung Deutsches Kaiserreich nach achtzehnhunderteinundsiebzig hatte, und manchmal war Herr Tabernier bei uns. Ich kannte
25 also Herrn Tabernier, aber ich hatte keine Ahnung, daß Herr Tabernier und der Greis an diesem Abend kungelten. Ich sagte Herrn Tabernier guten Abend. Ich war so voll hochprozentiger Energie, daß ich keine Sekunde darüber nachdachte, ob mein Auftritt vielleicht passend wäre. Ich fand höchstens, daß bei der Hochform, in der ich mich fühlte, ein Zeuge gerade den richtigen Rahmen abgab.
30 Ich stellte mich also auf und sagte: Greis, ich muß mit dir reden.

Der Greis drehte eine hessische Fünf-Mark-Silber von achtzehnhundertfünfundneunzig zwischen den Fingern, sah bloß halb auf und sagte: Später.

Ich sagte: Nichts später, ich will jetzt mit dir reden. Der Greis machte erst mal um die Fünf-Mark-Silber eine Faust. Er blickte nervös auf Herrn Tabernier, der
35 aber ungeheuer mit einer oldenburgischen Zwei-Mark-Silber von achtzehnhun-

derteinundneunzig beschäftigt war. Der Greis murmelte schließlich: Gittiekind, was willst du.

Ich sagte: Was ist mit E-O-Es?

Der Greis schluckte. Er legte die hessische Fünf-Mark-Silber auf den Tisch. Er
40 sagte: Muß das jetzt sein?

Jetzt schluckte ich. Der Greis blickte wieder auf Herrn Tabernier, der, eine Lupe in der Hand, sich einem goldenen Zwanzig-Mark-Stück näherte, Mecklenburg-Strelitz von neunzehnhundertfünf, mit Stempelglanz, mit Herzog Adolf Friedrich auf der Vorderseite; das Ding gehörte dem Greis, der unheimlich stolz darauf war,
45 denn es war teuer. Ich schluckte noch mal und sagte einigermaßen lässig: Greis, was wird jetzt mit mir?

Der Greis sagte: Nachher, Kind.

Ich sagte: Nichts nachher.

Er sagte: Wir haben uns ausführlich Gedanken gemacht, Mutter und ich. Nimm
50 doch jetzt bitte Rücksicht. Wir haben schließlich Besuch.

Herr Tabernier hatte sich inzwischen an Stempelglanz und Adolf Friedrich von Mecklenburg satt gesehen. Sonst lag bloß noch eine sächsische Zwei-Mark-Silber von achtzehnhundertachtundachtzig vor ihm, die aber ziemlich abgegriffen war und die auch sonst nicht besonders viel wert ist. Herr Tabernier nahm sie trotzdem
55 in die Hand. Auf der Vorderseite war die Seitenansicht von König Albert, mit Bart.

Ich sagte: Ihr habt euch also was ausgedacht. Für mich. Sicher ist das alles prima. Habt ihr euch auch gefragt, ob mir das schmeckt?

Gittie, sagte der Greis, und diesmal klang es gereizt.

60 Ich will nicht mehr, sagte ich. Ich habe mich vier Jahre geschunden, aus Langeweile, aus Ehrgeiz, egal, jedenfalls habe ich mich geschunden. Niemand hat mich gefragt, was mir das ausmacht. Niemand scheint sich zu interessieren, wie ich mich fühle. Ich will nicht mehr.

Brigitte, sagte der Greis, und jetzt war in seiner Stimme eindeutig Drohung.

65 Auf diesen Ton hin verlor ich die Nerven. Ich schrie herum. Ich tobte. Ich weiß nicht mehr genau, was ich geschrien habe, aber jedenfalls war es eine ganze Menge und betraf die Greise und die allgemeinen Umstände und war in der Ausdrucksweise nicht fein. Der Greis federte schließlich aus seinem Sessel und schlug mir ins Gesicht. Danach setzte er sich wieder an den Tisch, wo es verschieden
70 wertvolle Markstücke, einen Münzkatalog und einen umständlich hustenden Herrn Tabernier gab. Ich ließ die Tür ins Schloß schmettern. Ich ging in mein Zimmer.

Ich holte meine blaßrosa Levi's aus dem Schrank. Ich holte meine hellgelben Clarks aus dem Schrank, die waren damals noch so gut wie neu. Ich packte in
75 meine Tasche: bißchen Wäsche, Zahnbürste, Handtuch, die Levi's, die Clarks, Geld, und obenauf legte ich den zerlesenen Hemingway. Ich hatte mich inzwischen immerhin so weit beruhigt, daß ich ein, zwei Minuten über mein Gespräch mit dem Greis nachdenken konnte. Ich ahnte, daß ihm die ganze Angelegenheit möglicherweise ziemlich peinlich war. Er hatte die Sache vor sich hergeschoben.
80 Er hatte nicht gewußt, wie er sie mir beibringen sollte. Das war aus seiner Sicht verständlich, aber mir half das überhaupt nicht weiter, und um mich ging es

schließlich. Der Greis war nicht schlecht. Irgendwie packte er bloß einen Haufen Dinge vollkommen verkehrt an. Ich sah nicht ein, wieso ausgerechnet ich das Opfer sein mußte, und daß ich es war, machte mich gleich wieder ungeheuer wütend.
85 Ich schloß die Tasche. Ich ging auf den Korridor. Die Greisin hatte offenbar Lunte gerochen und kam mit nassen Haaren aus dem Bad. Sie wusch sich die Haare, weil sie demnächst wieder reisen wollte und Vorträge halten, was ich wußte. Die Greisin erfaßte die Situation sofort. Sie wollte wissen, was ich vorhätte. Ich empfahl ihr, den Greis zu fragen, wenn das Kungeln mit Herrn Tabernier vorbei wäre. Die
90 Greisin ließ Wasser aus den Locken. Sie war total gelähmt. Ich ließ die Wohnungstür ins Schloß schmettern, und die Tür machte kneks.

Peter Bichsel

Die Tochter

Abends warteten sie auf Monika. Sie arbeitete in der Stadt, die Bahnverbindungen sind schlecht. Sie, er und seine Frau, saßen am Tisch und warteten auf Monika. Seit sie in der Stadt arbeitete, aßen sie erst um halb acht. Früher hatten sie eine Stunde eher gegessen. Jetzt warteten sie täglich eine Stunde am gedeckten Tisch, an ihren
5 Plätzen, der Vater oben, die Mutter auf dem Stuhl nahe der Küchentür, sie warteten vor dem leeren Platz Monikas. Einige Zeit später dann auch vor dem dampfenden Kaffee, vor der Butter, dem Brot, der Marmelade.

Sie war größer gewachsen als sie, sie war auch blonder und hatte die Haut, die feine Haut der Tante Maria. „Sie war immer ein liebes Kind", sagte die Mutter,
10 während sie warteten.

In ihrem Zimmer hatte sie einen Plattenspieler, und sie brachte oft Platten mit aus der Stadt, und sie wußte, wer darauf sang. Sie hatte auch einen Spiegel und verschiedene Fläschchen und Döschen, einen Hocker aus marokkanischem Leder, eine Schachtel Zigaretten. Der Vater holte sich seine Lohntüte auch bei einem Bü-
15 rofräulein. Er sah dann die vielen Stempel auf einem Gestell, bestaunte das sanfte Geräusch der Rechenmaschine, die blondierten Haare des Fräuleins, sie sagte freundlich „Bitte schön", wenn er sich bedankte. Über Mittag blieb Monika in der Stadt, sie aß eine Kleinigkeit, wie sie sagte, in einem Tearoom. Sie war dann ein Fräulein, das in Tearooms lächelnd Zigaretten raucht.
20 Oft fragten sie sie, was sie alles getan habe in der Stadt, im Büro. Sie wußte aber nichts zu sagen.

Dann versuchten sie wenigstens, sich vorzustellen, wie sie beiläufig in der Bahn ihr rotes Etui mit dem Abonnement aufschlägt und vorweist, wie sie den Bahnsteig entlanggeht, wie sie sich auf dem Weg ins Büro angeregt mit Freundinnen
25 unterhält, wie sie den Gruß eines Herrn lächelnd erwidert.

Und dann stellten sie sich mehrmals vor in dieser Stunde, wie sie heimkommt, die Tasche und ein Modejournal unter dem Arm, ihr Parfüm; stellten sich vor, wie sie sich an ihren Platz setzt, wie sie dann zusammen essen würden.

146

Jos Albert (geb. 1886): Familienbildnis (1928)

Bald wird sie sich in der Stadt ein Zimmer nehmen, das wußten sie, und daß sie
30 dann wieder um halb sieben essen würden, daß der Vater nach der Arbeit wieder
seine Zeitung lesen würde, daß es dann kein Zimmer mehr mit Plattenspieler
gäbe, keine Stunde des Wartens mehr. Auf dem Schrank stand eine Vase aus
blauem schwedischem Glas, eine Vase aus der Stadt, ein Geschenkvorschlag aus
dem Modejournal.

35 „Sie ist wie deine Schwester", sagte die Frau, „sie hat das alles von deiner
Schwester. Erinnerst du dich, wie schön deine Schwester singen konnte."

„Andere Mädchen rauchen auch", sagte die Mutter.

„Ja", sagte er, „das habe ich auch gesagt."

„Ihre Freundin hat kürzlich geheiratet", sagte die Mutter.

40 Sie wird auch heiraten, dachte er, sie wird in der Stadt wohnen. Kürzlich hatte
er Monika gebeten: „Sag mal etwas auf französisch." – „Ja", hatte die Mutter wiederholt, „sag mal etwas auf französisch." Sie wußte aber nichts zu sagen.

Stenografieren kann sie auch, dachte er jetzt. „Für uns wäre das zu schwer", sagten sie oft zueinander.

45 Dann stellte die Mutter den Kaffee auf den Tisch. „Ich habe den Zug gehört",
sagte sie.

Zwei Versuche,
mit meinen Kindern zu reden

I

Ich wollte dir erzählen,
mein Sohn,
im Zorn
über deine scheinbare
Gleichgültigkeit,
über die eingeredete
Fremde
zwischen uns,
wollte ich dir erzählen,
zum Beispiel,
von meinem Krieg,
von meinem Hunger,
von meiner Armut,
wie ich geschunden wurde,
wie ich nicht weiterwußte,

wollte dir
deine Unkenntnis
vorwerfen,
deinen Frieden,
deine Sattheit,
deinen Wohlstand,
die auch
die meinen sind,
und während ich schon
redete,
dich mit Erinnerungen
prügelte,
begriff ich, daß
ich dir nichts beibrächte
als Haß und Angst,

Neid und Enge,
Feigheit und Mord.
Meine Erinnerung ist
nicht die deine.
Wie soll ich
dir das Unverständliche erklären?
So reden wir
über Dinge,
die wir kennen.

Nur wünsche ich
insgeheim,
Sohn, daß du, Sohn,
deinem Sohn
deine Erinnerung
nicht verschweigen mußt,
daß du
einfach sagen kannst:
Mach es so
wie ich,
versuche
zu kämpfen,
zu leben,
zu lieben
wie ich,
Sohn.

II
Ich wollte dir erzählen,
meine Tochter,
von meiner ersten
Liebe,
von dem Schrecken

einer
fremden Haut,
von trockenen
suchenden
allmählich
feucht werdenden
Lippen,
vom Atem,
der einem
ausgeht,
von Wörtern,
die Luftwurzeln haben,
von der Sehnsucht,
für einen Augenblick
so zusammen
in der Mitte der Erde,
der Kugel Erde,
ruhen zu können,
der Kern,
um den alles
sich dreht.

Und am Ende,
Tochter,
roch ich unsern Schweiß,
die Mühe unserer
Liebe,
wie den von Fremden
und wußte,
daß Glück
so fremd riecht.
Du sollst es auch wissen,
Tochter.

Peter Härtling

Hildebrandslied

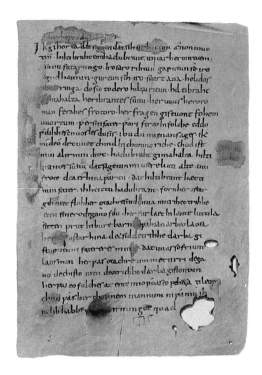

Zum Sagenkreis um Dietrich von Bern gehört das Hildebrandslied (Hildebrand war Waffenmeister Dietrichs). Zwei Mönche des Klosters Fulda schrieben um 850 den Beginn des althochdeutschen Textes auf die inneren Deckblätter eines Gebetbuches, und zwar so weit, wie der Platz reichte. Nach 68 Langzeilen bricht das Lied mitten im Kampf zwischen Vater und Sohn ab, doch weiß man aus einer anderen Quelle, dem „Sterbelied Hildebrands", daß der beleidigte Vater seinen Sohn tötet.

Ik gihôrta ðat seggen,
ðat sih urhêttun ænon muotîn:
Hiltibrant enti Haðubrant untar heriun tuêm.
sunufatarungo iro saro rihtun,
garutun sê iro gûðhamun, gurtun sih iro suert ana,
helidos, ubar hringâ, dô sie tô dero hiltiu ritun.
Hiltibrant gimahalta, Heribrantes sunu, – her uuas hêrôro man,
ferahes frôtôro – her frâgên gistuont
fôhêm uuortum, hwer sîn fater wâri
fireo in folche, ...

Übertragung

Ich hörte (glaubwürdig) berichten, daß zwei Krieger, Hildebrand und Hadubrand, (allein) zwischen ihren beiden Heeren, aufeinanderstießen. Zwei Leute von gleichem Blut, Vater und Sohn, rückten da ihre Rüstung zurecht,
5 sie strafften ihre Panzerhemden und gürteten ihre Schwerter über die Eisenringe, die Männer, als sie zu diesem Kampf ritten. Hildebrand, Heribrands Sohn, begann die Rede – er war der Ältere, auch der Erfahrenere –, mit wenigen Worten fragte er, von welchen Leuten im Volk der Vater des anderen sei, „oder (sag mir,) zu welchem Geschlecht du zählst. Wenn du mir nur einen (Namen) nennst, weiß ich schon, wer die andern sind, die Angehörigen im Stammesverband. Ich kenne das ganze Volk." – Hadubrand, Hildebrands Sohn, antwortete:

150

„Es haben mir unsere Leute gesagt, alte und erfahrene, die schon früher lebten, daß mein Vater Hildebrand heiße. Mein Name ist Hadubrand. Einst ist mein Vater nach Osten gezogen, auf der Flucht vor Odoakars Haß, zusammen mit Theoderich und vielen seiner Krieger.

15 Er hat in der Heimat, in seinem Haus hilflos und ohne Erbe seine junge Frau (und) ein kleines Kind zurückgelassen. Er ist nach Osten fortgeritten. Danach sollte Dietrich den Verlust meines Vaters noch sehr spüren: er war so ohne jeden Freund.

(Mein Vater aber,) Dietrichs treuester Gefolgsmann, hatte seinen maßlosen Zorn 20 auf Odoakar geteilt. Immer ritt er dem Heer voran. Jeder Kampf war ihm so sehr willkommen. Die Tapfersten kannten ihn. Ich glaube nicht, daß er noch am Leben ist." –

„Ich rufe Gott vom Himmel", sprach Hildebrand da, „zum Zeugen an, daß du bisher noch nicht einen so nah Verwandten zum Gegner gewählt hast." Darauf löste 25 er Ringe vom Arm, aus Kaisergold geschmiedet, wie sie ihm der König, der Herrscher der Hunnen, geschenkt hatte: „Das schenke ich dir aus Freundschaft." – Hadubrand, Hildebrands Sohn, entgegnete aber: „Ein Mann soll (solche) Gaben mit dem Speer aufnehmen: Spitze gegen Spitze! Alter Hunne, du bist überaus listig;

30 wiegst mich mit deinen Worten in Sicherheit, um mich dann (um so besser) mit deinem Speer zu treffen. Du bist schon so alt, und doch bist du immer (noch) voll Hinterlist. Ich weiß es von Seefahrern, die westwärts übers Meer (gekommen sind), daß ein Kampf mir meinen Vater genommen hat: tot ist Hildebrand, der Sohn Heribrands!" –

35 Hildebrand, Heribrands Sohn, sagte da: „An deiner Rüstung sehe ich deutlich, daß du zu Hause einen mächtigen Herrn hast und daß du dieses Herrschers wegen noch nicht in die Verbannung hast gehen müssen. – O waltender Gott", fuhr Hildebrand fort, „das Schicksal will seinen Lauf! Ich bin sechzig Sommer und Winter außer Landes gegangen. Da hat man mich im-40 mer in die Schar der Bogenschützen gestellt. Nachdem mich vor keiner Burg der Tod ereilt hat, soll es nun geschehen, daß mich mein eigener Sohn mit dem Schwert erschlägt, mich mit seiner Waffe zu Boden fällt – oder daß ich ihm den Tod bringe.

Doch kannst du nun leicht, wenn deine Kraft ausreicht, von einem so alten Krie-45 ger die Rüstung gewinnen, die Beute an dich bringen, wenn du irgendein Recht darauf haben wirst. Der wäre nun wirklich einer der Feigsten unter denen, die nach Osten gegangen sind", sprach Hildebrand, „der dir den Kampf verweigern wollte, da du so darauf brennst, auf den Kampf zwischen uns. So erprobe nun der, dem es auferlegt ist, wer von 50 uns beiden den Harnisch verlieren muß, wer von uns beide Brünnen gewinnen wird!" Da ließen sie zunächst die Eschenlanzen gegeneinander rasen, mit einem so harten Stoß, daß sie sich fest in die Schilde gruben.

Darauf ließen sie ihre laut dröhnenden Schilde selbst aufeinanderprallen. Sie schlugen voll Ingrimm auf die weißen Schilde ein, bis ihnen das Lindenholz zu 55 Spänen zerfiel, von den Waffen zerschlagen …

Wernher der Gartenaere

Meier Helmbrecht

Die Geschichte vom Bauernsohn Helmbrecht ist im 13. Jahrhundert entstanden. Der unbekannte Verfasser, der sich „Werner der Gärtner" genannt hat, wollte nicht nur für den lange Zeit verachteten Stand der Bauern eintreten, sondern auch die Jugend davor warnen, die Ratschläge der Eltern nicht zu befolgen. Er spricht dies am Ende der Verserzählung offen aus:

> „Swâ noch selpherrischiu kint
> bî vater unde muoter sint,
> die sîn gewarnet hie mite.
> begânt sie Helmbrehtes site,
> ich erteile in daz mit rehte,
> in geschehe als Helmbrehte."

[Wo immer noch eigenwillige Kinder bei Vater und Mutter sind, die seien hiermit gewarnt. Handeln sie wie Helmbrecht, dann sage ich ihnen mit Recht voraus, daß es ihnen wie Helmbrecht ergehen wird.]

Der junge Helmbrecht wird von seiner Mutter und der Schwester verwöhnt: sie lassen dem Buben das blonde Haar nach Ritterart bis zu den Schultern in Locken herabhängen, verschaffen ihm eine kostbare, modische Haube und schmücken ihn mit feinen Leinenstoffen, Kettenhemd und einem Ritterschwert. Der alte Helmbrecht ist erbost über diesen Aufzug. Er braucht für seinen Hof einen Sohn, der ihm hilft, das Feld zu bestellen. Dem Sohn jedoch steht der Sinn nach einem höfischen Leben, er macht die bäuerliche Arbeit verächtlich und schlägt alle Warnungen des Vaters in den Wind. Auch die Träume des alten Helmbrecht, die ihm ein schreckliches Ende vorhersagen, können ihn nicht beeindrucken. Schließlich gibt der Alte nach: er kauft ein Pferd, und bald ist der junge Helmbrecht verschwunden.

Er findet sein Unterkommen bei einem Raubritter, tut sich bei Plünderungen hervor und ist bald als ein rücksichtsloser, roher Bursche bekannt, der es vor allem auf die Bauern abgesehen hat. Eines Tages kehrt er nach Hause zurück. Zunächst spielt er sich mit einigen lateinischen, französischen und böhmischen Brocken, die er unterwegs aufgeschnappt hat, als großer Herr auf. Gegen Abend gibt er sich jedoch zu erkennen, weil er eine nächtliche Unterkunft sucht. Eltern und Schwester freuen sich über das Wiedersehen und wollen Helmbrecht zeigen, wie schön sein Zuhause ist. Aber schon nach wenigen Tagen hält er es nicht mehr aus; ihn gelüstet es nach neuen Raubzügen und wilden Gelagen mit seinen Spießgesellen. Er prahlt nun offen mit seinen Untaten als Wegelagerer, die ihm den Spitznamen „Slintezgeu" (Verschling das Land) eingebracht haben: „daz die bûren hânt, deist mîn" (Aller Besitz der Bauern gehört mir). Seiner Schwester Gotelind verspricht er die Heirat mit dem Raubritter Lemberslint (Lämmerverschlinger). Beim Hochzeitsgelage wird die Bande entdeckt und vor Gericht gebracht. Neun läßt der Richter hängen, den zehnten, Helmbrecht, will er nach altem Recht laufen lassen. Weil er jedoch gegen das vierte Gebot verstoßen hat, wird er zuvor entsetzlich verstümmelt: Man sticht ihm die Augen aus und schlägt ihm eine Hand und einen Fuß ab.

Von einem Knaben an der Hand geführt, kehrt der Blinde schließlich zu den Eltern zurück. Diesmal empfängt ihn der Vater voll Hohn mit einem französischen Gruß.

„*Dieu vous salue**, mein blinder Herr!
Als ich mit andern Knechten mehr
vor langer Zeit zum Hofdienst ging,
da lernt ich, wie man dort empfing.
5 Min leiwe Blindling, trabt nur, trabt!
Ich weiß wohl, daß ihr alles habt,
wonach ein blinder Bursch begehrt;
in Welschland, dort seid ihr geehrt.
Mit diesem Gruß wißt ihr Bescheid –
10 so grüß ich stets die blinden Leut.
Lang reden hier nichts ändern kann.
Bei Gott, mein blinder junger Mann,
ihr müßt das Haus mir räumen!
Und wollt ihr länger säumen,
15 so hol ich meinen Lohnknecht her;
der prügelt euch, wie nimmermehr
ein Blinder noch ward heimgesucht.
Jedweder Bissen wär verflucht,
den ich heut nacht wollt euch
                    verschwenden.
20 Ihr sollt euch von der Türe wenden!"

„Ach nein, Herr, nehmt die Nacht
                    mich auf!"
erwiderte der Blinde drauf;
„werd ich mich euch erst nennen,
müßt ihr mich ja erkennen."
25 „So redet," drauf der Alte spricht;
„es ist schon spät, drum zögert nicht!
Und schaut nach anderm Obdach aus,
verschlossen bleibt euch doch mein
                    Haus."
Die Scham ihm auf den Wangen
                    brannte,
30 als er dem Vater sich nun nannte:
„Herr, ich bin euer eignes Kind."
„Ist denn der Bursche worden blind,
der sich da nannte Schlingesland?
Die Furcht ist euch nun unbekannt
35 vor Richtern und der Schergen Schar,
und kämen sie in Haufen gar.
Hei, wie ihr Eisen fraßet,
als auf dem Hengst ihr saßet,
um den ich weggab meine Rinder!
40 Kriecht ihr nunmehr herum als Blinder,

so bringt nicht dieses mich in Zorn:
mich reut mein Lodentuch, mein Korn,
um das ich ärmer worden bin.
Und sänket ihr verhungert hin,
45 kein Brocken würde euch gewährt.
Nein, schleunigst euch hinweg nun
                    schert,
und schleppt ja eure Glieder
vor mein Haus nimmer wieder!"

Doch nochmals sprach der Blinde:
50 „Wollt ihr denn eurem Kinde
die Bitte nicht erfüllen,
so gebt um Gottes willen
doch nicht des Teufels Drängen nach:
laßt irgendwo mich unters Dach
55 als Bettler bei euch kriechen;
was einem armen Siechen
ihr würdet gerne Gutes tun
aus Nächstenlieb, gewährt mir nun.
Die Bauern sind auf mich ergrimmt:
60 weh, seid ihr ihnen gleichgestimmt!
Nichts rettet mehr mich Armen,
wollt ihr euch nicht erbarmen."

Hohnlachend drauf der Vater sprach,
wiewohl ihm fast das Herze brach
65 (es war ja doch sein leiblich Kind,
das vor ihm stand, verkrüppelt, blind):
„Im Sturm habt ihr die Welt durch-
                    quert,
denn Schritt ging niemals euer Pferd,
es trabte, galoppierte;
70 doch manch Herz seufzend spürte,
welch Ungeheuer in euch war:
manch Bauer, manche Frau sogar
ist ihres Guts durch euch beraubt.
Sagt mir jedoch, ob ihr nun glaubt
75 an der drei Träume Schreckensbild?
Noch weiteres sich wohl erfüllt,
daß euch das Schlimmste widerfährt.
Eh sich der vierte Traum bewährt,
schert euch von meiner Tür jedoch!
80 Knecht, schließe zu und riegle noch,
daß nachts mich niemand stören kann.
Ja, lieber einen fremden Mann

will ich aufnehmen bis zum Tod,
als daß ich euch gäb ein Stück Brot."

85 Was je verbrochen hatt der Sohn,
das hielt ihm vor er voller Hohn;
denn Abscheu nur erfüllte ihn.
„Bring, Blindenführer, ihn nun hin,
wo keine Sonne ihn bestrahlt."
90 Er schlug den Führer: „Ausgezahlt
sei dir, was sonst dein Herr bekäm,
wenn ich nicht davon Abstand nähm,
einen blinden Mann zu schlagen.
Wohl weiß ich zu betragen
95 mich noch und mir zu wehren.
Doch könnte sich's verqueren;
drum schleunigst fort aus diesem Haus,

treuloser Balg, zur Tür hinaus –
mich kümmert nicht mehr eure Not!"

100 Es gab die Mutter noch ein Brot
ihm mit wie einem Kinde.
Und so schlich fort der Blinde.
Wohin er übers Feld auch kam,
jedweder Bauer dies wahrnahm
105 und schrie ihn und den Führer an:
„Haha, Helmbrecht, der Räubermann!
Hättst du wie ich das Feld bestellt,
zög man dich nicht blind durch die
                                    Welt."
So litt ein Jahr er bittre Not
110 bis er durch Hängen fand den Tod.

Der verlorene Sohn

Eines Tages waren zahlreiche Zolleinnehmer und andere, die einen ebenso
schlechten Ruf hatten, zu Jesus gekommen und wollten ihn hören. Die Pharisäer*
und Gesetzeslehrer waren darüber ärgerlich und sagten: „Er läßt das Gesindel zu
sich! Er ißt sogar mit ihnen!" Da erzählte ihnen Jesus ein Gleichnis:
5   „Ein Mann hatte zwei Söhne. Der jüngere sagte: ‚Vater, gib mir den Teil der
Erbschaft, der mir zusteht!' Da teilte der Vater seinen Besitz unter die beiden auf.
Nach ein paar Tagen machte der jüngere Sohn seinen ganzen Anteil zu Geld und
zog in die Fremde. Dort lebte er in Saus und Braus und verjubelte alles. Als er
nichts mehr hatte, brach in jenem Land eine große Hungersnot aus; da ging es ihm
10 schlecht. Er fand schließlich Arbeit bei einem Bürger des Landes, der schickte ihn
zum Schweinehüten aufs Feld. Er war so hungrig, daß er auch mit dem Schweine-
futter zufrieden gewesen wäre; aber selbst das verwehrte man ihm. Endlich ging er
in sich und sagte: ‚Die Arbeiter meines Vaters bekommen mehr, als sie essen können, und ich werde hier noch vor Hunger umkommen. Ich will zu meinem Vater
15 gehen und zu ihm sagen: Vater, ich bin vor Gott und vor dir schuldig geworden;
ich verdiene es nicht mehr, dein Sohn zu sein. Nimm mich als einen deiner Arbeiter in Dienst!'
    So machte er sich auf den Weg zu seinem Vater. Der sah ihn schon von weitem
kommen, und voller Mitleid lief er ihm entgegen, fiel ihm um den Hals und
20 küßte ihn. ‚Vater', sagte der Sohn, ‚ich bin vor Gott und vor dir schuldig geworden, ich verdiene es nicht mehr, dein Sohn zu sein!' Aber der Vater rief seine Diener: ‚Schnell, holt das beste Kleid für ihn, steckt ihm einen Ring an den Finger
und bringt ihm Schuhe! Holt das Mastkalb und schlachtet es! Wir wollen ein Fest
feiern und uns freuen! Mein Sohn hier war tot, jetzt lebt er wieder. Er war verlo-
25 ren, jetzt ist er wiedergefunden.' Und sie begannen zu feiern.

154

Hieronymus Bosch (1450–1516): Der verlorene Sohn (um 1510)

Der ältere Sohn war noch auf dem Feld. Als er zurückkam und sich dem Haus näherte, hörte er das Singen und Tanzen. Er rief einen der Diener herbei und fragte, was da los sei. Der sagte: ‚Dein Bruder ist zurückgekommen, und dein Vater hat das Mastkalb schlachten lassen, weil er ihn gesund wiederhat.‘ Da wurde
30 der ältere Bruder zornig und wollte nicht ins Haus gehen. Schließlich kam der Vater heraus und redete ihm gut zu. Aber der Sohn sagte zu ihm: ‚Du weißt doch: all die Jahre habe ich wie ein Sklave für dich geschuftet, nie war ich dir ungehorsam. Was habe ich dafür bekommen? Mir hast du nie auch nur einen Ziegenbock gegeben, damit ich mit meinen Freunden feiern konnte. Aber der da, dein Sohn, hat
35 dein Geld mit Huren durchgebracht; und jetzt kommt er nach Hause, da schlachtest du gleich das Mastkalb für ihn.‘ ‚Mein Sohn‘, sagte da der Vater, ‚du bist immer bei mir, und dir gehört alles, was ich habe. Wir konnten doch gar nicht anders als feiern und uns freuen. Denn dein Bruder war tot, jetzt ist er wieder am Leben! Er war verloren, aber jetzt ist er wiedergefunden!‘ “

(Lukas 15,1–3, 11–32)

Franz Kafka

Heimkehr

Ich bin zurückgekehrt, ich habe den Flur durchschritten und blicke mich um. Es ist meines Vaters alter Hof. Die Pfütze in der Mitte. Altes, unbrauchbares Gerät, ineinanderverfahren, verstellt den Weg zur Bodentreppe. Die Katze lauert auf dem Geländer. Ein zerrissenes Tuch, einmal im Spiel um eine Stange gewunden, hebt
5 sich im Wind. Ich bin angekommen. Wer wird mich empfangen? Wer wartet hinter der Tür der Küche? Rauch kommt aus dem Schornstein, der Kaffee zum Abendessen wird gekocht. Ist dir heimlich, fühlst du dich zu Hause? Ich weiß es nicht, ich bin sehr unsicher. Meines Vaters Haus ist es, aber kalt steht Stück neben Stück, als wäre jedes mit seinen eigenen Angelegenheiten beschäftigt, die ich teils
10 vergessen habe, teils niemals kannte. Was kann ich ihnen nützen, was bin ich ihnen und sei ich auch des Vaters, des alten Landwirts Sohn. Und ich wage nicht, an der Küchentür zu klopfen, nur von der Ferne horche ich, nur von der Ferne horche ich stehend, nicht so, daß ich als Horcher überrascht werden könnte. Und weil ich von der Ferne horche, erhorche ich nichts, nur einen leichten Uhrenschlag höre
15 ich oder glaube ihn vielleicht nur zu hören, herüber aus den Kindertagen. Was sonst in der Küche geschieht, ist das Geheimnis der dort Sitzenden, das sie vor mir wahren. Je länger man vor der Tür zögert, desto fremder wird man. Wie wäre es, wenn jetzt jemand die Tür öffnete und mich etwas fragte. Wäre ich dann nicht selbst wie einer, der sein Geheimnis wahren will.

Utopie

Ludwig Bechstein

Das Märchen vom Schlaraffenland

Hört zu, ich will euch von einem guten Lande sagen, dahin würde mancher auswandern, wüßte er, wo selbes läge und eine gute Schiffsgelegenheit. Aber der
Weg dahin ist weit für die Jungen und für die Alten, denen es im Winter zu heiß
ist und zu kalt im Sommer. Diese schöne Gegend heißt Schlaraffenland, auf
5 Welsch Cucagna, da sind die Häuser gedeckt mit Eierfladen, und Türen und
Wände sind von Lebzelten, und die Balken von Schweinebraten. Was man bei uns
für einen Dukaten kauft, kostet dort nur einen Pfennig. Um jedes Haus steht ein
Zaun, der ist von Bratwürsten geflochten und von bayerischen Würsteln, die sind
teils auf dem Rost gebraten, teils frisch gesotten, je nach dem sie einer so oder so
10 gern ißt. Alle Brunnen sind voll Malvasier* und andre süße Weine, auch Champa-
gner, die rinnen einem nur so in das Maul hinein, wenn er es an die Röhren hält.
Wer also gern solche Weine trinkt, der eile sich, daß er in das Schlaraffenland hin-
einkomme. Auf den Birken und Weiden da wachsen die Semmeln frischgebacken,
und unter den Bäumen fließen Milchbäche; in diese fallen die Semmeln hinein
15 und weichen sich selbst ein für die, so sie gern einbrocken; das ist etwas für Weiber und für Kinder, für Knechte und Mägde! Holla Grethel, holla Steffel! Wollt
ihr nicht auswandern? Macht euch herbei zum Semmelbach, und vergeßt nicht,
einen großen Milchlöffel mitzubringen.

Die Fische schwimmen in dem Schlaraffenlande obendrauf auf dem Wasser,
20 sind auch schon gebacken oder gesotten, und schwimmen ganz nahe am Gestade;
wenn aber einer gar zu faul ist und ein echter Schlaraff, der darf nur rufen bst! bst!
– so kommen die Fische auch heraus aufs Land spaziert und hüpfen dem guten
Schlaraffen in die Hand, daß er sich nicht zu bücken braucht.

Das könnt ihr glauben, daß die Vögel dort gebraten in der Luft herum fliegen,
25 Gänse und Truthähne, Tauben und Kapaunen*, Lerchen und Krammetsvögel*, und
wem es zu viel Mühe macht, die Hand darnach auszustrecken, dem fliegen sie
schnurstracks ins Maul hinein. Die Spanferkel geraten dort alle Jahr überaus treff-
lich; sie laufen gebraten umher und jedes trägt ein Transchiermesser im Rücken,
damit, wer da will, sich ein frisches saftiges Stück abschneiden kann.

30 Die Käse wachsen in dem Schlaraffenlande wie die Steine, groß und klein; die
Steine selbst sind lauter Taubenkröpfe mit Gefülltem, oder auch kleine Fleischpa-
stetchen. Im Winter, wenn es regnet, so regnet es lauter Honig in süßen Tropfen,

da kann einer lecken und schlecken, daß es eine Lust ist, und wenn es schneit, so schneit es klaren Zucker, und wenn es hagelt, so hagelt es Würfelzucker, unter-
35 mischt mit Feigen, Rosinen und Mandeln.

Im Schlaraffenland legen die Rosse keine Roßäpfel, sondern Eier, große, ganze Körbe voll, und ganze Haufen, so daß man tausend um einen Pfennig kauft. Und das Geld kann man von den Bäumen schütteln, wie Kästen (gute Kastanien). Jeder mag sich das Beste herunterschütteln und das minder Werte liegen lassen.

40 In dem Lande hat es auch große Wälder, da wachsen im Buschwerk und auf Bäumen die schönsten Kleider: Röcke, Mäntel, Schauben, Hosen und Wämser von allen Farben, schwarz, grün, gelb (für die Postillons), blau oder rot, und wer ein neues Gewand braucht, der geht in den Wald, und wirft es mit einem Stein herunter, oder schießt mit dem Bolzen hinauf. In der Heide wachsen schöne Da-
45 menkleider von Sammet, Atlas, Gros de Naples, Barège, Madras, Taft, Nanking* und so weiter. Das Gras besteht aus Bändern von allen Farben, auch ombriert*. Die Wachholderstöcke tragen Broschen und goldne Chemisett- und Mantelett-nadeln*, und ihre Beeren sind nicht schwarz, sondern echte Perlen. An den Tannen hängen Damenuhren und Chatelaines* sehr künstlich. Auf den Stauden wachsen
50 Stiefeln und Schuhe, auch Herren- und Damenhüte, Reisstrohhüte, und Mara-bouts* und allerlei Kopfputz mit Paradiesvögeln, Kolibris, Brillantkäfern, Perlen, Schmelz und Goldborten verziert.

Dieses edle Land hat auch zwei große Messen und Märkte mit schönen Freihei-ten. Wer eine alte Frau hat und mag sie nicht mehr, weil sie ihm nicht mehr jung
55 genug und hübsch ist, der kann sie dort gegen eine junge und schöne vertauschen und bekommt noch ein Draufgeld. Die alten und garstigen (denn ein Sprüchwort sagt: wenn man alt wird, wird man garstig) kommen in ein Jungbad, damit das Land begnadigt ist, das ist von großen Kräften; darin baden die alten Weiber etwa drei Tage oder höchstens vier, da werden schmucke Dirnlein daraus von siebzehn
60 oder achtzehn Jahren.

Auch viel und mancherlei Kurzweil gibt es in dem Schlaraffenlande. Wer hier zu Lande gar kein Glück hat, der hat es dort im Spiel und Lustschießen, wie im Gesellenstechen. Mancher schießt hier alle sein Lebtag nebenaus und weit vom Ziel, dort aber trifft er, und wenn er der allerweiteste davon wäre, doch das Beste.
65 Auch für die Schlafsäcke und Schlafpelze, die hier von ihrer Faulheit arm werden, daß sie Bankrott machen und betteln gehen müssen, ist jenes Land vortrefflich. Jede Stunde Schlafens bringt dort einen Gulden ein, und jedesmal Gähnen einen Doppeltaler. Wer im Spiel verliert, dem fällt sein Geld wieder in die Tasche. Die Trinker haben den besten Wein umsonst, und von jedem Trunk und Schluck drei
70 Batzen Lohn, sowohl Frauen als Männer. Wer die Leute am besten necken und aufziehen kann, bekommt jeweil einen Gulden. Keiner darf etwas umsonst tun, und wer die größte Lüge macht, der hat allemal eine Krone dafür.

Hier zu Lande lügt so mancher drauf und drein, und hat nichts für diese seine Mühe; dort aber hält man Lügen für die beste Kunst, daher lügen sich wohl in das
75 Land allerlei Prokura-, Dok- und andre toren, Roßtäuscher und die ***r Hand-werksleute, die ihren Kunden stets aufreden und nimmer Wort halten.

Wer dort ein gelehrter Mann sein will, muß auf einen Grobian studiert haben. Solcher Studenten gibt's auch bei uns zu Lande, haben aber keinen Dank davon

Pieter Brueghel d. Ä. (um 1515–1560): Das Schlaraffenland

und keine Ehren. Auch muß er dabei faul und gefräßig sein, das sind drei schöne
80 Künste. Ich kenne einen, der kann alle Tage Professor werden.

Wer gern arbeitet, Gutes tut und Böses läßt, dem ist jedermann dort abhold,
und er wird Schlaraffenlandes verwiesen. Aber wer tölpisch ist, gar nichts kann,
und dabei doch voll dummen Dünkels, der ist dort als ein Edelmann angesehen.
Wer nichts kann, als schlafen, essen, trinken, tanzen und spielen, der wird zum
85 Grafen ernannt. Dem aber, welchen das allgemeine Stimmrecht als den faulsten
und zu allem Guten untauglichsten erkannt, der wird König über das ganze Land,
und hat ein großes Einkommen.

Nun wißt ihr des Schlaraffenlandes Art und Eigenschaft. Wer sich also auftun
und dorthin eine Reise machen will, aber den Weg nicht weiß, der frage einen
90 Blinden; aber auch ein Stummer ist gut dazu, denn der sagt ihm gewiß keinen falschen Weg.

Um das ganze Land herum ist aber eine berghohe Mauer von Reisbrei. Wer
hinein oder heraus will, muß sich da erst überzwerg durchfressen.

Fritz Winterling

Utopia – die bessere Welt

Zu allen Zeiten hatten die Menschen Sehnsucht nach einem besseren Leben, besonders in Zeiten der Bedrängnis träumten sie von einem Land, in dem Not und Gefahren abgeschafft sind und in dem Milch und Honig fließen. Die Sagen der Griechen und Römer kannten das Goldene Zeitalter, in dem die Menschen alterslos
5 ohne Arbeit leben konnten, weil die Natur ihnen alles gab, was sie brauchten. Mühe und Leid gab es nicht, der Tod kam im Schlaf. Aber es blieb nicht so: Das Goldene wurde durch das Silberne Zeitalter abgelöst, das schon Jahreszeiten hatte und die Mühen des Ackerbaus nötig machte. Das Eherne Zeitalter brachte dann mit der Nutzung des Erzes Waffen und Kampf, mit dem vierten, dem Eisernen Zeitalter
10 schließlich brachen durch die Gewinnung von Eisen und Gold Krieg, Haß und Eifersucht über die Menschen herein, und die letzten Götter verließen die Erde.

Der Philosoph Plato berichtet von der sagenhaften Insel Atlantis, auf der ein für allemal der beste Staat errichtet werden sollte. Zehn Könige regierten gemeinsam nach den von den Göttern bestimmten Gesetzen, die nicht angetastet werden durf-
15 ten. Aber die Menschen versagten, und die Götter ließen die Insel untergehen. Die Bibel spricht im Alten Testament vom Paradies, dem Garten Eden, wo Mensch und Tier ohne Sorge und Angst miteinander leben können. Im Neuen Testament verkündet die Offenbarung des Johannes das Kommen eines neuen Himmels und einer neuen Erde, auf der kein Leid und kein Schmerz mehr sein werde, und die „Bäume
20 des Lebens werden zwölfmal im Jahr Früchte tragen".

Zu Beginn der Neuzeit erfand Thomas Morus den Namen „Utopia" für das Wunschland, das nirgendwo auf Erden seinen Platz hat. Von Morus an übten Philosophen mit dem Bild des idealen Staates, das sie ihren Lesern vor Augen stellten, immer wieder Kritik an den herrschenden Verhältnissen. Mit ihren Phantasiegebil-
25 den drückten sie Hoffnungen aus, zugleich aber hielten sie ihrer Zeit einen Spiegel vor. Morus gründete das System seines Staates auf die Abschaffung des Privatbesitzes, Tommaso Campanella schuf in seinem „Sonnenstaat" (1602) das Modell eines Zwangs- und Ordnungsstaates, in dem alle Menschen „gleich arm und gleich reich" sind. Staatliche Prachtentfaltung und private Bedürfnislosigkeit bestimmten
30 dieses Traumbild von einer besseren Gesellschaft. Francis Bacon entwickelte das Modell eines „Neuen Atlantis" (1624), in dem die Erforschung der Geheimnisse der Natur und die Nutzung ihrer Möglichkeiten den Bewohnern der Insel ein friedliches und glückliches Leben garantierten.

Der Fortschritt der Naturwissenschaften, die Entwicklung der Technik und der
35 Glaube an die Macht menschlicher Vernunft förderten in der folgenden Zeit die Hoffnung auf immer bessere Gestaltung des Lebens durch menschliche Erfindungsgabe und die Nutzung der Natur durch Arbeit, unterstützt von immer vollkommeneren Maschinen. Die Veränderung der Lebensverhältnisse durch die Industrialisierung im 19. Jahrhundert ließ jedoch den Glauben an einen gleichsam natur-
40 gegebenen Fortschritt zu mehr Glück und Zufriedenheit schwinden. In Samuel Butlers „Erewhon" (= Nowhere, Nirgendwo; 1872) nehmen die Menschen die Entwicklung der Technik zurück und schaffen einen menschenwürdigen Staat ohne

160

Maschinen. Zukunftsromane warnen vor dem „Krieg der Sterne" (H. G. Wells), der Genmanipulation („Schöne Neue Welt" von Aldous Huxley) und der Menschenver-
45 achtung im totalitären Staat („1984" von George Orwell). An die Stelle der glück-
verprechenden Wunschträume, die zugleich Modelle waren für eine bessere Ordnung des menschlichen Zusammenlebens, traten in der neuesten Zeit mehr und
mehr die Warnungen vor falschen Entscheidungen, „Schwarze Utopien".

Thomas Morus

Utopia (1516)

*Der englische Philosoph und Staatsmann Thomas Morus (1478–1535) läßt in seiner
„Rede des Raphael Hythlodeus über die beste Staatsverfassung" einen Reisenden über die
sagenhafte Insel „Utopia" (= Nirgendwo) berichten. Morus kritisiert darin die Gesell-
schaftsordnung seiner Zeit und beschreibt zugleich seine Vorstellung von einem idealen
Staat. – Sein „Utopia" liegt auf einer Insel, die sein Gründer durch einen tiefen Graben
vom Festland abschneiden ließ, um in ihr ein eigenständiges, von den Einflüssen der übrigen
Welt abgeschirmtes Leben zu entwickeln und zu erhalten. Privates Eigentum gibt es auf der
Insel nicht. Im einzelnen wird berichtet:*

Ein einziges Gewerbe üben alle Männer und Frauen gemeinsam aus: den Ackerbau. Von ihm ist keiner befreit; in ihm werden alle von Kindheit an unterwiesen,
teils durch theoretischen Unterricht in der Schule, teils praktisch, indem die Kinder auf die der Stadt benachbarten Äcker, gleich wie zum Spiel, geführt werden,
5 wo sie nicht nur zuschauen, sondern zur Übung der Körperkräfte auch zupacken.
   Außer der Landwirtschaft, die, wie gesagt, alle gemeinsam ausüben, erlernt jeder noch irgendein besonderes Handwerk; das ist in der Regel die Tuchmacherei,
die Leineweberei oder das Maurer-, Schmiede-, Schlosser- oder Zimmermannsge-
werbe. Es gibt nämlich sonst kein anderes Handwerk, das dort eine nennenswerte
10 Anzahl von Menschen beschäftigte. Denn die Kleider haben über die ganze Insel
hin denselben Schnitt, abgesehen davon, daß sich die Geschlechter untereinander
und die Ledigen von den Verheirateten durch ihre Kleidung unterscheiden; sie
sind für alle Altersstufen gleich, gefällig anzusehen und den Bewegungen des Kör-
pers angepaßt, zudem für Kälte und für Hitze berechnet. Diese Kleider fertigt sich,
15 wohlgemerkt, jede Familie selber an.
   Von den anderen Handwerken aber lernt jeder eins, und zwar nicht nur die
Männer, sondern auch die Frauen; diese betreiben jedoch als die Schwächeren nur
leichtere Gewerbe: gewöhnlich spinnen sie Wolle und weben Leinen; den Männern werden die übrigen, mühsameren Tätigkeiten überlassen. […]
20   Die wichtigste und fast einzige Aufgabe der Syphogranten* ist, dafür zu sorgen
und darüber zu wachen, daß keiner müßig herumsitzt, sondern jeder fleißig sein
Gewerbe betreibt, ohne sich jedoch vom frühen Morgen bis tief in die Nacht hinein ununterbrochen wie ein Lasttier abzumühen. Denn das wäre schlimmer als
sklavische Plackerei!

25 Und doch ist dies fast überall das Los der Handwerker, außer bei den Utopiern,
die, während sie den Tag mit Einschluß der Nacht in vierundzwanzig Stunden
einteilen, doch nur sechs Stunden für die Arbeit bestimmen: drei vor Mittag, nach
denen sie zum Essen gehen; nach der Mahlzeit ruhen sie zwei Nachmittagsstun-
den, widmen dann wiederum drei Stunden der Arbeit und beschließen das Tage-
30 werk mit dem Abendessen. Da sie die erste Stunde vom Mittag ab zählen, gehen
sie um die achte schlafen. Der Schlaf beansprucht acht Stunden.

Die Stunden zwischen Arbeit, Schlaf und Essen sind jedem zur eigenen Verfügung überlassen, jedoch nicht, um sie mit Ausschweifungen und Faulenzerei zu
vergeuden, sondern um die Freizeit, die ihm sein Handwerk läßt, nach eigenem
35 Gutdünken zu irgendeiner nützlichen Beschäftigung zu verwenden. Die meisten
benützen diese Unterbrechungen zu geistiger Weiterbildung. Es ist nämlich üb-
lich, täglich in den frühen Morgenstunden öffentliche Vorlesungen zu halten, die
anzuhören eigentlich nur die verpflichtet sind, die ausdrücklich für das wissenschaftliche Studium ausersehen wurden; indessen strömt aus jedem Stande eine
40 sehr große Menge von Männern wie auch von Frauen herbei, um, ihrem jeweiligen Interesse entsprechend, diese oder jene Vorlesung zu hören. Falls aber einer
auch diese Zeit lieber seinem Handwerke widmen will, wie es für viele empfeh-
lenswert ist, deren Geist sich nicht zu den Höhen der Wissenschaft zu erheben
vermag, so hindert ihn nichts daran, ja er wird sogar gelobt, weil er dem Staate
45 nützt.

Nach dem Abendessen verbringen sie dann eine Stunde mit Spielen, im Sommer in den Gärten, im Winter in jenen öffentlichen Hallen, in denen sie essen.
Dort treiben sie Musik oder erholen sich bei Gesprächen. Würfel aber und derglei-
chen unschickliche und verderbliche Spiele kennen sie nicht einmal. [...]
50 An dieser Stelle müssen wir jedoch, um einen Irrtum zu vermeiden, einen bestimmten Punkt genauer betrachten. Weil sie nämlich nur sechs Stunden an der
Arbeit sind, könnte man vielleicht auf den Gedanken kommen, es müsse sich daraus ein Mangel an lebensnotwendigen Dingen ergeben. Weit gefehlt! Diese Arbeitszeit genügt vielmehr zur Erzeugung aller Dinge, die lebensnotwendig sind
55 oder zur Bequemlichkeit dienen, ja, es bleibt sogar noch Zeit übrig. Auch ihr werdet das begreifen, wenn ihr bedenkt, ein wie großer Teil des Volkes bei anderen
Völkern untätig dahinlebt: zunächst einmal fast alle Frauen, die Hälfte der Ge-
samtbevölkerung; oder, wo die Frauen werktätig sind, dort faulenzen an ihrer
Stelle meistenteils die Männer; dazu kommen dann noch die Priester und soge-
60 nannten Geistlichen – welch riesige, welch faule Gesellschaft! Nimm all die reichen Leute hinzu, vor allem die Großgrundbesitzer, die man gewöhnlich Vornehme und Adlige nennt! Zähle dazu deren Dienerschaft, jenen ganzen Haufen
bewaffneter Taugenichtse! Füge dazu endlich die gesunden und arbeitsfähigen
Bettler, die irgendeine Krankheit zum Vorwand ihrer Faulenzerei nehmen! Sicher-
65 lich wirst du dann viel weniger Leute finden, als du geglaubt hättest, von deren
Arbeit all das herrührt, was die Menschen brauchen. Und nun erwäge noch, wie
wenige selbst von diesen ein lebensnotwendiges Gewerbe betreiben, weil ja doch,
da wir alles nach Geld und Geldeswert messen, viele völlig unnütze und überflüs-
sige Tätigkeiten ausgeübt werden, die nur der Genußsucht und dem Vergnügen
70 dienen! Wenn nämlich diese ganze Menge der Werktätigen auf die wenigen Ge-

162

werbe verteilt würde, die eine zweckmäßige Verwendung der Naturgüter fordert, so wären bei dem dann natürlich bestehenden Überfluß an Waren die Preise zweifellos niedriger, als daß die Handwerker davon ihr Leben fristen könnten. Wenn aber alle, die jetzt mit unnützen Gewerben beschäftigt sind, wenn dazu noch das ganze Heer der schlaffen Nichtstuer und Faulenzer, von denen jeder einzelne von den Dingen, die auf Grund der Arbeit der anderen zur Verfügung stehen, so viel verbraucht wie zwei, die sie herstellen, wenn also diese alle zur Arbeit, und zwar zu nützlicher Arbeit herangezogen würden, dann könntest du leicht feststellen, wie wenig Zeit reichlich genug, ja überreichlich wäre, um alles das bereitzustellen, was unentbehrlich oder nützlich ist – ja, setze ruhig noch hinzu, was zum Vergnügen, mindestens zu einem natürlichen und echten Vergnügen, dient. [...]

Ich habe euch so wahrheitsgetreu wie möglich die Verfassung dieses Staatswesens beschrieben, das nach meiner festen Überzeugung nicht nur das beste, sondern auch das einzige ist, das mit Recht den Namen eines „Gemeinwesens" für sich beanspruchen kann. Denn wo man sonst von Gemeinwohl spricht, haben es alle nur auf den eigenen Nutzen abgesehen; hier, wo es nichts Eigenes gibt, berücksichtigt man ernstlich die Belange der Allgemeinheit. Hier wie da handelt man mit gutem Grund. Denn wie wenige gibt es anderswo, die nicht wissen, daß sie, falls sie nicht für sich selbst sorgen, trotz noch so großer Blüte des Staates Hungers sterben müßten? Und deshalb drängt jeden die Not, mehr sich selbst als das Volk, das heißt: die anderen, zu berücksichtigen. Hier dagegen, wo allen alles gehört, ist jeder sicher, daß keinem etwas für seine persönlichen Bedürfnisse fehlt, sofern nur dafür gesorgt wird, daß die öffentlichen Speicher gefüllt sind. Es gibt nämlich keine mißgünstige Güterverteilung, es gibt weder Arme noch Bettler dort, und obwohl keiner etwas besitzt, sind doch alle reich. Denn welch größeren Reichtum kann es geben, als wenn man, jeder Sorge ledig, frohen und ruhigen Herzens leben kann, ohne um sein tägliches Brot zu bangen, ohne von der jammernden Ehefrau um Geld geplagt zu werden, ohne die Verarmung des Sohnes fürchten zu müssen und sich um die Mitgift der Tochter zu sorgen, sondern des eigenen Auskommens und Glückes genauso sicher zu sein wie dessen aller seiner Angehörigen: Frau, Kinder, Enkel, Urenkel, Ururenkel, kurz wie lang sich die Reihe seiner Nachkommen ein Edelmann vorstellt? Zumal nicht weniger für die gesorgt ist, die jetzt arbeitsunfähig sind, einst aber geschafft haben, als für die, die jetzt arbeiten. [...]

Deshalb freue ich mich, daß wenigstens den Utopiern diese Staatsform, die ich gern allen Menschen gönnte, zuteil geworden ist. Jene haben sich von solchen Grundsätzen leiten lassen, daß sie ihrem Staat nicht nur die glücklichsten, sondern auch solche Grundlagen gaben, die nach menschlicher Voraussicht von ewiger Dauer sein werden. Denn nachdem sie bei sich neben sonstigen Lastern die Ehrsucht und die Zwietracht mit der Wurzel ausgerottet haben, droht keine Gefahr von inneren Zwistigkeiten mehr, wodurch allein schon die wohlgesicherte Macht vieler Städte zugrunde gerichtet wurde. Solange aber im Innern Eintracht herrscht und die heilsame Verfassung gewahrt bleibt, vermag die Mißgunst aller benachbarten Fürsten, die das früher schon öfters, aber immer erfolglos versucht hat, dieses Reich weder zu erschüttern noch zu beunruhigen.

Francis Bacon

Neu-Atlantis (1625)

In seinem unvollendet gebliebenen Bericht über das Land „Neu-Atlantis" schildert Francis Bacon (1561–1626) die Idealform eines Staates, der nach den Prinzipien der Vernunft und der Wissenschaften aufgebaut ist. In einem Vortrage erklärt der „Vater des Hauses Salomon" seinen Gästen Forschungsstätten und Hilfsmittel, mit Hilfe derer die Prinzipien des Hauses in die Tat umgesetzt werden. Unter anderem sagt er:

Damit du aber, mein Sohn, die wahre Verfassung des Hauses Salomons vollständig verstehst, werde ich auf folgende Weise vorgehen: Zunächst werde ich dir den Zweck unserer Gründung erklären, darauf die Einrichtung und die Hilfsmittel, deren wir uns zu unseren Arbeiten bedienen, an dritter Stelle die besonderen Ämter
5 und Dienstleistungen, die unseren Brüdern auferlegt werden, zuletzt die Sitten und Gebräuche, die bei uns im Schwange sind.

Der Zweck unserer Gründung ist die Erkenntnis der Ursachen und Bewegungen sowie der verborgenen Kräfte in der Natur und die Erweiterung der menschlichen Herrschaft bis an die Grenzen des überhaupt Möglichen. […]
10 Wir haben auch Käfige und Gehege für Säugetiere und Vögel aller Art. Diese halten wir nicht so sehr ihrer Sonderlichkeit und Seltenheit wegen als zu Sektionen und anatomischen Versuchen, um dadurch soweit wie möglich auch Einblick in den menschlichen Körper zu gewinnen. Dabei haben wir viele wunderbare Entdeckungen gemacht, so etwa über die Fortdauer des Lebens, nachdem einige Teile,
15 die ihr für lebenswichtig haltet, abgestorben sind oder entfernt wurden, über die Wiederbelebung einiger, die scheintot waren und Ähnliches. Wir machen an diesen Tieren Versuche mit allen Giften, Gegengiften und anderen Heilmitteln, sowohl auf medizinische als auch auf chirurgische Weise, um den menschlichen Körper besser schützen zu können. Wir machen auch die einen künstlich größer
20 und länger, als sie von Natur aus sind, andere wieder umgekehrt zwergenhaft klein und nehmen ihnen ihre natürliche Gestalt. Außerdem machen wir die einen fruchtbarer und mehrbäriger*, als sie ihrer Natur nach sind, die anderen umgekehrt unfruchtbar und zeugungsunfähig. Auch in Farbe, Gestalt und Gemütsart verändern wir sie auf vielerlei Art und Weise. Wir sorgen ferner für Kreuzungen und
25 Verbindungen von Tieren verschiedener Arten, die neue Arten hervorbringen, die trotzdem nicht unfruchtbar sind, wie die allgemeine Ansicht ist. Auch züchten wir viele Arten von Schlangen, Würmern, Mücken und Fischen aus verwesenden Stoffen; von diesen reifen einige zu vollkommenen Gattungen wie Vögeln, Vierfüßlern oder anderen Fischen, die auch zweigeschlechtig werden und sich selbstän-
30 dig fortpflanzen. Jedoch tun wir das nicht aufs Geratewohl, sondern wir wissen genau, welches Tier aus welchem Stoff hervorgebracht werden kann.

Wir haben auch besondere Fischteiche, wo wir ähnliche Versuche mit Fischen anstellen, wie ich sie eben von den Säugetieren und Vögeln berichtet habe.

Wir haben auch besondere Plätze zur Fortpflanzung von solchen Würmern und
35 Insekten, die euch unbekannt, aber außerordentlich nützlich sind, wie etwa bei euch die Seidenwürmer und Bienen.

1891

Flugzeug: Nach jahrelangen Versuchen gelang es Otto Lilienthal, mit einem Gleitflugzeug etwa 25 Meter weit zu fliegen. In den folgenden Jahren verbesserte er seine Flugapparate. Er baute Ein- und Doppeldecker, mit denen er mehrere hundert Meter weit fliegen konnte.

Ich will dich nicht mit der Beschreibung der Häuser aufhalten, die wir haben, um Wein, Sorbet*, Bier und andere Getränke herzustellen oder Brot jeder Art zu backen, der Küchen, in denen Suppen und seltene und ungewöhnliche Speisen zu
40 Spezialzwecken bereitet werden.

Wir haben Weine aus Trauben, ebenso Getränke aus anderen Fruchtsäften, aus dem Sud von Kernen und Wurzeln und aus Mischungen von Honig, Zucker und Saft vieler Früchte, die, wie man es mit den Trauben macht, gepreßt werden, auch aus Baumharz und Pflanzenmark. Diese Getränke aber werden verschieden lange,
45 manche bis zu vierzig Jahren aufbewahrt.

Wir haben auch Heiltränke aus Aufgüssen und Mischungen verschiedener Wurzeln, Kräuter und Gewürze. Ja, man fügt ihnen zuweilen Fleisch, Eier, Milcherzeugnisse und anderes Eßbares bei, so daß manche davon gleichzeitig Speise und Trank sind und viele Leute, zumal solche, die vom Alter geschwächt sind, von
50 ihnen allein leben, mit geringer oder gar keiner Zugabe von Speise und Brot. Vor allem aber bemühen wir uns, Getränke von feinster Beschaffenheit herzustellen, damit sie leichter in den Körper eindringen, jedoch ohne jede Schärfe, Ätzung oder Zersetzung, so daß einige davon, auf den Handrücken gegossen, nach einer kleinen Weile fast unmerklich bis zur Handfläche durchdringen, die Zunge oder
55 den Gaumen jedoch nicht brennen.

Wir haben auch Wasser, die wir so herrichten, daß sie offensichtlich nahrhaft werden und sich in hervorragende Getränke verwandeln; es gibt viele, die gar keine anderen Getränke mehr mögen. [...]

Wir haben auch verschiedene, bei euch unbekannte Mittel entdeckt, um aus
60 verschiedenen Stoffen arteigenes Licht hervorzubringen. Weiterhin haben wir Instrumente erfunden, durch die sehr entfernte Gegenstände ganz nahe vor die Augen rücken, wie etwa solche am Himmel und in anderen entfernten Gegenden.

165

Ja, auch die nahen Dinge zeigen wir gleichsam aus der Ferne und die in der Ferne gleichsam nahe, indem wir die scheinbaren Entfernungen beliebig verändern.
65 Außerdem haben wir Hilfsmittel für die Augen, die an Wirkung eure Brillen und Spiegel weit übertreffen. Wir haben auch kunstvolle Sehrohre, durch die wir kleine und kleinste Körperchen vollkommen und genau erblicken, wie etwa die Glieder und Farben der kleinen Mücken und Würmer, die Kerne und Kristalle der Edelsteine, die anders nicht sichtbar sind, die Bestandteile des Blutes und des
70 Harns, die sonst nicht zu erkennen sind usw. Ferner erzeugen wir künstliche Regenbogen, Höfe, Kreise, Schwankungen und Bewegungen des Lichts, schließlich alle Arten der Rückstrahlung, der Brechung und der Verdoppelung der Gegenstände. [...]
Wir haben auch eine Mechanikerwerkstatt, wo es Maschinen und Werkzeuge
75 für jede Art von Triebwerken gibt. Dort versuchen wir raschere Antriebe zu erzeugen, als ihr sie bei euch habt, sei es mit euren kleineren Pulverbüchsen, sei es mit irgendeiner anderen Maschine. Ebenso versuchen wir die Triebwerke leichter und zweckmäßiger zu gestalten, indem wir ihre Kraft durch Räder und andere Mittel vervielfachen. Ferner erzeugen wir stärkere und mächtigere Bewegungen, als ihr
80 sie mit Hilfe eurer größeren Geschütze und Schleudermaschinen hervorruft. Wir fertigen Steinschleudern und Kriegsmaschinen jeder Art an. Wir kennen neuartige Mischungen von Pulver, griechisches Feuer, das im Wasser brennt und unverlöschbar ist, Wurffeuer jeder Art, sowohl zum Vergnügen als auch zur Verwendung im Kriege.
85 Wir ahmen dort auch den Vogelflug nach und haben gewisse Stufen der Startplätze, um gleich geflügelten Tieren durch die Luft fliegen zu können.
Wir haben Schiffe und Nachen, die unter dem Wasser fahren und so die Stürme des Meeres leichter aushalten können, ferner Schwimmgürtel und Tauchausrüstungen.
90 Wir haben viele ausgezeichnete Uhren sowie andere Luft- und Wasser-Werke, die im Kreis laufen und umgekehrt wieder zurückkommen.

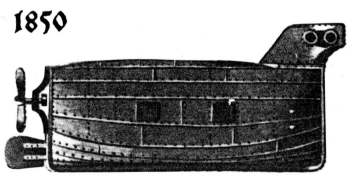

1850

Unterseeboot: 1850 baute Wilhelm Bauer das erste funktionsfähige Unterseeboot, den „Brandtaucher". Dieses stählerne Unterseeboot war knapp 8 Meter lang, sein Propeller wurde von zwei durch Menschenkraft bewegten Treträdern angetrieben.

Wir ahmen die Bewegungen der Lebewesen in Nachbildungen nach, wie etwa in künstlichen Menschen, Vierfüßlern, Vögeln, Fischen und Schlangen.

Schließlich besitzen wir auch noch andere, durch Gleichmaß und Feinheit aus-
95 gezeichnete Automaten.

Wir haben auch ein Haus der Mathematik, wo alle Instrumente, sowohl die geometrischen als auch die astronomischen in hervorragender Qualität hergestellt werden.

Wir haben ferner ein Haus der Blendwerke, wo wir alle möglichen Gaukeleien,
100 Trugbilder und Vorspiegelungen und Sinnestäuschungen hervorrufen. Man wird leicht begreifen, daß wir, die wir so viele Naturerzeugnisse besitzen, die Verwunderung hervorrufen, auch den Sinnen der Menschen unendlich viel vortäuschen könnten, wenn wir sie zu Wundern herausputzen und zurichten wollten. Ja, wir haben sogar allen Brüdern unseres Hauses unter Geld- und Ehrenstrafen untersagt,
105 etwas Natürliches durch künstliche Zurüstung wunderbar zu machen; rein und von jedem Schein und jeder falschen Wunderhaftigkeit unberührt, sollen vielmehr die Naturerscheinungen vorgeführt werden.

Und dies, mein Sohn, ist der Reichtum des Hauses Salomons.

Aldous Huxley

Schöne neue Welt (1932)

Zweites Kapitel

Päppler blieb im Entkorkungszimmer* zurück, als der BUND* und die Studenten mit dem nächstgelegenen Aufzug ins fünfte Stockwerk fuhren. Kleinkinder-bewahranstalt. Neo-Pawlowsche Normungssäle*, verkündete ein Schild an der Tür.

Der Direktor öffnete. Sie betraten einen großen kahlen Raum, sehr hell und
5 sonnig; die ganze Südwand war ein einziges Fenster. Sechs Pflegerinnen in den Jacken und Hosen der vorgeschriebenen Uniform aus weißer Viskoseleinwand*, das Haar aseptisch* unter weißen Hauben verborgen, waren soeben dabei, Schalen voller Rosen in langer Reihe auf den Boden zu stellen. Große Schalen, dicht ge-füllt, Tausende von Rosen, vollerblüht und seidenglatt wie die Pausbäckchen un-
10 zähliger Englein, aber nicht lauter rosig arischer, sondern auch mattgelb mongoli-scher und mexikanischer; vom vielen Blasen der himmlischen Posaunen apoplek-tisch* purpur angelaufener und andrer totenblaß, fahl wie Friedhofmarmor. Die Pflegerinnen standen stramm, als der BUND eintrat.

„Stellen Sie die Bücher auf!" befahl er kurz.
15 Schweigend gehorchten sie. Zwischen die Rosenschalen wurden Bücher gestellt, eine Reihe Kinderbücher in Quarto*, jedes einladend beim bunten Bild eines Vierfüßlers, Fisches oder Vogels aufgeschlagen.

„Nun bringen Sie die Kinder!"

Die Pflegerinnen eilten hinaus und kehrten nach ein paar Minuten zurück; jede
20 schob so etwas wie einen hohen Stummen Diener vor sich her, dessen vier draht-
vergitterte Fächer mit acht Monate alten Kindern beladen waren, alle einander genau gleich (eine Bokanowskygruppe* offenbar) und alle, da sie der Deltakaste an-
gehörten, in Khaki* gekleidet.

„Setzen Sie sie auf den Boden!"
25 Die Kinder wurden abgeladen.

„Nun wenden Sie sie so, daß sie die Blumen und Bücher sehn können!"

Kaum war das geschehen, als die Kinder verstummten und auf die seidig schim-
mernden Farbklumpen, die bunt leuchtenden Bilder auf den weißen Buchseiten
loszukrabbeln begannen. Die Sonne, einen Augenblick lang verdunkelt, kam hin-
30 ter einer Wolke hervor. Die Rosen flammten auf, wie von jäh erwachter Leidenschaft durchglüht; neue, tiefere Bedeutsamkeit schien die leuchtenden Bildseiten
zu erfüllen. Aus den Reihen der krabbelnden Kinder ertönten kleine aufgeregte
Schreie, freudiges Lallen und Zwitschern.

Der Direktor rieb sich die Hände. „Großartig!" sagte er. „Fast wie auf Bestel-
35 lung!"

Die Flinksten unter den Krabblern waren schon am Ziel. Zaghafte Händchen
streckten sich aus, berührten, erfaßten und entblätterten die vom Sonnenlicht ver-
klärten Rosen, zerknitterten die bebilderten Buchseiten. Der Direktor wartete, bis
alle seelenvergnügt beschäftigt waren. „Und nun passen Sie auf!" sagte er und gab
40 mit erhobener Hand ein Zeichen.

Die Oberpflegerin, die am andern Ende des Saals vor einem Schaltbrett stand,
drückte einen kleinen Hebel nieder.

Ein heftiger Knall. Gellendes und immer gellenderes Sirenengeheul. Rasendes
Schrillen von Alarmklingeln.
45 Die Kinder erschraken und schrien auf, die Gesichtchen von Entsetzen verzerrt.

„Und jetzt", brüllte der Direktor, denn der Lärm war ohrenbetäubend, „werden wir die Lektion mittels eines elektrischen Schlägelchens einbleuen."

Er winkte abermals, die Oberpflegerin drückte einen zweiten Hebel nieder. Das
Plärren der Kinder hörte sich plötzlich anders an. Verzweiflung, fast Wahnsinn
50 klang aus diesen durchdringenden Schreikrämpfen. Ihre Körperchen wanden und
steiften sich, ihre Glieder zuckten wie von unsichtbaren Drähten gezogen.

„Wir können durch diesen ganzen Streifen des Fußbodens elektrischen Strom
schicken", brüllte der Direktor erklärend. „Aber jetzt genug!" bedeutete er der
Pflegerin.
55 Die Detonationen hörten auf, die Klingeln verstummten, das Sirengeheul er-
starb Ton für Ton. Die zuckenden Kinderleiber lösten sich aus ihrem Krampf, das
irre Stöhnen und Schreien ebbte zu einem gewöhnlichen Angstgeplärr ab.

„Geben Sie ihnen nochmals die Blumen und Bücher!"

Die Pflegerinnen gehorchten, aber bei der leisesten Annäherung der Rosen,
60 beim bloßen Anblick der bunten Miezekatzen, Hottehüpferdchen und Bählämmer
wichen die Kinder schaudernd zurück; ihr Geplärr schwoll sogleich wieder zu Ent-
setzensgeschrei an.

„Beachten Sie das, meine Herren", sagte der Direktor triumphierend, „beachten
Sie das wohl!" Bücher und Getöse, Blumen und elektrische Schläge – schon im

⁶⁵ kindlichen Geist waren diese Begriffspaare nun zwanghaft verknüpft, und nach zweihundert Wiederholungen dieser oder ähnlicher Lektionen waren sie untrennbar. Was der Mensch zusammenfügt, das kann Natur nicht scheiden.

„So wachsen sie mit einem, wie die Psychologen zu sagen pflegten, ‚instinktiven‘ Haß gegen Bücher und Blumen auf. Wir normen ihnen unausrottbare Re-
⁷⁰ flexe an. Ihr ganzes Leben lang sind sie gegen Druckerschwärze und Wiesengrün gefeit." Der Direktor wandte sich an die Pflegerin. „Schaffen Sie sie hinaus!"

Noch immer plärrend, wurden die Khakikinder wieder auf die Stummen Diener verladen und hinausgefahren; sie hinterließen den Geruch saurer Milch und eine höchst willkommene Stille.

⁷⁵ Ein Student hob zwei Finger: er sehe ja ein, daß es nicht gehe, Angehörige der unteren Kasten ihre der Allgemeinheit gehörende Zeit mit Büchern vergeuden zu lassen, ganz abgesehn von der Gefahr, daß sie etwas läsen, was unerwünschterweise einen ihrer angenormten Reflexe abbiegen könnte, und doch … nein, er verstehe das mit den Blumen nicht: Warum nehme man sich die Mühe, den Del-
⁸⁰ tas die Freude an Blumen psychologisch unmöglich zu machen?

Geduldig erklärte es der BUND. Daß man die Kinder beim bloßen Anblick einer Rose in Schreikrämpfe versetzte, entsprang einer höchst ökonomischen Voraussicht. Vor gar nicht langer Zeit, etwa hundert Jahre war es her, hatte man Gammas, Deltas, sogar Epsilons die Liebe zu Blumen und überhaupt Freude an der
⁸⁵ Natur angenormt, um ihnen den Hang, bei jeder sich bietenden Gelegenheit ins Grüne zu pilgern, einzuimpfen und sie so zu Benützern der Verkehrsmittel zu machen.

„Und benützten sie sie?" fragte der Student.

„Jawohl, ausgiebig", erwiderte der BUND. „Aber sonst nichts." Primeln und
⁹⁰ Landschaft, dozierte er, hätten einen großen Fehler: sie seien gratis. Liebe zur Natur halte keine Fabrik beschäftigt. Man hatte daher beschlossen, die Liebe zur Natur abzuschaffen, wenigstens unter den niederen Kasten, nicht aber den Hang, die Verkehrsmittel zu benützen. Denn es war natürlich unerläßlich, daß sie auch weiterhin ins Grüne fuhren, selbst wenn es ihnen zum Hals herauswuchs. Das Pro-
⁹⁵ blem lag darin, einen triftigeren wirtschaftlichen Grund zur Benützung der Verkehrsmittel zu finden als bloßes Wohlgefallen an Primeln und Landschaft. Man fand ihn prompt.

„Wir normen den Massen den Haß gegen landschaftliche Schönheiten an", schloß der Direktor, „doch zugleich auch die Liebe zum Freiluftsport. Dabei ach-
¹⁰⁰ ten wir darauf, daß jeder Sport den Gebrauch besonderer und komplizierter Geräte nötig mache. Sie benützen also nicht nur die Verkehrsmittel, sondern verbrauchen auch Fabrikate. Und darum diese elektrischen Schläge."

„Ich verstehe", sagte der Student und schwieg, von Bewunderung übermannt.

Allgemeine Stille; der Direktor räusperte sich.

¹⁰⁵ „Vor langen Zeiten, als Ford der Herr* noch auf Erden wandelte, lebte ein kleiner Knabe namens Ruben Rabinowitsch. Ruben war das Kind polnisch sprechender Eltern." Er unterbrach sich. „Sie wissen doch, was Polnisch ist?"

„Eine tote Sprache."

„Wie Deutsch oder Französisch", ergänzte ein andrer, stolz auf sein Wissen.

¹¹⁰ „Und Eltern?"

Unbehagliches Schweigen. Einige der Studenten erröteten. Sie hatten noch nicht gelernt, die bedeutsame, aber oft kaum merkliche Unterscheidung zwischen Unflat und reiner Wissenschaft zu machen.

Endlich fand einer den Mut, zwei Finger zu heben.

115 „Die Menschen pflegten damals …" Er zögerte, das Blut stieg ihm in die Wangen. „… sie pflegten lebende Junge zur Welt zu bringen."

„Sehr richtig", nickte der Direktor beifällig.

„Und wenn die Kinder entkorkt wurden …"

„Geboren wurden", verbesserte der Direktor.

120 „Dann waren sie die Eltern. Nicht die Kinder natürlich, die andern meine ich." Der arme Kerl war ganz verwirrt.

„Kurz gesagt", faßte der Direktor zusammen, „die Eltern waren der Vater und die Mutter." Diese unflätigen Ausdrücke, die in Wirklichkeit reine Wissenschaft waren, fielen wie Donnerkeile in das allgemeine verlegene Schweigen. „Die Mut-
125 ter", wiederholte er laut und rieb ihnen nochmals diese Wissenschaft unter die Nase. „Ich weiß", bemerkte er ernst, in seinen Stuhl zurückgelehnt, „ich weiß, das sind peinliche Dinge. Aber die meisten geschichtlichen Tatsachen sind peinlich." Er kam wieder auf den kleinen Ruben zurück, in dessen Zimmer eines Abends Vater – krach! – und Mutter – bum! – das Radio abzustellen vergaßen.

130 („Sie müssen sich vergegenwärtigen, daß in jenen Zeiten roher Fortpflanzung durch Lebendgebären die Aufzucht und Erziehung der Kinder in den Händen ihrer Eltern und nicht der staatlichen Normzentrale lag.")

Während das Kind schlief, meldete sich plötzlich London mit seinem Programm. Am nächsten Morgen geschah es, daß der kleine Ruben zum größten Er-
135 staunen seines Krach und seiner Bum – die keckeren Studenten wagten, einander vielsagend zuzugrinsen, – Wort für Wort einen langen Vortrag jenes wunderlichen antiken Schriftstellers wiederholte – „eines jener wenigen Autoren, deren Werke man auf uns kommen ließ", – George Bernard Shaws, der, einer verbürgten Überlieferung zufolge, über sein eigenes Genie sprach. Dem Hmhm und der
140 Hihi des kleinen Ruben war natürlich dieser Vortrag ganz unverständlich; sie glaubten, ihr Kind sei plötzlich verrückt geworden, und schickten nach dem Arzt. Glücklicherweise verstand er Englisch, erkannte Shaws Radiovortrag vom Abend vorher wieder, begriff die Bedeutung dieses Phänomens und veröffentlichte einen Artikel darüber in den medizinischen Zeitschriften.

145 „Das Prinzip der Schlafschule oder Hypnopädie war entdeckt." Der BUND machte eine eindrucksvolle Pause. „Das Prinzip war entdeckt, aber noch viele Jahre mußten vergehn, bevor es nutzbringend angewandt werden konnte. Der Fall des kleinen Ruben ereignete sich bloß dreiundzwanzig Jahre, nachdem Unseres Herrn Fords erstes T-Modell* auf den Markt gebracht worden war." Bei diesen
150 Worten schlug der Direktor das Zeichen des T's auf seinem Bauch. Desgleichen taten ehrfürchtig auch alle Studenten. „Und doch …"

Die Studenten kritzelten fieberhaft. *Hypnopädie, das erstemal erst 214 n. F. öffentlich in Gebrauch. Warum nicht früher? Aus zwei Gründen, a) …*

„Die Forscher jener früheren Zeiten", erklärte der BUND, „waren mit ihren
155 Experimenten auf einer falschen Fährte. Sie glaubten, man könne die Hypnopädie als Mittel zur geistigen Bildung verwenden …"

170

… Ein kleiner Junge, auf der rechten Seite schlafend, den rechten Arm von sich gestreckt; die Hand hängt schlaff über den Bettrand. Aus einer runden Öffnung in einem Kästchen spricht eine leise Stimme zu ihm: „Der Nil ist der längste Fluß Afrikas und der zweitlängste Fluß der Erde. Er erreicht zwar nicht die Länge des Mississippi-Missouri, aber er steht obenan unter allen Flüssen, was die Länge seines Stromgebiets betrifft, das sich durch fünfunddreißig Breitengrade erstreckt …“

Am nächsten Morgen beim Frühstück fragt jemand: „Weißt du, welches der längste Fluß Afrikas ist, Mäxchen?“ Mäxchen schüttelt den Kopf.

„Erinnerst du dich nicht an etwas, das so anfängt: Der Nil ist der längste …?“

„Dernilistderlängsteflußafrikasundderzweitlängsteflußdererdeererreichtzwarnichtdie …“, sprudeln die Worte hervor, „… längedesmississippimissouri …“

„Brav! Wie heißt also der längste Fluß Afrikas?“

Die Augen starren verständnislos. „Ich weiß nicht.“

„Aber der Nil doch, Mäxchen!“

„Dernilistderlängsteflußafrik –“

„Also, welches ist der längste Fluß?“

Mäxchen bricht in Tränen aus. „Ich wei-eiß nicht“, plärrt er …

Dieses Geplärr entmutigte, wie der Direktor erklärte, die Forscher jener Zeiten. Man gab das Experimentieren auf. Es wurde kein Versuch mehr gemacht, den Kindern die Länge des Nils im Schlaf beizubringen. Und mit Recht: man kann eine Wissenschaft nicht erlernen, wenn man nicht weiß, wovon sie handelt.

„Hätte man dagegen mit sittlicher Bildung begonnen –“, sagte der Direktor und schritt zum Ausgang voran. Die Studenten folgten, im Gehn und noch im Aufzug krampfhaft kritzelnd, „ – mit sittlicher Bildung, die nie und unter keinen Umständen eine verstandesmäßige sein sollte …“

„Stille! Stille!“ flüsterte ein Lautsprecher, als sie im vierzehnten Stockwerk ausstiegen. „Stille! Stille!“ wiederholten unermüdlich die Schalltrichter am Ende jedes Korridors. Die Studenten und auch der Direktor gingen unwillkürlich auf den Zehenspitzen. Sie waren natürlich alle Alphas, aber auch Alphas wissen, was sie ihrer Aufnormung schuldig sind. „Stille! Stille!“ Durch das ganze vierzehnte Stockwerk dieser kategorische Imperativ. Sie schlichen vierzig Meter auf den Zehenspitzen bis vor eine Tür, die der Direktor behutsam öffnete, und traten über die Schwelle in das Dämmerlicht eines Schlafsaals mit herabgelassenen Jalousien. Achtzig Gitterbettchen standen in einer Reihe an der Wand. Man vernahm regelmäßige Atemzüge und ein unaufhörliches Murmeln wie von fernen Flüsterstimmen.

Eine Pflegerin erhob sich bei ihrem Eintritt und stand vor dem BUND stramm.

„Welche Lektion ist heute nachmittag an der Reihe?“ fragte er.

„In den ersten zwanzig Minuten hatten wir Elementarkunde des Geschlechtslebens. Und jetzt sind Anfangsgründe des Kastenbewußtseins eingeschaltet.“

Langsam schritt der Direktor die lange Bettenreihe ab. Rosig und schlafgelöst lagen achtzig kleine Mädchen und Knaben sanft atmend da. Unter jedem Kissen flüsterte es. Der Direktor beugte sich aufmerksam lauschend über ein Bettchen.

„Anfangsgründe des Kastenbewußtseins, sagen Sie? Das wollen wir ein wenig lauter hören!“

An der Endwand des Saals war ein Lautsprecher angebracht. Der Direktor drehte einen Knopf.

„… tragen alle Grün", sagte eine leise, ungemein klare Stimme mitten im Satz, „und Deltakinder tragen Khaki. Nein, ich mag nicht mit Deltakindern spielen. Und Epsilons sind noch schlimmer. Sie sind zu dumm zum Lesen und Schreiben. Außerdem tragen sie Schwarz, und das ist eine abscheuliche Farbe. Oh, wie froh bin ich, daß ich ein Beta bin!"

Pause. Dann begann die Stimme von neuem.

„Alphakinder tragen Grau. Sie arbeiten viel mehr als wir, weil sie so schrecklich klug sind. Oh, wie froh bin ich, daß ich ein Beta bin und nicht so viel arbeiten muß! Wir Betas sind etwas viel Besseres als Gammas und Deltas. Gammas sind dumm. Sie tragen alle Grün, und Deltakinder tragen Khaki. Nein, ich mag nicht mit Deltakindern spielen. Und Epsilons sind noch schlimmer. Sie sind zu dumm zum …"

Der BUND drehte den Knopf zurück. Die Stimme schwieg, nur ihr wispernder Schemen geisterte unter den achtzig Kissen weiter.

„Man wiederholt es ihnen vierzig- bis fünfzigmal, bevor sie erwachen, dann Donnerstag und Sonnabend nochmals. Hundertzwanzigmal in der Woche, dreißig Monate lang. Nachher erhalten sie Unterricht für Vorgeschrittene."

Rosen und elektrische Schläge, das Khaki der Deltas und ein Rüchlein Asafötida*, unlöslich miteinander verknüpft, noch bevor das Kind sprechen lernt. Aber Reflexnormung ohne Worte ist grobschlächtig und summarisch, sie vermag kein feineres Unterscheidungsgefühl zu verleihen, kein richtiges Benehmen für schwierige Lebenslagen einzuimpfen. Dazu braucht es Worte, jedoch ohne Sinn, kurz, Hypnopädie.

„Hypnopädie ist das stärkste Mittel zur Hebung der Sittlichkeit und des Gemeinschaftsgefühls, das es je gegeben hat."

Die Studenten vermerkten es in ihren Heften. Direkt vom Erzeuger.

Der BUND drehte nochmals den Knopf.

„… weil sie so schrecklich klug sind", sagte die leise eindringliche Stimme unermüdlich. „Oh, wie froh bin ich, daß ich ein Beta bin …"

Nicht wie Wassertropfen, wenngleich Wasser Löcher in den härtesten Granit zu höhlen vermag, sondern eher wie Tropfen flüssigen Siegelwachses, die kleben, sich verkrusten und mit dem, worauf sie fallen, verschmelzen, bis der Felsblock ein einziger Scharlachklecks ist.

„Bis endlich der Geist des Kindes aus lauter solchen Einflüsterungen besteht und die Stimme dieser Einflüsterungen selbst der Geist des Kindes ist. Und nicht nur der des Kindes, auch des Erwachsenen – auf Lebenszeit. Der urteilende, begehrende, Entschlüsse fassende Verstand – er ist aus diesen Einflüsterungen aufgebaut. Und alle diese Einflüsterungen sind unsere Einflüsterungen!"

Fast triumphierend rief es der Direktor. „Einflüsterungen des Staates!" Er schlug auf den Tisch, neben dem er stand. „Und daraus folgt …"

Ein Geräusch ließ ihn sich umwenden.

„Allmächtiger Ford!" sagte er in verändertem Ton. „Jetzt hab ich die Kinder aufgeweckt!"

172

Schwerter zu Pflugscharen.
Statue des russischen Bild-
hauers E. Vuchetich im
Garten des UNO-Gebäu-
des, New York

Schwerter zu Pflugscharen

Dies ist's, was Jesaja, der Sohn des Amoz, geschaut hat über Juda und Jerusalem:
    Es wird zur letzten Zeit der Berg, da des HERRN Haus ist, fest stehen, höher als
alle Berge und über alle Hügel erhaben, und alle Heiden werden herlaufen, und
viele Völker werden hingehen und sagen: Kommt, laßt uns auf den Berg des
5 HERRN gehen, zum Hause des Gottes Jakobs, daß er uns lehre seine Wege und wir
wandeln auf seinen Steigen! Denn von Zion* wird Weisung ausgehen und des
HERRN Wort von Jerusalem.
    Und er wird richten unter den Heiden und zurechtweisen viele Völker. Da
werden sie ihre Schwerter zu Pflugscharen und ihre Spieße zu Sicheln machen.
10 Denn es wird kein Volk wider das andere das Schwert erheben, und sie werden
hinfort nicht mehr lernen, Krieg zu führen.   *(Jesaja 2,1–4)*

Günther Anders

Umschmieden

Nachdem er die zweitausend Schwerter und Spieße seiner Landsknechte durch
neunhundert Musketen* und hundert Kanonen hatte ersetzen lassen, ergriff der
Landesfürst die Rechte seines Bischofs. „Nun sind wir soweit", sprach er, während
zehn Böllerschüsse die große Stunde des Triumphs, auf die sie seit einundeinhalb
5 Jahrtausenden gehofft hatten, feierlich besiegelten, „nun erfüllen sich Ihre schönsten Träume. Denn nun dürfen wir unsere Schwerter wirklich in Pflugscharen umschmieden."

173

Pieter Brueghel d. Ä. (um 1525–1569): Der Turmbau von Babel

Global 2000
Der Bericht an den Präsidenten

Im Auftrage des amerikanischen Präsidenten J. Carter untersuchte eine Kommission in den Jahren 1977–1979 die „voraussichtlichen Veränderungen der Bevölkerung, der natürlichen Ressourcen (Produktionsmittel) und der Umwelt auf der Erde in diesem Jahrhundert" und stellte die Ergebnisse in einem dreibändigen Werk unter dem Titel „Global 2000" vor. In der Einleitung heißt es:

174

Die wichtigsten Erkenntnisse und Schlußfolgerungen

Wenn sich die gegenwärtigen Entwicklungstrends fortsetzen, wird die Welt im Jahre 2000 noch übervölkerter, verschmutzter, ökologisch noch weniger stabil und für Störungen anfälliger sein als die Welt, in der wir heute leben. Ein starker Bevöl-
5 kerungsdruck, ein starker Druck auf Ressourcen* und Umwelt lassen sich deutlich voraussehen. Trotz eines größeren materiellen Outputs* werden die Menschen auf der Welt in vieler Hinsicht ärmer sein, als sie es heute sind.

Für Millionen und Abermillionen der Allerärmsten wird sich die Aussicht auf Nahrungsmittel und andere Lebensnotwendigkeiten nicht verbessern. Für viele von ih-
10 nen wird sie sich verschlechtern. Sofern es im Bereich der Technologie nicht zu revolutionären Fortschritten kommt, wird das Leben für die meisten Menschen auf der Welt im Jahre 2000 ungewisser sein als heute – es sei denn, die Nationen der Welt arbeiten entschlossen darauf hin, die gegenwärtigen Entwicklungstrends zu verändern.

15 So sieht im wesentlichen das Bild aus, das sich aus den in dieser Studie vorgelegten Prognosen der US-Regierung zu den wahrscheinlichen Veränderungen der Weltbevölkerung, der Ressourcen und der Umwelt bis zum Ende dieses Jahrhunderts ergibt. Sie machen keine Voraussagen darüber, was geschehen wird. Sie schildern vielmehr Verhältnisse, die sich wahrscheinlich einstellen würden, wenn es
20 nicht zu politischen, institutionellen oder entscheidenden technischen Wandlungen kommt und wenn es keine Kriege oder andere tiefgreifende Störungen gibt. Ein genaueres Wissen um die gegenwärtigen Entwicklungstrends könnte jedoch Wandlungen einleiten, die diese Trends und das prognostizierte Ergebnis verändern.

Die wichtigsten Erkenntnisse

25 Das rapide Wachstum der Weltbevölkerung wird sich bis zum Jahre 2000 nur unwesentlich verlangsamen. Die Weltbevölkerung wird von 4 Mrd. im Jahr 1975 auf 6,35 Mrd. im Jahre 2000 anwachsen, eine Zunahme von mehr als 50%. Die jährliche Wachstumsrate wird nur geringfügig von 1,8 auf 1,7% zurückgehen. In absoluten Zahlen wird die Bevölkerung im Jahre 2000 schneller zunehmen als heute, nämlich
30 um 100 Mill. Menschen jährlich, im Vergleich zu 75 Mill. im Jahre 1975. 90% dieses Wachstums fällt auf die ärmsten Länder der Erde.

Während das Wirtschaftswachstum der unterentwickelten Länder (UL) voraussichtlich größer ist als das der Industrienationen, bleibt das Bruttosozialprodukt* pro Kopf in den meisten UL niedrig. Das durchschnittliche Bruttosozialprodukt pro
35 Kopf wird voraussichtlich in einigen UL deutlich ansteigen (besonders in Lateinamerika), in den großen bevölkerungsreichen Nationen Südasiens bleibt es jedoch unter $ 200 jährlich (in Dollarwerten von 1975). Die schon bestehende tiefe Kluft zwischen reichen und armen Nationen wird sich weiter vertiefen.

Die Nahrungsmittelproduktion auf der Erde wird sich den Prognosen* zufolge in
40 den 30 Jahren zwischen 1970 und 2000 um 90% steigern. Das bedeutet eine globale Pro-Kopf-Zunahme für den gleichen Zeitraum von weniger als 15%. Der

Hauptteil dieser Zunahme fällt an Länder, die schon einen relativ hohen Pro-Kopf-Verbrauch an Nahrungsmitteln aufweisen. Dagegen wird sich der Pro-Kopf-Verbrauch in Südasien, im Mittleren Osten und in den UL Afrikas kaum erhöhen oder
45 sogar unter das unzureichende Niveau von heute sinken. In der gleichen Zeit werden sich die Realpreise für Nahrungsmittel voraussichtlich verdoppeln.

Das anbaufähige Land wird sich bis zum Jahr 2000 nur um 4% vergrößern, so daß die Nahrungsmittelsteigerungen hauptsächlich über höhere Erträge erreicht werden müssen. Die meisten Faktoren, die heute zur Erzielung höherer Erträge bei-
50 steuern – Düngemittel, Pestizide, Energie zur Bewässerung und Brennstoff für Maschinen – sind stark abhängig von Erdöl und Erdgas.

In den 90er Jahren wird die Ölproduktion der Erde – auch bei rapide steigenden Rohölpreisen – den geologischen Schätzungen zufolge ihre maximale Förderleistung erreichen. Die Studie geht davon aus, daß die reichen Industrienationen in
55 der Lage sein werden, sich genug Öl und andere wirtschaftliche Energiequellen zu sichern, um während der 90er Jahre ihren wachsenden Bedarf zu decken. Wegen der erwarteten Preisanstiege werden die weniger entwickelten Länder auf zunehmende Schwierigkeiten bei der Deckung ihres Energiebedarfs stoßen. Für jenes Viertel der Menschheit, das primär vom Holz als Brennstoff abhängig ist, ergeben
60 sich niederdrückende Aussichten. Noch vor der Jahrhundertwende wird der Bedarf an Brennholz die verfügbaren Vorräte um 25% übersteigen.

Die nicht-regenerierbaren* Brennstoffe auf der Welt – Kohle, Erdöl, Erdgas, Öl-schiefer, Teersand und Uran – reichen theoretisch zwar noch für Jahrhunderte, aber sie sind nicht gleichmäßig verteilt, sie werfen schwerwiegende ökonomische
65 und Umweltprobleme auf, und es bestehen starke Unterschiede, was ihre Nutzbarkeit und Abbaufähigkeit angeht.

Sonstige mineralische Rohstoffe scheinen im großen und ganzen ausreichend, um den voraussichtlichen Bedarf bis über das Jahr 2000 hinaus zu decken, aber die Erschließung weiterer Vorkommen und zusätzliche Investitionen werden erforder-
70 lich sein, um die Reserven zu erhalten. Außerdem werden die Produktionskosten mit den Energiepreisen steigen, so daß einige Mineralienressourcen unrentabel werden können. Jenes Viertel der Weltbevölkerung, das in den Industrienationen lebt, wird weiterhin drei Viertel der Weltproduktion an mineralischen Rohstoffen verbrauchen.

75 Regionale Wasserknappheit wird zu einem immer ernsteren Problem. In der Zeit zwischen 1970 und 2000 wird allein schon das Bevölkerungswachstum nahezu auf der halben Erde zu einer Verdoppelung des Wasserbedarfs führen. Noch größere Steigerungen wären erforderlich, um den Lebensstandard zu erhöhen. In vielen UL wird die Wasserversorgung infolge der starken Abholzung von Wäldern um das
80 Jahr 2000 immer unberechenbarer. Die Erschließung neuer Möglichkeiten zur Wasserversorgung wird praktisch überall immer teurer.

Während der nächsten 20 Jahre werden auch weiterhin große Waldflächen auf der Erde verschwinden, da die Nachfrage nach Holzprodukten und Brennholz zunimmt. Die Nutzholzvorräte gehen voraussichtlich um 50% pro Kopf zurück. Die
85 Wälder auf der Erde verschwinden heute mit einer Geschwindigkeit von 18–20 Mill. Hektar jährlich (ein Gebiet von der halben Größe Kaliforniens), wobei die größten Verluste in den tropischen Regenwäldern Afrikas, Asiens und Südamerikas zu ver-

176

zeichnen sind. Die Prognosen deuten darauf hin, daß um das Jahr 2000 etwa 40%
der heute noch vorhandenen Walddecke in den UL verschwunden sein wird.
90 Infolge von Erosion*, Verlust an organischen Stoffen, Wüstenausbreitung, Versal-
zung, Alkalisierung* und Versumpfung wird es weltweit zu einer ernsthaften Ver-
schlechterung der landwirtschaftlichen Nutzflächen kommen. Schon jetzt verödet
in jedem Jahr Feld- und Weideland etwa von der Ausdehnung des US-Bundesstaa-
tes Maine, und die Ausbreitung wüstenähnlicher Bodenverhältnisse beschleunigt
95 sich wahrscheinlich noch.

Die Konzentration von Kohlendioxyd und ozonabbauenden Chemikalien in der
Atmosphäre wird voraussichtlich in einem solchen Maße zunehmen, daß sich das
Klima auf der Erde und die obere Atmosphäre bis zum Jahre 2050 entscheidend
verändert. Saurer Regen infolge gesteigerter Verwendung fossiler Brennstoffe (vor
100 allem Kohle) bedroht Seen, Böden und Ernten. Radioaktive und andere gefährliche
Stoffe werfen in einer zunehmenden Zahl von Ländern Gesundheits- und Sicher-
heitsprobleme auf.

Die Ausrottung von Pflanzen- und Tierarten wird dramatisch zunehmen. Hundert-
tausende von Arten – vielleicht 20% aller Arten auf der Erde – werden unwieder-
105 bringlich verlorengehen, wenn ihre Lebensräume, vor allem in den tropischen Wäldern, zerstört werden. [...]

Schlußfolgerungen

Bei den gegenwärtigen und prognostizierten Wachstumsraten würde die Weltbevölkerung um das Jahr 2030 die 10 Mrd. und gegen Ende des 21. Jahrhunderts die
110 30 Mrd. erreichen. Diese Zahlen entsprechen ziemlich genau den Schätzungen der
amerikanischen National Academy of Sciences in bezug auf die äußerste Belastbarkeit der gesamten Erde. Schon heute haben die Bevölkerungen in Afrika südlich
der Sahara und im asiatischen Himalaya die Belastbarkeit ihrer unmittelbaren Lebensräume überschritten, was die Möglichkeiten des Landes, das Leben der auf
115 ihm wohnenden Menschen zu sichern, zunehmend einschränkt. Die daraus resul-
tierende Armut und der schlechte Gesundheitszustand haben die Bemühungen um
Geburtenkontrolle zusätzlich erschwert. Wenn dieser Zirkel eng miteinander ver-
knüpfter Probleme nicht bald aufgebrochen wird, dann wird sich das Bevölkerungswachstum in diesen Gebieten leider aus anderen Gründen als dem Rückgang der
120 Geburtenraten verlangsamen. Hunger und Krankheit werden das Leben von mehr
Babys und Kleinkindern fordern, und eine größere Zahl der Überlebenden wird infolge von Unterernährung in der Kindheit geistig und körperlich behindert sein.

Das Problem, die Belastbarkeit der Erde zu erhalten, und annehmbare Lebens-
möglichkeiten für die Menschen, die sie bevölkern, zu erhalten, ist in der Tat riesig
125 und stellt sich immer drängender. Es gibt jedoch Grund zur Hoffnung. Es muß betont werden, daß die Prognosen dieser Studie von der Annahme ausgehen, daß
sich bis zum Ende dieses Jahrhunderts an der Politik der verschiedenen Nationen
hinsichtlich der Bevölkerungsstabilisierung, der Ressourcenerhaltung und des Umweltschutzes nichts Wesentliches ändert. In Wirklichkeit aber beginnt sich hier ein

130 Wandel abzuzeichnen. In manchen Gebieten werden Wälder nach der Abholzung
wieder aufgeforstet. Einige Länder unternehmen Schritte zur Eindämmung der Bo-
denverluste und der Wüstenausdehnung. Das Interesse an Energieeinsparung
nimmt zu, und man investiert große Summen zur Erforschung von Alternativen zur
Abhängigkeit vom Erdöl. Langsam wächst das Verständnis für die Notwendigkeit
135 von Familienplanung. Die Wasserversorgung wird verbessert, und Abfallbeseiti-
gungssysteme werden errichtet. Hochertragreiches Saatgut steht in großem Umfang zur Verfügung und Saatgutbanken werden ausgebaut. Bestimmte unberührte
Gebiete mit ihren genetischen Ressourcen werden unter Schutz gestellt. Natürliche Schädlingsbekämpfungsmittel und ausgewählte Pestizide treten an die Stelle
140 der langlebigen Pestizide mit ihrer zerstörerischen Wirkung.

So ermutigend diese Entwicklungen auch sind – angesichts der globalen Heraus-
forderungen, die diese Studie umreißt, reichen sie bei weitem nicht aus. Mutige und
entschlossene neue Initiativen sind erforderlich, wenn die zunehmende Armut, die
Vermehrung menschlichen Leidens, wenn Umweltzerstörung und internationale
145 Spannungen und Konflikte vermieden werden sollen. Diese Probleme sind unauf-
löslich mit den komplexesten und dringendsten Problemen unserer Welt verknüpft
– Armut, Ungerechtigkeit und gesellschaftliche Konflikte. Neue und phantasievolle
Ideen – und die Bereitschaft, sie in die Tat umzusetzen – sind heute wichtiger als alles andere.

150 Die erforderlichen Veränderungen gehen weit über die Möglichkeiten und Verant-
wortlichkeiten dieser oder jener einzelnen Nation hinaus. Es muß eine neue Ära der
Zusammenarbeit und der gegenseitigen Verpflichtung beginnen. [...]

Mit ihren Beschränkungen und groben Annäherungswerten sollte man in der vorliegenden Studie nicht mehr sehen als einen tastenden Versuch, die Zukunft zu er-
155 kunden. Gleichwohl werden ihre Erkenntnisse von ähnlichen Ergebnissen anderer
Globalstudien aus jüngerer Zeit, die bei der Erarbeitung der vorliegenden Studie
berücksichtigt wurden, bestätigt. All diese Studien stimmen im großen und ganzen
darin überein, wo die Probleme liegen und welche Bedrohungen sie für das künftige Wohlergehen der Menschheit darstellen. Die vorliegenden Informationen las-
160 sen keinen Zweifel darüber, daß die Welt – und auch unser Land – in den unmittelbar bevorstehenden Jahrzehnten mit ungeheuer dringlichen Problemen von großer
Komplexität zu kämpfen haben wird. Prompte und mutige Wandlungen in der Politik
auf der ganzen Welt sind erforderlich, um diese Probleme zu umgehen oder zu re-
duzieren, bevor sie sich nicht mehr bewältigen lassen. Wirkungsvolles Handeln er-
165 fordert lange Anlaufzeiten. Zögert man die Entscheidungen so lange hinaus, bis
sich die Probleme verschlimmert haben, so wird sich der Spielraum für wirkungsvolles Handeln drastisch verringern.

Das Lied von der Erde

(Kometen-Song)

Denn nahe, viel näher, als ihr es begreift,
Hab ich die Erde gesehn.
Ich sah sie von goldenen Saaten umreift,
Vom Schatten des Bombenflugzeugs gestreift
Und erfüllt von Maschinengedröhn.
Ich sah sie von Radiosendern bespickt;
Die warfen Wellen von Lüge und Haß.
Ich sah sie verlaust, verarmt – und beglückt
Mit Reichtum ohne Maß.

Voll Hunger und voll Brot ist diese Erde,
Voll Leben und voll Tod ist diese Erde,
In Armut und in Reichtum grenzenlos.
Gesegnet und verdammt ist diese Erde,
Von Schönheit hell umflammt ist diese Erde,
Und ihre Zukunft ist herrlich und groß.

Denn nahe, viel näher als ihr es begreift,
Steht diese Zukunft bevor.
Ich sah, wie sie zwischen den Saaten schon reift,
Die Schatten vom Antlitz der Erde schon streift
Und greift zu den Sternen empor.
Ich weiß, daß von Sender zu Sender bald fliegt
Die Nachricht vom Tag, da die Erde genas.
Dann schwelgt diese Erde, erlöst und beglückt,
In Reichtum ohne Maß.

Voll Hunger und voll Brot ist diese Erde,
Voll Leben und voll Tod ist diese Erde,
In Armut und in Reichtum grenzenlos.
Gesegnet und verdammt ist diese Erde,
Von Schönheit hell umflammt ist diese Erde,
Und ihre Zukunft ist herrlich und groß!

Jura Soyfer

Die neuen Leiden des jungen W.

Wolfgang Gast

Ulrich Plenzdorf: Die neuen Leiden des jungen W. (Inhaltsübersicht)

Edgar Wibeau, Lehrling in einer DDR-Kleinstadt, bricht nach einem Streit mit seinem Meister die Lehre ab, verläßt sein Zuhause bei seiner Mutter (der Vater lebt allein in Berlin) und findet Unterschlupf in einer abbruchreifen Laube in Ost-Berlin. Zufällig entdeckt er auf der Toilette ein altes Exemplar von Goethes Roman „Die
5 Leiden des jungen Werthers", dessen Umschlagseite zwar fehlt, den er aber mit wachsendem Interesse in einem Zug durchliest. Durch Zitate aus diesem Roman, die seine eigene Situation spiegeln und die er auf ein Tonband spricht, hält er Kontakt zu seinem Freund Willi.

Auf dem Nachbargrundstück neben der Laube lernt er die 20jährige Kindergärt-
10 nerin Charly kennen, verliebt sich in sie und teilt Willi die Begegnung sowie die dadurch ausgelösten Gefühle durch passende Zitate aus Goethes „Werther" mit.

Als Charlys Verlobter Dieter nach seiner Militärzeit zurückkehrt und ein Studium aufnimmt, heiratet Charly ihn, und sie ziehen fort. Später besucht Edgar Charly noch einmal, macht eine Bootsfahrt mit ihr, sie küssen sich, aber sie kehrt zu ihrem
15 Mann Dieter zurück.

180

Um Geld zu verdienen, geht Edgar auf den Bau und arbeitet in einer Malerbrigade*, die nebenbei mit der Entwicklung eines „nebellosen Farbspritzgerätes" beschäftigt ist. Hier entwickelt Edgar nun – von Brigadeleiter Addi feindselig beobachtet, aber von Zaremba, einem Kumpel aus der Brigade, freundschaftlich gestützt –
20 den Ehrgeiz, heimlich in seiner Laube selbst das nebellose Farbspritzgerät zu bauen. Kurz vor Beendigung seiner Arbeit erleidet er einen 380-Volt-Stromschlag und stirbt.

Die Geschichte wird auf mehreren Handlungs- und Zeitebenen erzählt: sie beginnt mit der Nachricht von seinem Tod, dessen Vorgeschichte der Vater Edgars
25 durch Recherchen* bei Willi, Charly und der Brigade aufklären will. Der tote Edgar tritt von Zeit zu Zeit auf und kommentiert aus seiner Sicht das Geschehen auf den verschiedenen Handlungsebenen.

Plenzdorf hatte die „Neuen Leiden" ursprünglich als Skript für einen Film geschrieben. Da der Film nicht produziert wurde, arbeitete er den Stoff zu einem
30 Theaterstück um (Uraufführung in Halle 1972). Später entstand dann eine Prosafassung. Ein Fernsehspiel wurde 1976 von der ARD produziert.

Ulrich Plenzdorf

Aus dem Filmskript

Der folgende Textausschnitt stammt aus der sogenannten Urfassung (1968/69), als Filmskript in Bildern „für den Film gedacht und geschrieben" (Plenzdorf). Der Handlungsaufbau gleicht im wesentlichen der späteren Prosafassung, inhaltlich weicht der hier abgedruckte Schluß jedoch stark von späteren Bearbeitungen ab.

(91) Edgar arbeitet an der Spritze, mit ganzer Kraft und mit allen Mitteln, die ihm zur Verfügung stehen, ohne zu essen, ohne zu schlafen, Tag und Nacht. Das Ding droht ihm unter all seinen fantastischen Improvisationen über den Kopf zu wachsen, und es ist nicht mal ungefährlich.
5 Gelegentlich verbindet er zwei Leitungen falsch, und es gibt einen Kurzschluß, der ihn für eine Zeit völlig lahmlegt. Natürlich hat er keine neuen Sicherungen, also muß er die alten reparieren, und als ihm dazu die Geduld fehlt, den Sicherungskasten überbrücken ...

Schließlich ist er soweit, daß er die Farbe in den Bottich der alten Holz-
10 waschmaschine füllen kann.

Um die Zeit ist er erheblich vom Fleisch gefallen, und der Bart ist ihm gewachsen. Das ist am vierundzwanzigsten. Er wäscht sich, rasiert sich oder lieber doch nicht, baut seine etwas vernachlässigten Werke sorgfältig auf, legt das Tonbandgerät dazu.
15 Dann überprüft er die Funktionstüchtigkeit folgender Einrichtung, die er nebenbei noch aufgebaut hat:

Das Luftgewehr auf einem Lattenstativ befestigt, der Hahn mit einer Art Reißleine auszulösen.

181

In der Decke einen Haken eingeschraubt, mit einer Seilschlinge sich um
den Hals zu legen. Ein Hocker, um sich daraufzustellen.
Genügend Kugeln sind im Magazin. Der Haken sitzt fest. Der Knoten läßt
sich zuziehen. Der Hocker steht fest. Jetzt kommt es drauf an: wird die
Spritze funktionieren oder nicht. Einigermaßen feierlich tritt Edgar an das
Schaltpult – eine abgewrackte Schreibmaschine.

25 (92) Er drückt auf eine Taste – es knistert, aber nichts passiert. Er drückt wieder –
derselbe Effekt.
Edgar schluckt. Er drückt zum drittenmal – nichts.
In einer Art Koller drückt er alle Tasten nacheinander – immer noch nichts.
Es hilft alles nichts – er muß auf den Hocker.
30 Leicht fällt es ihm nicht.
Er legt sich die Schlinge um den Hals, macht die Augen zu und zieht die
Reißleine.
Die Flinte schießt zwar, aber in die Decke, er hat zu stark gezogen. Der
Hocker fällt auch um, aber der Haken reißt aus der Decke, und Edgar fällt,
35 und zwar mit dem Hinterkopf auf die Tasten der Schreibmaschine.
Parong! Aus. Schwarzfilm.

(93) Handwerker tragen Edgar.
Zaremba, Addie, Jonas und ein vierter.
Sie tragen ihn auf einer Bahre zum Wagen der Schnellhilfe.
40 Der Wagen arbeitet sich mit Sirene und Blaulicht aus der Laubenkolonie.

(94) Die Maler in dem, was von der Laube, vor allem der Küche, noch da ist. Sie
stehen unter freiem Himmel, das Dach ist nicht mehr vorhanden. Farbe trieft
überall von den Wänden, gleichzeitig kokelt etwas. Zaremba tritt es aus.
Addie kramt mit dem Fuß in den Trümmern von Edgars Konstruktion.
45 Was er dann in der Hand hält, kennen alle: eine Düse von ihrer Farbspritze.
Alle sehen Zaremba an.
Zaremba macht:
No …
Diesmal schuldbewußt.
50 Jetzt fängt ein allgemeines Kramen in den Trümmern und ein Rekon-
struieren von Edgars Gerät an. Keiner weiß viel mit den einzelnen Teilen an-
zufangen, aber zuletzt liegt doch etwas da, was von allem Unwesentlichen
befreit eine Spritze ergibt. Nur etwas ist noch übrig, etwas Längliches …
Jonas meint:
55 'N Stoßdämpfer?
Zaremba steuert bei:
Da, wo er her ist, haben sie auch Stoßdämpfer gemacht.
Alle sehen auf Addie, wenn der es nicht weiß, weiß es keiner.
Addie denkt scharf nach und dann kommt es:
60 Wißt ihr, was das ist? Das ist kein Stoßdämpfer, das ist eher das Gegenteil, das ist das Kernstück, damit hat er den Druck gemacht …

182

er sieht zum weggeflogenen Dach ...

damit, und nicht mit Luft, wie wir, einwandfrei und auf *die* Art ...

(95) Im Krankenhaus.

Edgar ist völlig weiß vor Binden und Gips. Nur Ohren, etwas Nase, Mund und ein Auge sind frei, aber er hat es nicht offen. Um sein Bett stehen die Maler, in Kopfhöhe sitzt seine Mutter.

Endlich fängt Addie an:

Edgar?! Kannst du uns sehen oder hören?! Mach doch kein Quatsch! Hör zu! Folgendes:

Auf seinen Wink halten die Maler Edgar mehrere Tafeln und große Fotografien hin.

Addie fängt an, mit einem Zeigestock zu erklären:

Also folgendes: Der Mangel unserer Spritze war der Luftdruck, klar. Das *mußte* diesen Nebel geben. *Dein* Gerät arbeitet hydraulisch und das ist natürlich der Stein der Weisen, einwandfrei. Ist bloß keiner draufgekommen, außer dir ...

Das letztere fällt ihm keineswegs leicht.

In Edgar ist Leben gekommen, oder besser: er hat Leben in sich kommen lassen. Er nimmt die Tafeln mit den schematischen Konstruktionszeichnungen auf, und die Fotografien der fertigen und offenbar funktionierenden Spritze, und was er ab jetzt aus Addies Mund hört, ist nur noch Musik, herrliche Musik, Weihnachtsmusik. Pauken und Flöten und auch Trompeten. Nur zwei Worte sind immer wieder da: Patent und international. Seine Mutter schwitzt vor Stolz.

Musik aus.

Charlotte ist da, mit Blumen und in großer Sorge.

Sie legt sie Edgar auf die Brust.

Edgar sieht sie für eine Sekunde an, dann kommt wieder die Musik, und Edgar will die Tafeln näher, daß er besser sehen kann. Charlotte steht noch ein bißchen rum, dann geht sie, wie man so geht, wenn man nicht mehr gefragt ist.

(96) Edgars Kleinstadt.

Am Werktor empfangen ihn die Lehrlinge, die jüngsten nunmehr, zum Chor aufgebaut, mit einem frohen Lied. Dirigent: der Lehrausbilder.

Edgar selbst ist in nagelneuem Anzug, ansonsten aber noch recht gerupft. Kaum Haare und über einem Auge eine schwarze Klappe.

(97) Edgar vor seinem ehemaligen Arbeitsplatz.

Er ist mit Grün umkränzt, einschließlich seinem Bild darüber. Der Lehrausbilder glänzt vor Wohlwollen und Aufregung. Er will mit aufs Bild, das hier von Edgar gemacht wird. Die Mädchen himmeln Edgar an, wollen Autogramme, die Edgar großmütig und geduldig gibt.

Es folgen noch Bild 98 „Edgar zu Hause“ und die Bilder 99–101 „Edgar und Willi, beide gehen wieder nach Berlin“.

Wolfgang Gast

Das Blue-Screen-Verfahren

Die technische Grundlage dieses elektronischen Trickverfahrens besteht in der
Möglichkeit, aus einem Farbbild mit Hilfe einer elektronischen Weiche die Farbe
Blau herauszustanzen und die so entstandene Lücke durch ein anderes farbiges
Bild zu füllen. Das Funktionsschema (vgl. Abbildung) verdeutlicht den Vorgang
5 im einzelnen: Farbkamera 1 nimmt eine Szene auf (hier auf dem Bild mit der Sän-
gerin Lale Andersen), die Bühne ist vor einer blauen Leinwand (englisch: blue-
screen) aufgebaut, so daß ein Bild mit blauem Hintergrund entsteht. Im Falle des
Fernsehspiels „Die neuen Leiden des jungen W." wird z.B. Edgar vor einer blauen
Leinwand aufgenommen (vgl. Filmprotokoll „In der Lehrlingswerkstatt", S. 186).
10 Das jeweils aufgenommene Bild läuft nun auf getrennten Wegen zum Trickmischpult: der linke Weg führt zu einem sog. Blau-Kanal-Verstärker, der dafür
sorgt, daß aus dem Farbbild ein Schwarz-Weiß-Bild entsteht. Dabei werden alle
blauen Gegenstände auf dem Bild weiß, alle übrigen Farben schwarz.
Jetzt wird über diesen linken Kanal ein anderes Bild der Farbkamera 2 geleitet:
15 auf unserem Beispiel zeigt es ein Tulpenfeld bei Nacht; im Plenzdorf-Film z.B.
eine Schrifttafel. Werden jetzt im Trickmischpult die Bilder von Kamera 1 und 2
kombiniert, so erscheint im Ausgangsbild überall dort, wo durch die Schablone
weiße geformte Flecken entstanden sind, das Tulpenfeld. Das Bild, das dann aus
dem Trickausgang herauskommt, zeigt also Lale Andersen, die scheinbar bei Nacht
20 auf einem Tulpenfeld singt.
Das Plenzdorf-Fernsehspiel zeigt noch weitergehende Effekte: Durch das Blue-
Screen-Verfahren (manchmal auch Bluebox- oder Farbstanzverfahren genannt)
entsteht nicht nur der Eindruck, Edgar stehe und rede vor einer riesigen Schrifttafel, sondern es werden zwei verschiedene Spielhandlungsstränge miteinander ver-
25 zahnt: während Vater und Mutter Wibeau sich im Hintergrund unterhalten, um
Edgars Lebensweg zu rekonstruieren, nimmt Edgar sprachlich bzw. körpersprach-
lich direkt dazu Stellung. Daß dieser Effekt ein Ergebnis des Blue-Screen-Verfah-
rens ist, wird spätestens dann deutlich, wenn Edgar zweimal im Bild erscheint (vgl.
Filmprotokoll „Besuch in der Laube", S. 190).
30 Im Hintergrund sieht man Edgar auf dem Bett liegen, einen Apfel kauend und
Charlys Verlobten Dieter beobachtend, im Vordergrund kommentiert Edgar 2 für
den Zuschauer diese Szene.
Ein weiteres, täglich zu beobachtendes Anwendungsgebiet dieser Technik ist
die Präsentation der Fernsehnachrichten: Der Sprecher bzw. Moderator sitzt vor
35 einer blauen Wand, in die Schrifttafeln, einzelne Bilder, aber auch kleine Filme
„gestanzt", eingeblendet werden.

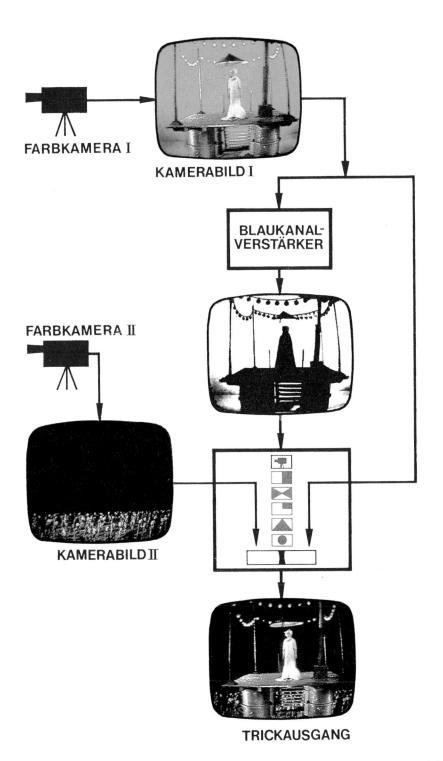

FARBKAMERA I

KAMERABILD I

BLAUKANAL-VERSTÄRKER

FARBKAMERA II

KAMERABILD II

TRICKAUSGANG

In der Lehrlingswerkstatt

E 1 Rekonstruktion	E 2 Kommentar I

Z e i t e b e n e

Eltern rekonstruieren Edgars Lebensweg
Mutter Wibeau zum Vater: „Edgar entpuppte
sich als Rowdy. Es wird wohl alles meine
Schuld sein."

1

Edgar im Bildvordergrund kommentiert die
Handlung von E 1 für den Zuschauer:
„Das ist großer Quatsch. Hier ist niemand
schuld. Nur ich."

2

Edgar philosophiert über den Tod
„Wir alle wissen, was uns blüht:
daß wir uffhören zu existieren,
wenn ihr uffhört, an uns zu denken."

Und dann
machte ich etwas,
von dem ich nachher
nicht mehr wußte,
was es war.

4

Und dann
machte ich
von dem i
nicht me
was es

5

186

E 3 Kommentar II	E 4 Spielhandlung

Eine Schrifttafel hebt eine Aussage Edgars hervor

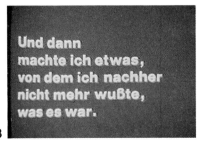

3

Zeitebene

Edgars Vater recherchiert die Vorkommnisse
in der Lehrlingswerkstatt.
Meister: „Ich hatte einen schlechten Tag damals!"

Edgar im Bildvordergrund kommentiert den
Vorfall in der Lehrlingswerkstatt aus seiner
Sicht
„Wie det schon klingt" (…)
„Manchmal war mir eben heiß und schwindlig
– und dann machte ich etwas, von dem ich
nachher nicht mehr wußte, was es war."

10

11

188

Laufende Spielhandlung
In der Lehrlingswerkstatt entsteht ein Streit
zwischen Edgar und dem Meister

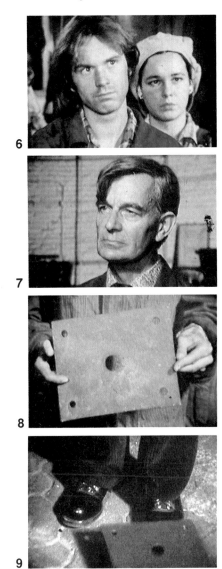

6

7

8

9

Besuch in der Laube

Diese Sequenz knüpft inhaltlich an die Rückkehr von Charlys Verlobten Dieter von seinem Militärdienst an: gerade hatte Edgar mit Charly noch eine sehr freundschaftliche Begegnung auf der Bank vor der Wohnlaube, als Dieters Rückkehr gemeldet wird und die beiden Verlobten kurz darauf zu einem Besuch in Edgars „Bude" erscheinen.

Fernsehspiel (Filmprotokoll)

Roman

Bild

Sprache

Sie rückten mir beide auf die Bude. Mit ihrem Dieter zusammen traute sich Charlie wieder in meine Bude. Sie war ein paar Tage nicht im Auslauf gewesen. Ihre Gören ja, sie nicht. Dann tauchte sie mit Dieter bei mir auf. Sie duzte mich. Ich kannte das. Sie wollte Dieter klarmachen, daß sie zu mir stand wie zu einem harmlosen Spinner. Ich nahm sofort die Fäuste hoch. Ich meine, nicht wirklich. Innerlich. Ich sagte wohl noch nicht, daß ich seit vierzehn im Boxklub war. Außer Old Willi war das vielleicht das Beste in Mittenberg. Ich wußte zwar nicht, was Dieter für ein Partner war. Auf den ersten Blick schätzte ich ihn für ziemlich schlapp. Aber ich hatte gelernt, daß man einen Partner nie nach dem ersten Blick einschätzen darf. Bloß, daß er kein Mann für Charlie war, der Meinung war ich sofort. Er hätte ihr Vater sein können, ich meine, nicht altersmäßig. Aber sonst. Er bewegte sich mindestens so würdig wie Bismarck oder einer. Er baute sich vor meinen gesammelten Werken auf. Wahrscheinlich hatte ihn

Charly: Das ist Dieter, mein Verlobter. Edgar oder Ed – ooch'n Freund von mir.

Charlie vor allem deswegen mitgeschleppt. Sie war sich immer noch nicht ganz sicher, ob ich nicht doch ein verkanntes Genie war. Ansonsten hielt sie sich immer dicht neben Dieter. Ich hatte nach wie vor die Fäuste oben.

Seid nett zueinander!

Edgar im Bett,
hebt zwei Finger zum Gruß

Edgar: Hi!

Dieter und Charly
Dieter geht nach vorn in den Raum

Dieter: Hi!

Dieter geht zur gegenüberliegenden Wand

Dieter: Na ja.

191

Dieter brauchte ziemlich lange. Ich dachte schon, es kommt gar nichts von ihm. Aber das war so Dieters Art. Ich glaube nicht, daß er irgendein blödes Wort sagte, das er nicht dreimal überlegt hatte, wenn das reicht. Dann legte er los: Ich würde sagen, es könnte ihm nichts schaden, wenn er sich mehr auf das Leben orientieren würde in Zukunft, auf das Leben der Bauarbeiter zum Beispiel. Er hat sie ja hier direkt vor der Tür. Und dann natürlich gibt es hierbei wie überall gewisse Regeln, die er einfach kennen muß: Perspektive, Proportionen, Vordergrund, Hintergrund.

Das war's. Ich sah Charlie an. Ich sah mir den Mann an. Ich hätte laut Scheiße brüllen können. Der Mann meinte das ernst, völlig ernst. Ich dachte erst: Ironie. Aber er meinte das ernst, Leute!

Dieter geht zur seitlichen Wand, neben ihm Charly

Dieter: Ich würde sagen, es könnte nichts schaden, wenn er sich mehr auf das Leben orientieren würde – in Zukunft.

Auf das Leben der Bauarbeiter zum Beispiel.

Er hat sie ja hier direkt vor der Tür.

Und dann natürlich gibt es hierbei – wie überall –

gewisse Regeln,

die man einfach kennen muß.

Proportionen, Perspektive, Hintergrund.

Dieter wendet sich Edgar zu,

schaut wieder auf das Bild,

steckt die Hände in die Hosentaschen,

richtet sich auf

Edgar im Bett

Ich hätte ihn noch eine Weile durch den Ring treiben können, aber ich beschloß, sofort meine schärfste Waffe einzusetzen. Ich überlegte kurz und schoß dann folgendes Ding ab:

Man kann zum Vorteile der Regeln viel sagen, ungefähr was man zum Wohle der bürgerlichen Gesellschaft sagen kann. Ein Mensch, der sich nach ihnen bildet, wird nie etwas Abgeschmacktes und Schlechtes hervorbringen, wie einer, der sich durch Gesetze und Wohlstand modeln läßt, nie ein unerträglicher Nachbar, nie ein merkwürdiger Bösewicht werden kann; dagegen wird aber auch alle Regel, man rede, was man wolle, das wahre Gefühl von Natur und den wahren Ausdruck derselben zerstören!

Edgar: Hmhmhm.

Man kann zum Vorteil der Regeln viel sagen. Ungefähr was man zum Lob der bürgerlichen Gesellschaft sagen kann.

Ein Mensch, der sich nach ihnen richtet, bildet, wird nie etwas Schlechtes und Abgeschmacktes hervorbringen.

Dagegen wird aber auch alle Regel – man rede, was man wolle – das Gefühl von Natur und den wahren Ausdruck derselben zerstören.

Edgar beißt in den Apfel

193

Dieser Werther hatte sich wirklich nützliche Dinge aus den Fingern gesaugt. Ich sah sofort, daß ich die Fäuste runternehmen konnte. Der Mann hatte nichts mehr zu bestellen. Charlie hatte ihn mindestens auf allerhand vorbereitet, aber *das* war zuviel für ihn. Er tat zwar so, als hätte er es mit einem armen Irren zu tun, den man keinesfalls reizen darf, bloß damit konnte er mich nicht täuschen. Jeder vernünftige Trainer hätte ihn aus dem Kampf genommen. Technischer K.o. Charlie wollte denn auch gehen. Aber Dieter hatte noch was: Andererseits ist es recht originell, was er da macht, und auch dekorativ.

Ich weiß nicht, was er sich dabei dachte. Wahrscheinlich glaubte er, *er* hätte mich ausgeknockt, und wollte mir jetzt die Pille versüßen! Du armer Arsch! Der Mann tat mir leid. Ich ließ ihn gehen.

Edgar II: Ich hätte Scheiße brüllen können! Der Mensch wurde nicht wieder. Dieser Werther hatte sich wirklich nützliche Dinge aus den Fingern gesaugt.

Edgar II (Kommentator) schiebt sich vorn ins Bild

dreht sich nach hinten zur laufenden Handlung um,

verschwindet wieder aus dem Bild

Dieter, nach vorn schauend, sich Edgar im Bett zuwendend,

Dieter: Andererseits ist es ja recht originell, was er da macht – und dekorativ ist es auch.

Dieter: Gehn wir?
Charly: Ja.

geht zu Charly

Charly: Das sollte für dich sein.

Er hats mir bloß nicht gegeben. Angeblich, weil nicht genügend Leben drin war.

Dieter greift nach dem Rahmen mit dem Schattenriß von Charly, hebt ihn hoch

Blöderweise fiel ihm in dem Moment dieser Schattenriß ins Auge, den ich seinerzeit von Charlie gemacht hatte. Charlie sagte sofort: Das sollte für dich sein. Er hat ihn mir bloß nicht gegeben. Angeblich, weil er noch nicht fertig war. Bloß *gemacht* hat er nichts daran seitdem.

Und Dieter: Ich hab dich ja jetzt in natura. Leute! Das sollte wahrscheinlich charmant sein. Das war ein Charmebolzen, der liebe Dieter.
Dann zogen sie ab. Charlie hing die ganze Zeit an seinem Hals. Ich meine, nicht wirklich. Mit ihren Scheinwerfern. Damit ich es bloß sah. Aber das lief ab an mir wie Wasser. Nicht daß einer denkt, ich hatte was gegen Dieter, weil er von der Armee kam. Ich hatte nichts gegen die Armee. Ich war zwar Pazifist, vor allem, wenn ich an die unvermeidlichen achtzehn Monate dachte. Dann war ich ein hervorragender Pazifist. Ich durfte bloß keine Vietnambilder sehen und das. Dann wurde mir rot vor Augen. Wenn dann einer gekommen wäre, hätte ich mich als Soldat auf Lebenszeit verpflichtet. Im Ernst.
Zu Dieter will ich noch sagen: Wahrscheinlich war er ganz passabel. Es konnte schließlich nicht jeder so ein Idiot sein wie ich. Und wahrscheinlich war er sogar genau der richtige Mann für Charlie. Aber es hatte keinen Zweck, darüber nachzudenken. Ich kann euch nur raten, Leute, in so einer Situation nicht darüber nachzudenken. Wenn man gegen einen Gegner antritt, kann man nicht darüber nachdenken, was es für ein sympathischer Junge ist und so. Das führt zu nichts.

Doch gemacht hat er nichts daran seitdem.

Edgar im Bett, Apfel essend
Dieter und Charly
Dieter stellt den Rahmen wieder auf den Boden

Dieter: Ich hab dich ja jetzt in natura.

Sie gehen zur Tür, bleiben stehn
Blicken noch einmal …

Edgar II (Off): Das sollte wahrscheinlich ungeheuer charmant sein, Leute.

Nicht, daß eener denkt, dat ick was gegen Dieter hatte, bloß weil er von der Armee kam. Ich hatte überhaupt nischt gegen ihn. Er war bloß keen Mann für Charly – det war alles.

Edgar wirft den Apfel wütend gegen die Tür.

Ich griff nach dem Mikro und teilte Willi den neusten Stand der Dinge mit:
Er will mir wohl, und ich vermute, das ist Lottens Werk ..., denn darin sind die Weiber fein und haben recht; wenn sie zwei Verehrer in gutem Vernehmen miteinander erhalten können, ist der Vorteil immer ihr, so selten es auch angeht. Ende.

Edgar: Er will mir wohl und ich vermute, das ist Lottes – Er will mir wohl und ich vermute, das ist Lottes Werk. Denn darin sind die Weiber alle fein und haben recht: wenn sie zwei Verehrer im guten Einvernehmen halten können, so ist der Vorteil immer ihr, so selten es auch angeht.

Der Kritiker meint

Die neuen Leiden des jungen W.
(ARD) – So kann man sich irren. Das Medium Film/Fernsehen, dachte man (Autor, Regisseur, Kritiker) vorher, könne erst so recht den dramaturgischen Trick von Plenzdorfs Stück nützen: den wiederholten Auftritt des toten Edgar Wibeau in seiner retrospektiv* erzählten, eigenen Lebensgeschichte. Der Fernsehregisseur Eberhard Itzenplitz nutzte die optischen Möglichkeiten jedoch nur aufs Allerbescheidenste. Wie in flimmernden Kino-Rückprojektionen tritt Edgar vor die Szene, die im Hintergrund stumm, mit gedrosseltem Tempo weiterläuft. Das ist alles.

Das war zu wenig. Gewiß vermochte der gute, allerdings ein wenig zu geschniegelte Hauptdarsteller Klaus Hoffmann das Interesse einigermaßen an

Spannungslos

sich zu binden, aber die ganze Geschichte lief seltsam gleichförmig, eigentlich spannungslos ab.

Was dem Autor bei Bühneninszenierungen als „zu flüssig" erschien, wirkte hier eher zäh und bieder. Der spezifische Reiz des „Jungen W." scheint also doch ganz wesentlich in seiner dramaturgischen Verschachtelung zu liegen, die bei Theaterinszenierungen zu einem Simultanbühnenbild* zwingt: alle Spielstätten sind durch sparsame Requisiten markiert, die Schauspieler wechseln auf offener Bühne durch Zeit und Raum, und die doppelte Gegenwart des Edgar Wibeau fügt dem noch einen spezifischen Reiz hinzu.

Die nun im Fernsehen gezeigte Verfilmung faltete diese verschachtelte Landschaft des Stücks zu einer konturlosen Spielebene auseinander. Und wenn Plenzdorfs Held vor den Zitattafeln auftaucht, die den Zuschauer in seinem distanzlosen Handlungsgenuß aufstören sollen, dann wurde vollends deutlich, daß, was auf dem Theater sehr lebendig sein kann, als Fernsehfilm ziemlich papieren wirkte.　　　　HS

(Frankfurter Rundschau)

Die „blaue Schachtel" des jungen W.

„Tja, Leute, det wäre't. Machtet juut!" Dieser Satz stand am Ende der „neuen Leiden des jungen W." Und „juut waret" auch gewesen. Selten hat ein Schauspieler eine Fantasiefigur mit soviel Leben erfüllt wie Klaus-Dieter Hoffmann als der Edgar Wibeau des DDR-Autors Ulrich Plenzdorf. Selten war das elektronische Verfahren des „Blue-Box"-Tricks so richtig eingesetzt wie in diesem TV-Stück, das vom Prinzip der Rückblende lebte. Was sonst meist nur aus Ersparnisgründen angewandt und dann auch nur mit halbem Herzen ausgenutzt wird, demonstrierte hier eine technische Überlegenheit des elektronischen Mediums gegenüber Zelluloid-Film und Theater.

Wenn Klaus-Dieter Hoffmann im Vordergrund des Bildes mit dem Zuschauer sprach, sich dann nach hinten wandte und seine eigene Vergangenheit betrachtete, befand er sich in Wahrheit vor einer blauen Studioleinwand. Eine elektronische Kamera nimmt das Bild in drei Farben auf, das reine Himmelblau kann als Null-Farbe per elektronischer Weiche ausgeschaltet werden. Statt des Blau-Tons wird das komplette vielfarbige Bild einer anderen Kamera eingeblendet. Das ergibt den verblüffenden „Blue-Box-Effekt".

Seit Peter Zadeks Bildschirmfassung von Sean O'Caseys „Der Pott" vor Jahren ist diese Möglichkeit elektronischer Dramaturgie nie so gut wie hier genutzt worden. Bravo, die Herren von Itzenplitz, Plenzdorf und Hoffmann! „Ick gloob, mich streift 'n Bus!"　　　　**Jo Straeten**

(Neue Ruhr Zeitung)

Jugendliche aus der DDR
über das Theaterstück (1972)

Vier Berliner Jugendliche (die Schülerin Monika Sch., die Studentinnen Eva K. und Gerhild F., der Lehrling im Wohnungsbaukombinat Hans-Peter S.) führten Anfang Dezember 1972 auf Einladung der Zeitschrift „Neue deutsche Literatur" mit deren Vertretern Eduard Klein und Henryk Keisch das folgende Gespräch.

Hans-Peter: Ich war wirklich erstaunt über das Stück, gleich wie es anfing. Ich bekam sofort Lust, mich mit dem Jugendlichen, der da auf der Bühne
5 stand, dem Edgar Wibeau, zu vergleichen, Parallelen zu ziehen zwischen seinem und meinem eigenen Leben. Auch die ganze Art, wie das Stück ablief, war so ansprechend oder so gut
10 gemacht, daß man wirklich dranblieb. Dasselbe möchte ich von der Musik sagen. Alles hat mich gleich vom ersten Moment an gefesselt. [...]
Monika: Zum ersten Mal haben die un
15 ter die Tischdecke geguckt! Sonst sieht alles immer von oben so schön glatt aus und so schön weiß! Die haben mal drunter geguckt und haben das mal nach oben geholt, sozusagen um
20 gedreht. [...]
Eva: Ich kann sagen, der Abend war auch für mich eines meiner größten Theatererlebnisse überhaupt. Wir waren sehr, sehr begeistert. Vor allen Din
25 gen, daß man tatsächlich von Anfang an bis zum Schluß direkt angesprochen wurde, einmal durch den Stoff und dann durch die wirklich realistische Darstellung dieser Probleme, die
30 einem selbst bekannt sind, die man selbst hat oder gehabt hat. Hier wurde ein junger Mann gezeigt, so wie die jungen Kerle sind, richtig lässig und locker und unkonventionell. Einer, der
35 sich frei machen möchte und der vor allen Dingen kritisch ist. [...] Sicherlich sind viele von Edgars Handlungen falsch, auch die Art, wie er sich von seiner Mutter trennt. Sie macht
40 sich ja dann doch viele Gedanken. Ich finde aber, man liebt Edgar trotz seiner Fehler, er ist eben sehr widersprüchlich, und das macht ja eigentlich den Reiz aus. Er sucht noch, er weiß gar
45 nicht so richtig, wo's hingeht. Er weiß nur, was ihm nicht gefällt. Und er rebelliert dagegen ganz offen. Und das wird auch in seiner Lehrzeit und in der Arbeit ganz deutlich, daß die Erwachse
50 nen nicht die richtige Art finden, ihm den Weg zu zeigen. [...]
Hans-Peter: Ist das wirklich das neue Theater? Für mich ist Edgar keine Alternative. Dieses Auflehnen ist eine
55 zweischneidige Sache. Wir haben bei uns im Kombinat* auch Jugendliche, die ähnlich wie Edgar sind. Aber leider ist es dann so, daß wir in der Schiedskommission, in der ich bin, Fälle vorge
60 legt kriegen, die tatsächlich nah ans Asoziale herankommen, nämlich solche wie Edgar. [...] Also er gammelt, und er kommt damit tatsächlich bei uns in Konflikte. Ich
65 glaube, seine Rolle ist dann schon sehr zweifelhaft. Auf der Bühne erscheint er aber etwas zu sympathisch. [...]
Eva: Ich möchte sagen, daß die Sprache, die der Edgar da an den Tag legt,
70 sehr gründlich durchdacht ist.
Hans-Peter: Ich empfinde sie als Möglichkeit, die Sprache der Jugendlichen oder dieses Kreises von Jugendlichen auf die Bühne zu bringen. [...] Ich

198

75 möchte sagen, die Sprache steht kurz
vor der Übertreibung. In dem Theaterstück hat sie mich nicht abgestoßen,
aber man darf so was eben nicht wie-
derholen, sondern man muß immer
80 nach neuen Formen suchen. [...] Und
wenn man jetzt den Plenzdorf eventuell
als Lehrstoff in der Schule bringen
würde, weil er so gut gelaufen ist im
Theater, dann kann es sein, daß sich
85 das Stück schnell abnutzt.
Eva: Dann steht's im Plan, und dann
will's wieder keiner hören.
Henryk Keisch: Die Gefahr dabei ist
wohl, daß sich die Sympathien einseitig
90 verteilen, daß man einseitig Partei er-
greift für den Geniemenschen, den Außenseiter.
Monika: Das Außenseitertum ist eine
Eigenschaft, die in einem bestimmten
95 Alter auftritt. Der Plenzdorf wollte nicht
die Gesellschaft als solche kritisieren,
er wollte nur zeigen, daß Jugendliche
auch mal anders zu betrachten sind,
daß man auf Jugendliche eingehen
100 sollte, und zwar auf eine andere Weise,
als man es meistens tut. Meistens beurteilt man sie doch oberflächlich, indem man einfach sagt: Na ja, die stehen an den Ecken rum und gammeln.

105 Nach den Ursachen fragt man nicht.
Das ist doch oft eine Frage der Erziehung, auch von den Eltern aus gesehen,
und auch der Erziehung in den Schulen.
Die sind doch überhaupt nicht gegen
110 den Sozialismus und die sind auch nicht
irgendwie reaktionär. Es geht nur um
das Wie, und das Wie ist nicht immer
das richtige, wie man uns anfaßt. [...]
Gerhild: Ich habe noch etwas zu dieser
115 Frage, warum Edgar sterben mußte.
Vielleicht um die Gefahr zu zeigen, in
die man kommen kann, wenn man sich
vom Kollektiv löst auf Grund dieser
Probleme und Konflikte. Erst durch
120 diesen Tod konnte der Autor den nötigen Abstand schaffen. Dadurch, daß
Edgar tot ist, hat er Abstand zu seinem
Leben und kann auf dieses Leben zu-
rückschauen und kann es jetzt bewer-
125 ten und vieles zurücknehmen und sagen, das habe ich falsch gemacht und
das nicht. Ich glaube, wenn er weiter-
gelebt hätte, wäre das Stück längst
nicht so stark gewesen.
130 *Eva:* Vielleicht empfindet man es auch
deshalb so, weil der Tod vorweg-
genommen wird. Man weiß am Anfang,
wie es ausgeht, man wartet also nicht
auf die Lösung. [...]

Jugendliche aus der Bundesrepublik Deutsch-
land über Roman und Fernsehspiel (1987)

*Die jeweiligen Gesprächsteilnehmer aus einer 10. Klasse haben entweder nur den
Roman gelesen oder nur das Fernsehspiel gesehen.*

Über den Roman

Silke: Es war zwar am Anfang etwas
verwirrend – war er nun tot oder nicht?
Aber nachher steigt man doch durch.

Und was ich gut fand: wie er seine Ge-
5 danken immer eingearbeitet hat.
Manfred: Ich bin neuen Büchern immer
sehr kritisch gegenüber, und am Anfang dachte ich, nee, das ist zu verwirrend, wegen der vielen Gedanken-

199

gänge. Man hat oft den Faden nicht gefunden, wo man jetzt eigentlich ist. Aber dann ging's langsam besser. Was er über die Erziehung geschrieben hat, das fand ich gut: daß die Eltern erst hinterher merken, wir haben einen Sohn. Die Frau kann nicht allein Vater und Mutter ersetzen, das fand ich gut.

Manfred: Also in manchem konnte ich mich schon in Edgar hineinversetzen. Ich fand gut an Edgar, daß er sich von seiner Umwelt nicht so in das Bild reinzwängen läßt, also daß er so ein Musterschüler ist – aber daß er so versessen darauf war, die Pumpe zu bauen – damit konnte ich nichts anfangen.

Peter: Der Edgar war so selbstsicher! Der hat zu allem seine feste Meinung gehabt! So wie er könnte ich nicht sein. Ich kann mir kaum vorstellen, daß es solche Jugendlichen gibt.

Tanja: Ich fand es gut, daß er sich immer selbst analysieren konnte. Die Charlotte fand ich irgendwie schwankend, die weiß nicht genau, was sie will, wo sie hingehört. Sie hat den Edgar bewundert. Weil er anders ist. Der ist ein starker Typ.

Michael: Also der Edgar beschreibt die Charlotte ja immer aus seiner Sicht, der ist in sie verliebt, der findet sie super. Ich kann zu der Charlotte selbst nichts sagen. Wir hören ja immer nur, wie er sie findet.

Peter: Also für mich war die Sprache übertrieben. So redet, glaube ich, überhaupt kein Jugendlicher. Und wie er das auch mit den Jeans da ausweitet, solche Gedankengänge über ganz normale Hosen – das ist extrem! Kann natürlich auch sein, daß es daran liegt, daß es in der DDR spielt.

Silke: Ich fand, das war so 'ne Möchtegern-Jugendsprache. So sprechen Jugendliche nicht, nicht so arg. Das hat sich der Autor ausgedacht.

Manfred: Ich glaube, der wollte sich mit dem Werther vergleichen. Es hat auch immer gut gepaßt: also daß er zum Beispiel die Frau, die er liebte, mal nicht sehen konnte. Das war halt bei dem Werther auch so. Er wollte damit ausdrücken, was er so gefühlt hat.

Michael: Verständlich war die Werther-Sprache schon. Es hat mich halt verwundert, daß er das benutzt, weil er ja sonst immer diese Jugendsprache drauf gehabt hat. Das fand ich etwas widersprüchlich.

Über das Fernsehspiel

Regine: Ich fand den Film zwar nicht spannend, aber interessant! Wie der Edgar immer wieder eingeblendet wurde, so 'ne Art Rückblick: da konnte man sehen, was die Leute gemacht haben, was er dazu gedacht hat, das fand ich gut gemacht.

Tina: Mich hat ein bißchen gestört, daß so einzelne Sätze aufgegriffen und eingeblendet wurden. Das fand ich nicht so gut. Das hätte man ein bißchen erläutern sollen.

Thomas: Mir hat der Film gut gefallen. Fand ich cool. Vor allen Dingen auch deswegen, weil man das Leben von Außenseitern der Gesellschaft sehen konnte. Der Edgar war ja überhaupt nicht anerkannt. Der hat da ganz alleine gelebt. Zurückgezogen.

Christian: Ich finde den Edgar gut, aber er ist mir auch fremd. Ich finde auch, daß man wenigstens mal, wie der Ed, so ganz aus sich herausgeht und sich seine Freiheiten nimmt. Also, daß man nicht immer ja und amen sagt, sondern auch mal seine Meinung richtig durchsetzt. Der Schauspieler hat das auch gut gespielt, man hat gemerkt, daß dem das Spaß macht. Aber wer könnte das hier so machen?

₁₀₀ *Hans:* Also, ich hab' auch manchmal den Wunsch, so richtig mal meine Meinung rauszuschreien und irgendwas Verrücktes zu machen. Aber dann kommt der Punkt, da denke ich mir, ₁₀₅ ach, läßt es lieber, und dann stecke ich eben alles wieder so ein. Das war beim Ed gut.

Regine: Irgendwie war der glaubwürdig. Wie er versucht hat, allein durchs ₁₁₀ Leben zu gehen. Also, daß er allein gelebt hat und so. Eine eigene Wohnung gehabt hat. Zwar nur so eine Bruchbude, aber es war eben ein eigenes Heim.

₁₁₅ *Susanne:* Also ich kann mit dem Edgar nicht parallel ziehen, überhaupt nicht. Wenn man Probleme hat, sollte man mit den Eltern, mit der Mutter darüber sprechen, und nicht einfach abhauen.

₁₂₀ *Christian:* Der Ed spricht so ganz lokker, ganz cool, vielleicht, weil er das alles auch so ganz locker genommen hat. Als ob ihm das alles ein bißchen egal ist.

₁₂₅ *Regine:* Nein, das würd' ich nicht sagen. Egal ist ihm das alles nicht, er tut, glaube ich, lockerer, als er eigentlich ist. Er hat sich ja schon Ziele gesetzt, er will's dem Meister und der Mutter ₁₃₀ zeigen, daß er auch was allein schafft.

Susanne: Also ein bißchen künstlich war die Sprache schon, keine echte Jugendsprache. Aber ich kann das vielleicht nicht richtig beurteilen, weil ich ₁₃₅ den Berliner Dialekt nicht so kenne.

Tatjana: Ich fand diese Werther-Sprüche störend. Ich hätte das anders gemacht: so, daß der Junge das von sich aus gesagt hätte, seine Gefühle ...

₁₄₀ ## *Vergleich Buch – Fernsehspiel*

Diese Gruppe hatte zuerst das Buch gelesen und dann das Fernsehspiel gesehen.

Ingrid: Der Film hat mir viel besser ge-₁₄₅fallen als das Buch. Ich konnt' mir alles besser vorstellen, es war nicht so 'n Durcheinander wie im Buch. Und ich fand den Film auch irgendwie witziger, das Buch war eher trocken.

₁₅₀ *Johanna:* Mir hat umgekehrt das Buch besser gefallen. Ja, schon richtig, im Film sieht man alles, kann man sich alles besser vorstellen. Aber beim Buch, beim Lesen hat man halt auch eine ei-₁₅₅gene Vorstellung – man malt sich das dann selbst so richtig aus.

Alex: Mir hat der Film besser gefallen, besonders der Schauspieler von dem Ed. Was mir beim Buch komisch, unre-₁₆₀alistisch vorkam, das war im Film ganz natürlich: mit seinen Handbewegungen und wie er so rumgetanzt hat! Auch so Sprüche wie „Das tötet mich gar nicht" – beim Buch kam ich damit ₁₆₅ nicht richtig zurecht, aber im Film war es klar, hat mich überhaupt nicht gestört.

Michael: Der Edgar im Film war viel besser. Der Typ war echt cool. Im Buch ₁₇₀ dacht' ich: na ja, son Öko. Aber das war der im Film gar nicht: viel lockerer, interessanter.

Petra: Im Buch soll die Sprache so cool wirken – im Film ist sie cool.

₁₇₅ *Rosi:* Ich finde beides gut, die ergänzen sich für mich irgendwie. Ich finde, der Film hat ganz gut ausgedrückt, was das Buch sagt – halt als Film. Von der Handlung her war fast alles ₁₈₀ gleich, bis auf die Reihenfolge, ein paar Umstellungen. Nur ein Unterschied ist mir aufgefallen: bei der Szene mit Ed und Charly auf der Insel. Im Buch meint man, die machen da Rast, geben sich ₁₈₅ 'nen Kuß – daß das dann weitergeht im Film ... Na ja, im Buch habe ich's mir schon gedacht, aber so genau –.

Worterklärungen

Ferdinand: Louis Ferdinand, Prinz von
  Preußen (1772–1806); fiel 1806 als
  Kommandeur der preuß. Vorhut in
  der Schlacht bei Jena gegen Napoleon
84 *Prokurist:* Mitarbeiter einer Firma mit
  Handlungsvollmacht
88 *Sulamith:* hebr. Mädchenname; im Hohen Lied der Bibel Name der Braut
101 *Tortur:* Quälerei
  Exotin: (weibl.) Mensch aus einem
  fremden Land
107 *Malheur:* Unglück
  Steiger: aufsichtführender Bergmann
  Schlepper: Transportarbeiter unter Tage
  ablegen: hier: entlassen
  Gedinge: Akkordlohn im Bergbau
108 *nullen:* nicht auf den Lohn anrechnen
110 *Deputation:* vgl. Anm. zu S. 43
114 *Polier:* Vorarbeiter der Bauarbeiter
119 *Buddenbrooks:* Roman von Thomas
  Mann (2 Bde. 1901); erzählt die
  Geschichte vom Niedergang einer
  Lübecker Patrizierfamilie
123 *Kurtisane:* Geliebte eines Adligen
  Medium: Mittelsperson; Vermittler zwischen Geisterwelt und Wirklichkeit
125 *Freyen:* heiraten
131 *Hans Naumann:* Germanistikprofessor
  in Bonn von 1932 bis 1945; seine
  wissenschaftliche Tätigkeit stand
  deutlich unter dem Einfluß der
  nationalsozialistischen Ideologie
  verfemen: ächten; der allgemeinen Miß-
  billigung preisgeben
  Horst-Wessel-Lied: Marsch-Lied der SA;
  wurde nach 1933 von den Nationalsozialisten in den Rang einer
  Nationalhymne erhoben
  Korporation: Studentenverbindung
  „Deutsch die Saar": Mit dem Versailler
  Vertrag wurde das Saargebiet auf
  15 Jahre dem Völkerbund unter-
  stellt, die Kohlengruben und deren
  Ausbeutung gingen an Frankreich
  über. Nach einer Volksabstimmung
  am 13.1.1935 wurde es wieder ins
  Deutsche Reich eingegliedert
133 *Konjunkturschreiber:* Schreiber, der sich
  den jeweiligen Mächtigen anschließt
134 *Carl von Ossietzky:* kritischer Publizist
  (1889–1938); Friedensnobelpreis-

träger (1936). Ab 1933 im KZ
135 *Anachronismus:* eine durch die allgemeinen Fortschritte, Errungenschaften
  überholte oder nicht mehr übliche
  Erscheinung
137 *Trendsetter:* Personen/Gruppen, die
  längerfristige Entwicklungen
  bestimmen
138 *Budget:* Haushaltsplan öffentlicher und
  staatlicher Institutionen; hier: Zeit-
  aufwand
  empirisch: erfahrungsgemäß; aus der
  Erfahrung, der Beobachtung oder
  einem Experiment gewonnen
141 *Wichtigkeitskategorie:* hier: Rangfolge
  nach der Wichtigkeit
142 *Seminar:* Ausbildungsanstalt für
  Geistliche
144 *kungeln:* handeln
  El-Pe-Ge: LPG, Landwirtschaftliche
  Produktionsgenossenschaft in der
  DDR
153 *Dieu vous salue:* (frz.) Gott grüße euch
154 *Pharisäer:* gesetzestreuer Jude im Alten
  und Neuen Testament
157 *Malvasier:* süßer Südwein
  Kapaun: kastrierter und gemästeter
  Hahn
  Krammetsvogel: Wacholderdrossel
158 *Sammet, Atlas usw.:* kostbare Kleider-
  stoffe
  ombriert: schattiert
  Chemisette: Vorhemdchen, Hemdbrust;
  Einsatz bei Kleidern
  Mantelette: Umhang
  Chatelaines: modische Ketten
  Marabout: orientalisches Seidentuch
161 *Syphogrant:* in Morus' „Utopia" der
  jährlich neu zu wählende Vorstand
  von je 30 Familien
164 *mehrbärig:* fähig, eine größere Zahl von
  Nachkommen hervorzubringen
165 *Sorbet:* türkisches Erfrischungsgetränk,
  Fruchtsaft mit Eis
167 *Entkorkungszimmer:* Raum für die
  Geburt von Retortenmenschen
  BUND: Abk. für „Brut-und-Norm-
  Direktor"
  Neo-Pawlowsche Normungssäle: J. P. Paw-
  lows (1849–1936), russ. Physiologe;
  führte menschl. und tierisches Ver-

Bildnachweis

2 Bildarchiv Mauritius, Mittenwald – 10 Vera Tenschert, DDR Berlin – 12 Bildarchiv Abraham Pisarek, Dr. Ruth Gross, Berlin – 13 Aus: Widerstand statt Anpassung, hg. v. Bad. Kunstverein, Karlsruhe.
Berlin: Elefanten-Press 1980 – 14, 58, 67 Acaluso International, Blumberg/Bettmann Archive; René
Haury; Ingo Wagner – 17, 61, 86, 132 Bildarchiv Preußischer Kulturbesitz, Berlin – 20 Archiv Ger-
stenberg, Wietze – 23 Aus: Klaus Wagenbach: Franz Kafka. Bilder aus seinem Leben. Berlin: Wagenbach 1983 – 33 Niedersächsisches Landesmuseum, Hannover – 37 National Portrait Gallery, London
– 40 Dr. Anne Schlüter, Bochum – 44 Aus: Else Lasker-Schüler, Sämtliche Gedichte. München: Kösel
1977 – 47 Marie Marcks, Heidelberg – 51 Aus: Schaubühne. Schillers Dramen 1945–1984. Marba-
cher Kataloge 39. Marbach 1984 – 64 Peter Schnetz, Basel – 69, 72, 105, 109, 173 dpa Bildarchiv,
Frankfurt a. M. – 75 Sprengel-Museum, Hannover – 82 Bavaria-Verlag, Gauting – 85 Akademie der
Künste der DDR, Heartfield-Archiv, DDR Berlin – 89 Harald Frey, München – 92 Aus: Van Gogh
und seine Zeit. 1853–1890. Time-Life International (Nederland), B.V. 1971 – 97 Museum Folkwang,
Essen – 101 Süddeutscher Verlag, Bilderdienst, München – 119 Sammlung R. Baron von Essen –
122 Zentrale Farbbild Agentur, Düsseldorf – 124 Aus: Lesewuth, Raubdruck und Bücherluxus. Kata-
log Goethe-Museum Düsseldorf 1977 – 127 VG Bild-Kunst, Bonn 1988 – 142, 143 Schiller-Natio-
nalmuseum, Marbach – 147 VG Bild-Kunst, Bonn 1988 – 150, 155 Archiv für Kunst und Geschichte, Berlin – 159 Kunstdia-Archiv Artothek, Planegg – 165, 166 Aus: Reimer Gilsenbach, Der
ewige Sindbad. Berlin/DDR 1981 – 174 Kunsthistorisches Museum, Wien – 180, 186–196 Südwest-
funk, Baden-Baden – 185 Aus: Roland Freyberger, Tricks und Techniken des Fernsehens, 1971, Päd-
agogischer Verlag Schwann-Bagel GmbH, Düsseldorf

Arbeitsvorschläge

Aufbruch

Carsten Corino (15): *Der Aufbruch oder Am Yukon schmilzt schon das Eis* (S. 1)

1. Welche Wünsche hat Carsten, worunter leider er?
2. Wie ist es zu erklären, daß der Autor immer wieder ein „Du" anspricht? Suche weitere sprachliche Eigentümlichkeiten dieses Textes, die zeigen, daß er von einem jugendlichen Autor geschrieben ist.
3. Der Text wurde für einen Wettbewerb geschrieben, in dem Schülerinnen und Schüler in selbstgewählter literarischer Form das Thema „Aufbruch" gestalten sollten. Schreibe selbst einen Beitrag zu diesem Thema.
4. Einige Bücher erwähnt Carsten ausdrücklich. Was ist ihm an ihnen wichtig? Stelle eines der genannten Bücher der Klasse vor.

Alfred Andersch: *Sansibar oder der letzte Grund* (S. 3)

1. Was erfährt man über die Lebensumstände des Jungen? Welche der genannten Gründe für den Wunsch zum Weggehen hältst du für besonders bedeutsam für ihn?
2. Welche Bedeutung haben Bücher für den Jungen? Vergleiche mit den Leseerfahrungen des Carsten Corino (Der Aufbruch).
3. Lies das Buch von Alfred Andersch und berichte in der Klasse, was der Junge später erlebt.

Joseph von Eichendorff: *Aus dem Leben eines Taugenichts* (S. 5)

1. Was treibt den Müllerssohn in die Ferne? Welche Gefühle bewegen ihn dabei?
2. Wodurch wirkt diese vor etwa 160 Jahren geschriebene Erzählung auf den heutigen Leser altertümlich?
3. Man hat gesagt, der „Taugenichts" sei eine Art Märchen. Was ist in Inhalt und Darstellungsweise „märchenhaft"?
4. Dies ist der Anfang einer längeren Erzählung. Skizziere eine Fortsetzung.

Bertolt Brecht: *Die jüdische Frau* (S. 8)

Hans Sahl: *Vom Brot der Sprache* (S. 13)

Vor dem Faschismus flohen viele deutsche Künstler, auch die Schriftsteller Bertolt Brecht und Hans Sahl, 1933 ins Ausland. Sie waren gezwungen, während der gesamten Zeit der Hitlerdiktatur (1933–1945) im Exil zu leben.

Zu Brecht:

1. Das Stück „Furcht und Elend des Dritten Reichs" schrieb Brecht zwischen 1935 und 1938; in 24 Bildern entwirft der Autor Alltagsszenen des Dritten Reichs. Wie wirkt in dieser Szene die Naziherrschaft auf Denken und Verhalten der Personen ein?
2. Wie sieht die Frau ihre derzeitige Situation? Wie spricht sie davon zu ihren Partnern am Telefon?
3. Besonderes Gewicht legt Brecht auf die Darstellung der Beziehung des Ehepaars. Was erfährt der Zuschauer (Leser), welche gestalterischen Mittel werden eingesetzt?
4. Ein zentrales Mittel der Handlungsgestaltung im Drama ist der Dialog. Untersucht, in welchen Formen er in der vorliegenden Szene verwendet wird.

Zu Sahl:

1. Wie erfährt und empfindet der Sprechende im Gedicht von Hans Sahl die Fremde?
2. Am Beginn und am Ende weist Sahl den Leser darauf hin, welche Bedeutung das „Brot der Sprache" für den Schriftsteller hat. Welche Vorstellungen und mit ihnen verbundene Spracherinnerungen sind ihm in der Ferne noch geblieben?
3. Wie schätzt der Lyriker die Folgen des Sprachverlusts ein?

Volkslied: *Juchheisa nach Amerika* (S. 14)

Philipp Heinrich Bremser: *Keinem Familien-Vater mögte ich die Reise nach Amerika anrathen* (S. 15)

Zum Volkslied:

1. Der unbekannte Dichter des Volkslieds beginnt und beschließt seine Verse mit einem „Juchheisa". Welche Haltung legt er den Soldaten in den Mund?
2. Wozu wurde dieses Lied geschrieben? Wieso wird es als „Volkslied" bezeichnet?
3. Interpretiere die Zeile „Dir Deutschland gute Nacht!"

Zu Bremser:

1. Der Brief Bremsers ist an die Mutter und an die Geschwister des Auswanderers gerichtet. Worüber will der Schreiber sie genauer informieren?
2. Stelle zusammen, welche Informationen für künftige Auswanderer in der damaligen Zeit nützlich sein konnten.
3. Verfertige einen Brief, in dem ein Bruder des Schreibers weitere Auskünfte für seine geplante Auswanderung in die USA einholt.

Du mußt nur die Laufrichtung ändern – Kurze Texte

Kurze Prosa bringt komplizierte Zusammenhänge, verzwickte Geschichten, schwierige Gedankengänge auf eine (oft nur scheinbar) einfache Form. Überlege bei allen Texten dieses Kapitels, was die Kunstform der Kürze zum Sinn des jeweiligen Stückes beiträgt.

Johann Peter Hebel: *Hochzeit auf der Schildwache* (S. 19)

Alexander Kluge: *Der spanische Posten* (S. 20)

Zeitungsmeldung: *Pflichtbewußt* (S. 21)

Zeitungsmeldung: *„Hervorragende Pflichterfüllung"* (S. 21)

Jacob und Wilhelm Grimm: *Das eigensinnige Kind* (S. 21)

Zu Hebel:
Geschichten wie Hebels „Hochzeit auf der Schildwache" standen im 18. und 19. Jahrhundert in den Volkskalendern, die damals neben Bibel und Gesangbuch die einzige Literatur der ländlichen Bevölkerung waren. Solche „Kalendergeschichten" waren Erzählungen kurzer heiterer oder merkwürdiger Begebenheiten, die unterhalten und belehren sollten. Neben Stücken, die zu Wohlverhalten und Schicksalsergebenheit aufforderten, standen solche, die zum Nachdenken anregten oder gar Sympathie mit widerborstigem Verhalten ausdrückten. Hebel hat seine Geschichten im „Schatzkästlein des Rheinischen Hausfreundes" gesammelt; darin spricht der „Hausfreund" oft selbst zu seinen Lesern.
1. Der Erzähler meint, der Soldat hätte seinem Regiment nacheilen sollen. Was hinderte den Soldaten daran, das zu tun?
2. Was kommt zusammen, damit die Geschichte gut ausgeht?
3. An zwei Stellen der Geschichte mischt sich der „Hausfreund" in die Geschichte ein und gibt Urteile ab. Suche die Stellen auf und suche Gründe, warum er das tut.
4. Was macht die Geschichte und die Art, wie sie erzählt ist, für einen Kalender geeignet? Stelle inhaltliche und sprachliche Merkmale zusammen.
5. „Merkwürdige Begebenheiten" findet man heute in jeder Tageszeitung, z. B. in Spalten mit dem Titel „Aus aller Welt". Wähle eine Geschichte aus und erzähle sie als moderne Kalendergeschichte. Mache dir vorher klar, was einen Leser unserer Zeit an deiner Geschichte interessieren und fesseln könnte.

Zu Kluge:
Kluge erzählt 170 Jahre nach Hebels „Schatzkästlein" im Kern fast die gleiche Geschichte noch einmal. Welche Absichten werden in den Parallelen, welche in den Unterschieden der Texte deutlich? Was bewirkt die Kürze von Kluges Geschichte? Vergleiche mit Hebel.

Zu den Zeitungsmeldungen:
1. Es gibt Wichtigeres zu berichten als dieses Beispiel von Pflichttreue. Weshalb widmet die Zeitung dem Ereignis zwei Meldungen?

2. Sturheit oder Befehlstreue? Diskutiert über das Verhalten des Soldaten.
3. Vergleicht die Meldungen mit den beiden Geschichten von Hebel und Kluge nach Darstellungsweise und Absichten. Was wollen die Autoren, wie drücken sie es aus?

Zu Grimm:
1. Auch hier geht es um Gehorsam. Welchen Zusammenhang stellt die Geschichte her zwischen dem Verhalten des Kindes und seiner Krankheit? Welche Funktion wird der Strafe zugesprochen?
2. Würdest du die Geschichte, die in den „Kinder- und Hausmärchen" der Brüder Grimm steht, einem Kind erzählen? Erläutere die Gründe für deine Entscheidung. Sprecht über eure Einstellung zur Erziehung zum Gehorsam.

*

Parabeln sind kurze Erzählungen, die Lehren oder Erkenntnisse in einem Bild oder einem Beispiel, einem Gleichnis, deutlich machen wollen. Die folgenden sechs Texte sind Parabeln. Erkläre, was sie ausdrücken wollen.

Herbert Heckmann: *Robinson* (S. 22)

1. Welchen Nutzen verspricht sich der Auswanderer vom Robinson-Buch, wie benutzt er es, was hilft es ihm?
2. Worum geht es in der altbekannten Robinson-Geschichte? Auf welche Züge der Geschichte spielt Heckmann an? Wo weicht seine Kurzfassung von der Vorlage ab?
3. Wie wirkt der Text auf dich? Suche im Text nach Merkmalen, die diese Wirkung erklären.

Franz Kafka: *Eine kaiserliche Botschaft* (S. 22)

1. Gegen Schluß des Textes heißt es: „Niemand dringt hier durch ..." – Welche Schwierigkeiten stellen sich dem Boten in den Weg?
2. Die Grundsituation ist: Ein sterbender Kaiser sendet eine Botschaft aus. Jemand sitzt am Fenster und „erträumt" sich die Botschaft. Sprecht darüber, was damit – aus eurer Sicht – gemeint sein könnte.
3. Du sitzt am Fenster und erwartest etwas. Schreibe einen Text, der an eigene Erfahrungen anknüpft.

Franz Kafka: *Kleine Fabel* (S. 23)

1. Die Rede der Maus wechselt in ihrem zweiten Satz vom Präteritum ins Präsens. Erkläre das.
2. Wie sieht das Bild dieser Parabel den Lauf des menschlichen Lebens?
3. Erzähle eine kurze Geschichte, die sich auf Kafkas Muster bezieht. Du kannst die Fabel in die Wirklichkeit übertragen oder ihr auch widersprechen.

Max Frisch: *Der andorranische Jude* (S. 23)

1. Stelle in Form einer Tabelle einander gegenüber, welche Eigenschaften die Andorraner den Juden zusprechen, welche sie ihnen absprechen.
2. Wie gehen die Andorraner mit dem jungen Mann um, wie verhalten sie sich nach seinem Tode?
3. Warum spricht Frisch davon, daß „jeder von ihnen" die Züge des Judas trage, obwohl er doch auch sagt: „Die meisten Andorraner taten ihm nichts."
4. Verfolge, welche Wirkung das fertige „Bildnis", das die Andorraner von ihm haben, auf den jungen Mann hat. Wie sieht er sich, wie verhält er sich?
5. Worauf verweist der Text, wenn man ihn als Parabel liest? Suche Beispiele in deiner Umgebung, nicht zuletzt bei dir selbst. Sprecht über diese Beispiele.
6. Max Frisch hat aus seinem Entwurf zehn Jahre nach der Veröffentlichung des Textes in seinem „Tagebuch 1946–1949" das Theaterstück „Andorra" gemacht (siehe das 3. Bild des Stückes im Kapitel „Theater – Dialoge"). Untersuche, welche der Gedanken seines Entwurfs er in der im Lesebuch abgedruckten Szene in Handlung umgesetzt hat.

Johann Gottfried Herder: *Die Ratte in der Bildsäule* (S. 25)

1. Formuliere den Kern der Geschichte in eigenen Worten.
2. Warum versetzt Herder die Geschichte in ein fernes Land und in eine andere Zeit?
3. Welches Bild vom Staat, vom Gesellschaftssystem zeichnet die Parabel? Wer sind die Schädlinge? Vergleiche Herders Kritik am Gesellschaftssystem mit der von Brecht in der „Haifisch"-Parabel.

Bertolt Brecht: *Wenn die Haifische Menschen wären* (S. 25)

1. Brecht stellt in seiner Parabel dar, wie er die Gesellschaft sieht, in der er lebt. Wie sieht diese Gesellschaft aus?
2. Wie versteht Brecht in seiner Parabel Kultur? Welchem Zweck dienen die kulturellen Einrichtungen (Kunst, Schule, Theater …) in dieser Welt?
3. Welches Verhalten der Fischlein stellt der Autor fest, welches Verhalten legt er ihnen nahe?

Wolf Wondratschek: *Eine Frau verkauft auf der Straße einen Hundertmarkschein* (S. 27)
Daniil Charms: *Begegnung* (S. 27)

Diese beiden Geschichten sind keine Parabeln. Sie greifen Szenen aus dem Alltag auf, die ganz normal und zugleich absurd erscheinen können. Sie machen so auf die Möglichkeit aufmerksam, einmal über das ganz Normale und Alltägliche nachzudenken.

Zu Wondratschek:
1. Versuche eine Erklärung für das Verhalten der Beteiligten.
2. Entwirf eine Szene, die das Gespräch im Präsidium darstellt.

Zu Charms:
1. Welche Erwartungen weckt der Autor mit den ersten Worten seines Texts? Untersuche, wie er hier mit den Erwartungen des Lesers spielt.
2. Was dem Mann hier zustößt, ist absolut nichts Besonderes. Was wird aus dem Ereignis, wenn es so erzählt wird?

*

Auch Kurzgeschichten arbeiten mit den Kunstmitteln des Aussparens und Weglassens. Andererseits betrachten sie den gewählten Ausschnitt genauer als viele andere Kurztexte. Vergleiche das Vorgehen der folgenden beiden Geschichten mit der Darstellungsweise der anderen Texte des Kapitels.

Ilse Aichinger: *Wo ich wohne* (S. 27)
1. Was setzt der erste Satz des Textes voraus?
2. Derjenige, der (oder auch: diejenige, die) die Geschichte erzählt, erörtert im ersten Teil des Textes ausführlich, warum er niemanden fragt. Was fürchtet er eigentlich?
3. Warum hört seine Furcht auf, seit er im Keller wohnt. Gibt es Gründe dafür, daß er auch nun niemanden fragt? Wie verändert sich im Keller die Perspektive („der Blick", Zeile 113)?
4. Überlegt euch Möglichkeiten, die Bildsprache des Textes auf reale „Abstiegssituationen" zu übertragen (Arbeitslose, ältere Angestellte, Fußballspieler über 30).

Wolfgang Hildesheimer: *Eine größere Anschaffung* (S. 30)
1. Wie ist die Wirkung der „größeren Anschaffung" auf den Vetter zu erklären?
2. Man merkt an vielen Einzelheiten, daß das Geschilderte nicht ganz ernstzunehmen ist. Welche sprachlichen Signale gibt Hildesheimer, um diesen Eindruck zu unterstützen.
3. Eine absurde Geschichte läßt sich nicht ohne weiteres auf die Wirklichkeit beziehen; dennoch schildert diese Erzählung einige menschliche Verhaltensweisen, denen du vielleicht auch schon begegnet bist. Nenne einige solcher Verhaltensweisen.
4. Berichte über das Geschehene, wie es der Vetter (oder ein Nachbar, die Frau, der Freund des Lokomotivenbesitzers) erlebt und erzählt haben würde.

Aphorismen (S. 32)

Ein Aphorismus ist ein „prägnant-geistreich in Prosa formulierter Gedanke, der eine Erfahrung, Erkenntnis oder Lebensweisheit enthält" (Duden, Fremdwörterbuch). Aphorismen verraten außerdem oft viel über den Autor und seine Zeit.

Zu Stanislaw Jerzy Lec:
1. Wie muß die Situation aussehen, auf die sich diese Aphorismen beziehen?
2. Welche Appelle enthalten sie?

3. Auf welche bekannten Formulierungen, auf welche Begriffe spielen Lecs einzelne Sätze an?

Zu Georg Christoph Lichtenberg:
Georg Christoph Lichtenberg (1742–1799) gilt als der bedeutendste Aphoristiker deutscher Sprache.
Wie sieht er die Liebe in diesen Sätzen? Was kritisiert er?

Zu Theodor W. Adorno:
1. Suche Beispiele für Sinn und Richtigkeit dieses Satzes.
2. Vergleiche die hier angesprochene Form von Liebe mit der, die Lichtenberg darstellt und kritisiert.

Veranstaltet einen Wettbewerb, zu dem jede/jeder einen Gedanken oder eine Erfahrung zu einer „prägnant-geistreichen Formulierung" verdichtet.
Stellt diese Sätze zu einer Aphorismen-Sammlung der Klasse 10 zusammen.

Von Frauen – Über Frauen

Susanne T. (16): *Nur pünktlich zur Arbeit . . .* (S. 34)

1. Wie sieht Susanne sich selbst, wie ihre Eltern? Welche ihrer Ansichten sind dir sympathisch, welche stören dich? Begründe deine Meinung im Gespräch.
2. Diskutiert über Susannes Ansicht: „Kinder wollen aber, daß die Eltern manchmal stärker sind als sie".
3. Was meint Susanne wohl damit, wenn sie über das Leben in der Kleinstadt meint: „Da muß man schon ein Mann sein, um etwas vom Leben zu haben"?
4. Dieser Text wurde in einem Buch mit dem Untertitel „Frauen in der DDR. Protokolle" veröffentlicht. Woran erkennst du, daß Susanne von den Lebensverhältnissen in der DDR spricht? Was ist bei uns anders?
5. Vorschlag: Schreibe nieder, wie der Bruder Susannes, der Vater oder die Mutter die Situation sieht.

Fanny Lewald: *Erziehung zu Hause und in der Schule* (S. 37)

1. Nach welchen Prinzipien wurde Fanny Lewald erzogen? Was hat sich inzwischen geändert?
2. Was schätzten die Mädchen an dem Konsistorialrat?
3. Was verrät Dinters Äußerung „Dein Kopf hätt auch besser auf 'nem Jungen gesessen!" über seine Einschätzung von Mädchen und Jungen? Sprecht darüber, ob es solche oder ähnliche Vorstellungen auch heute noch gibt.
4. Wenn Dinter einem Mädchen deiner Klasse gegenüber so gesprochen hätte: Äußere dich dazu in einem Beschwerdebrief.

Ottilie Baader: *Die Jugend einer Maschinennäherin* (S. 40)

1. Untersucht, welche Arbeits- und Lebensbedingungen die Autorin vorgefunden hat und wie die Arbeiterinnen damals dagegen angegangen sind. Vergleicht diese privaten Aufzeichnungen mit den Ausführungen in eurem Geschichtsbuch zur „Sozialen Frage" im 19. Jahrhundert.
2. Wie Fanny Lewald lebte Ottilie Baader im 19. Jahrhundert. Vergleiche die Lebensumstände.
3. „Leise, zart und sanft sein war das Frauenideal dieser Zeit" – so Ottilie Baader für die Mitte des 19. Jahrhunderts. Wie sehen Frauenideale heute aus?

Else Lasker-Schüler: *Ein Lied* (S. 44)

Die Autorin wuchs als Tochter eines Bankiers in Elberfeld auf. In den Berliner Schriftstellerkreisen von der Jahrhundertwende an spielte sie ihrer Intelligenz, lebhaften Phantasie und Schönheit wegen eine große Rolle. Als Jüdin mußte sie 1933 fliehen; sie lebte bis zu ihrem Tode in Jerusalem.

1. Wie stellt sich die Situation der Frau in diesem Gedicht dar?
2. Welche Rolle spielt das Bild des Fliegens? Untersuche, wie mit den Mitteln der Sprache dieses Bild abgewandelt wird.
3. Lasker-Schülers Gedicht lebt von Klängen und Farben. Versuche in einer bildlichen Darstellung auszudrücken, was du beim Lesen empfindest.

Ursula Krechel: *Warnung* (S. 45)

Helga M. Novak: *kann nicht steigen nicht fallen* (S. 45)

1. Diese beiden Schriftstellerinnen aus unserer Zeit greifen ebenfalls Bilder aus der Welt des Fliegens auf. Welche Rolle spielt der Flug jeweils? Stelle Unterschiede zu den Gedichten von Droste-Hülshoff und Lasker-Schüler fest.
2. Wie sehen Krechel und Novak die Rollen von Frau und Mann?
3. Vorschlag: Ein Junge antwortet Ursula Krechel in einem Gedicht.
4. Sprecht über die jeweiligen geschlechtsspezifischen Haltungen, die die beiden Schriftstellerinnen der Gegenwart in ihren Gedichten entwerfen. Wie denken Mädchen, wie Jungen in eurer Klasse darüber?

Annette von Droste-Hülshoff: *Am Turme* (S. 46)

1. Die Schriftstellerin schrieb einen ersten Entwurf dieses Gedichts bereits als Achtzehnjährige, veröffentlichte das Werk jedoch erst nahezu 30 Jahre später. Was könnte sie veranlaßt haben, es so lange für sich zu behalten?
2. Untersuche Situation und Gefühlslage am Beginn (I, 1–4) und am Ende (IV, 5–8) des Gedichts. Welche Wünsche der Sprecherin werden deutlich?
3. In einer Folge von Bildern der Bewegung wird die psychische Lage dieser Frau dargestellt. Suche sie im Text und sprich über ihre Symbolik. Weshalb wählt die Sprechende ihren Standpunkt „am Turme"?

4. Untersuche die einzelnen Strophen darauf hin, wo von der konkreten Situation, wo von der Wunschwelt gesprochen wird.
5. Dieses Gedicht ist auch ein Zeitdokument für die Situation der Frau in der ersten Hälfte des 19. Jahrhunderts. Vorschlag: Lies andere Gedichte von Frauen aus dieser Zeit und stelle eines vor, das dich anspricht (vgl. dazu z.B. Gisela Brinker-Gabler: Deutsche Dichterinnen vom 16. Jahrhundert bis zur Gegenwart. Frankfurt 1978 = Fischer Tb Nr.1994)

Marie Marcks: *Karikatur* (S.47)

Siegfried Kracauer: *Gnädige Frau* (S.47)

Irmtraud Morgner: *Kaffee verkehrt* (S.48)

1. Die Rollen von Frau und Mann im Beruf, im Alltag und im Umgang der Geschlechter miteinander werden hier auf jeweils unterschiedliche Weise thematisiert. Welche Situation wird jeweils zum Anlaß der Darstellung genommen?
2. Hier wird mit unterschiedlichen satirischen Mitteln gearbeitet. Stelle fest, wodurch die satirische Wirkung jeweils zustande kommt.
3. Jede dieser Situationen könnte der Ausgangspunkt einer Kabarettnummer sein. Überlegt euch Umsetzungsmöglichkeiten in ein Spiel und erprobt eure Vorschläge.
4. Greife ein Beispiel aus deiner Erfahrungswelt auf, das die noch immer fehlende Gleichberechtigung der Frau demonstriert. Gestalte diesen Fall in selbstgewählter Form.

Theater – Dialoge

Friedrich Schiller: *Maria Stuart (Dritter Akt, vierter Auftritt)* (S.49)

1. Zum Szenenbeginn:
   Was passiert? In welcher Haltung versucht Elisabeth vor Maria zu erscheinen? Wie verhält sich die gefangene schottische Königin?
2. Zeige, wie beide Königinnen die Unterredung für ihre Absichten nutzen wollen.
   Welche sprachlichen und außersprachlichen Mittel setzen sie dabei ein? (Vergleiche dazu auch Schillers Regieanweisungen.)
3. An welcher Stelle „kippt" die Unterredung? Wie ist diese Wendung aus dem Gesprächsverlauf zu erklären?
4. Dialog im Drama ist oft ein Streit mit Worten. Wer siegt im vorliegenden Rededuell? Begründe deine Meinung.
5. Zeichne einen Grundriß für ein Bühnenbild. Kennzeichne die Standpunkte der Figuren in der Szene. Wie könnten sich die Königinnen im Verlauf der Szene bewegen?

6. Man hat Schiller vorgeworfen, er habe aus der Figur der Elisabeth einen „gewöhnlichen platten Theaterbösewicht" (Otto Ludwig) gemacht. Wie kommt es zu dieser Meinung? Nimm Stellung am Beispiel des Streitgesprächs.
7. Untersucht in Einzelarbeit/in einem Referat die Rolle der Männer in dieser Szene (bzw. im ganzen Stück).

Max Frisch: *Andorra (Drittes Bild)* (S. 56)

Das Stück zeigt, wie die „Andorraner" einen Unschuldigen durch Vorurteil in den Tod treiben. Zwischen die Bilder der Haupthandlung sind eine Reihe von Zeugenaussagen eingeschoben, die nach dem Tod Andris spielen: An der Zeugenschranke rechtfertigen sich die einzelnen Figuren vor dem Publikum.
1. Welche Rolle spielt der Geselle gegenüber Andri? Wie verhält er sich zu ihm?
2. Welche sprachlichen Mittel setzt der Geselle ein, um seine Einstellung gegenüber Andri zu verbergen?
3. Zwischen Andri und dem Tischler kommt kein richtiges Gespräch zustande. Untersuche Praders Haltung zu seinem Lehrling. Erläutere, welche Motive sein Handeln bestimmen.
4. Obwohl Andri Ablehnungen und Vorurteile durchschaut, ist er ihnen hilflos ausgeliefert. Was könnte er tun, statt anzuklagen oder sich selbst zu rechtfertigen? Improvisiert eine solche Szene.
5. Untersuche die Rechtfertigung des Gesellen vor der Zeugenschranke. Vergleiche mit dem, was du im dritten Bild über ihn erfahren hast. Was bewirken die Aussagen des Gesellen an der Schranke bei dir?
6. Entwerft ein Interview mit dem Tischler und dem Gesellen. Wie könnten sich beide rechtfertigen?

Eugène Ionesco: *Die Nashörner (Erster Akt)* (S. 61)

1. Entwerft nach den Vorschlägen des Autors ein Bühnenbild zum vorliegenden Stück. Vergleicht euren Entwurf mit dem Bühnenbild auf S. 64. Besprecht die Unterschiede.
2. Welche äußeren Kennzeichen haben Hans und Behringer? Was erfährst du durch den Dialog über Vorstellungen, Lebensweise und Eigenart der beiden Figuren?
3. Untersucht, wie Hans und Behringer miteinander sprechen. Wodurch unterscheidet sich ihre Sprechweise?
   Versucht den Dialog der beiden zu sprechen. Legt unterschiedliche Sprechgeschwindigkeiten, Tonhöhen und Tongebungen für die beiden Figuren fest.
4. Mit dem Vorbeiziehen des Nashorns verändert sich die Sprechsituation. Wie beeinflußt dies die Sprechweise der Figuren?
5. Mit dem Schrei „Oh! Ein Nashorn!" beginnen alle Figuren auf der Bühne gleichzeitig zu sprechen.
   Entwerft eine Sprechpartitur, in der festgelegt wird, welche Lautstärke, Sprechgeschwindigkeit und Sprechhöhe die einzelnen Figuren bei ihren Ausrufen und Sätzen verwenden.

Unterlegt das Ganze mit einer Geräuschkulisse.

	Lautstärke	Sprechtempo	Sprechhöhe
Hans: Oh! Ein Nashorn!	leise	zerdehnt	tief
Kellnerin: Oh! Ein Nashorn!	laut	angehackt	sehr hoch
Händlerin: Oh! Ein Nashorn!	schrill (brüllend)	sehr schnell	hoch
... Komm, schnell ...	normal	gehetzt	mittel

6. Probt die Szene und nehmt sie auf Tonband auf. Achtet dabei darauf, daß die sprachlichen Äußerungen trotz des zu- und abnehmenden Getöses gut verständlich bleiben.
7. Der abgedruckte Text ist der Anfang eines Stückes. Wie könnte es weitergehen? Entwerft mögliche Weiterführungen der „Nashörner".

Franz Xaver Kroetz: *Oberösterreich (Erster Akt, erste Szene)* (S. 67)

1. Welche Bedeutung hat Fernsehen für Anni und Heinz?
2. Stellt der Theaterszene wirkliche Unterhaltungen beim (oder nach dem) Fernsehen gegenüber. Wo liegen Gemeinsamkeiten, wo Unterschiede?
3. Sprecht den Text. Welche Aufgabe haben die Pausen beim Sprechen?
4. Charakterisiere den Gesprächsverlauf. Vergleiche mit dem Partnerverhalten und der Gesprächssituation bei Schiller (Elisabeth/Maria).
5. Überlegt, was Kroetz uns mit seiner Art von Dialog mitteilen will. Sprecht darüber.

Von alten Menschen

Herrad Schenk: *Das Interview* (S. 69)

1. „Sie kann auch etwas wunderlich sein" warnt die Heimleiterin den Interviewer. Wie charakterisierst du selbst Frau Plittard?
2. Unter welchen Lebensbedingungen lebt die alte Frau? Wie reagiert sie auf die Verhältnisse und Verhaltensweisen in ihrer Umgebung?
3. Untersuche, aus welchem Blickwinkel der Leser durch die Autorin über Frau Plittard informiert wird.

Monika Helmecke: *Klara, mach das Fenster zu* (S. 74)

Dieser Text ist ursprünglich in einer Sammlung erschienen, die Erzählungen und Kurzgeschichten der DDR enthält.
1. Warum hängt Frau Katzwedel so sehr an ihrer Arbeit?
2. Vergleicht, wie Frau Katzwedel und Frau Plittard (in Herrad Schenks Erzählung „Das Interview") auf das Älterwerden reagieren.
3. Sammelt aus eurem Bekanntenkreis Äußerungen darüber, wie Menschen sich auf das Älterwerden einstellen. Vergleicht eure Befragungsergebnisse.

Peter Maiwald: *Die Stillegung* (S.76)

1. Der Titel dieses Textes ist dem technischen Sprachgebrauch entnommen. Suche alle Textstellen, die diese Feststellung belegen, und überlege, was der Autor damit beabsichtigt hat.
2. Wie entsteht die satirische Wirkung dieser Geschichte? Achte bei der genauen Textuntersuchung vor allem auf die jeweils dargestellten Abschnitte aus Pobels Leben, auf den Ton der Darstellung und auf die dabei benutzten Sprachmittel.

Erwin Strittmatter: *Großvaters Tod* (S.77)

Erwin Strittmatter (geb. 1912) war nach dem Zweiten Weltkrieg längere Zeit Bürgermeister in verschiedenen Dörfern der DDR. In seinen Romanen und Geschichten hat er immer wieder seine Beobachtungen auf dem Lande verarbeitet.

1. Der erzählende Enkel charakterisiert am Ende der Geschichte sein Schreiben als „Abbitte für mein Versagen". Sprecht darüber, ob er versagt hat. Wie hätte er sich anders verhalten können?
2. Welche Bedeutung hat der Knotenstock für den schwerkranken und sterbenden Mann? Belegt eure Ansichten durch ausgewählte Textstellen.
3. Auch du hast Großeltern oder doch von ihnen gehört. Schreibe über sie in selbstgewählter Form.

Halb ist es Lust, halb ist es Klage – Gedichte

1. Sequenz: „Sich selbst finden"

Johann Wolfgang Goethe: *Prometheus* (S.79)

Günter Kunert: *Vorschlag* (S.81)

Ursula Krechel: *Ich fälle einen Baum* (S.81)

Zu Goethe:
Nach der Überlieferung in den griechischen Sagen hat der Titanensohn Prometheus die Menschen aus Ton erschaffen und ihnen eine Seele gegeben. Weil der eifersüchtige Zeus den Menschen das Feuer vorenthalten wollte, stahl es Prometheus vom Olymp und wurde zur Strafe dafür an einen Felsen im Kaukasus geschmiedet.

1. Was erwartete Prometheus als Kind von den Göttern? Durch welche Erfahrungen verändert sich sein Verhältnis zu ihnen?
2. Wie tritt Prometheus den Göttern gegenüber auf? Wie äußert sich das in seiner Sprechweise? Worauf beruht sein Selbstbewußtsein?
3. Sprecht das Gedicht. Was fällt am Rhythmus auf? Versuche Rhythmus und Strophenbau mit der Haltung des Prometheus in Zusammenhang zu bringen.

Zu Kunert:

Kunerts Gedicht ist beinahe 200 Jahre nach Goethes „Prometheus" in der DDR entstanden. Der Staat erwartet dort, daß der Schriftsteller seine Arbeit als Beitrag zur Verwirklichung des Sozialismus auffaßt. In den siebziger Jahren griffen viele Schriftsteller das Spannungsverhältnis zwischen Selbstfindung und Einordnung in die Gesellschaft in ihren Werken auf.

1. Welche Vorschläge werden hier gemacht? Wie wirken diese auf dich?
2. Wer wird hier angesprochen? Welche Reaktion auf den „Vorschlag" erwartet der Sprecher?
3. Diskutiert über die Gleichsetzung von „Sein" und „Tätigsein".
4. „Hinterlasse mehr als die Spur einer Tatze …". Welche Erfahrungen und Hoffnungen sprechen aus dieser Aufforderung?
5. Diskutiert darüber, ob man „Weggenossen" braucht, wenn man „heim zu sich selber finden" will.

Zu Krechel:

1. Was bedeutet das „Fällen eines Baums" für die Sprecherin? Diskutiert darüber, ob diese Bedeutung von der Geschlechtsrolle abhängig ist.
2. „Ich will nicht sagen / daß es leicht geht." Zu wem spricht das Ich von seiner neuen Erfahrung? Warum weist es auf die Schwierigkeiten hin?
3. Auf das Gedicht der Sprecherin fällt nun kein „Friedhofsschatten" mehr. Wie verstehst du dieses Bild? Welche Möglichkeiten der Selbstfindung werden damit angesprochen? Diskutiert über sie.

2. Sequenz: Politische Lyrik

Theodor Körner: *Aufruf* (S. 82)

August Heinrich Hoffmann von Fallersleben: *Mein Vaterland* (S. 84)

Erich Kästner: *Kennst du das Land, wo die Kanonen blühn?* (S. 84)

Zu Körner:

Den Aufstand Preußens und Österreichs gegen Napoleon verstanden viele als einen „Freiheitskrieg" des deutschen Volkes. Um das „Vaterland" zu retten, traten vor allem Studenten in Freiwilligenverbände ein. Unter ihnen war auch der 23jährige Dichter Theodor Körner, der im März 1813 seinen „Aufruf" schrieb.

1. Körners Kriegs- und Freiheitsgedichte wurden im 19. Jahrhundert begeistert aufgenommen. Wie wirkt dieser Aufruf heute auf euch?
2. „Es ist kein Krieg, von dem die Kronen wissen." Was ist für Körner das Besondere dieses Krieges? Mit welchen Bildern möchte er das verdeutlichen?
3. Was will Körner mit seinem „Aufruf" bewirken? An welche Gefühle und Wertvorstellungen appelliert er?
4. Körner stellt dem deutschen Volk die Feinde gegenüber. Wie charakterisiert er beide? Welche Absicht verfolgt er damit?
5. Diskutiert über die Rollenvorstellungen von „Mann" und „Frau", die hier zum Ausdruck kommen.

Zu Hoffmann von Fallersleben:
Nach dem Wiener Kongreß waren viele Patrioten enttäuscht, daß dieser für Deutschland keine nationale Einheit brachte. Die Vaterlandsbegeisterung wurde von den deutschen Regierungen als Gefahr für die bestehende politische Ordnung gesehen. Hoffmann von Fallersleben wurde wegen seiner 1840 veröffentlichten „Unpolitischen Lieder", zu denen auch das folgende gehört, aus Preußen ausgewiesen.

1. Welche politische Aussage enthält das Gedicht? Warum hielt die preußische Regierung diese wohl für gefährlich?
2. Untersuche, welche Gestaltungsmittel des „Volkslieds" hier verwendet werden. Welche Wirkung versprach sich wohl der Autor davon?
3. Welche Form des Zusammenlebens wird auf die Vaterlandsliebe übertragen? Diskutiert über diese Übertragung und die beabsichtigte Wirkung.
4. Wie könnte der Sprecher begründen, daß er alles, was er ist und hat, seinem Vaterland verdankt? Setzt euch damit auseinander.

Zu Kästner:
In der Zeit der Weimarer Republik wurde zunehmend deutlich, daß das alte Obrigkeitsdenken der Bürger und die Tradition des preußischen Militarismus den Sturz des Kaiserreichs durch die Revolution von 1918 überlebt hatten.

1. Formuliere die Kernaussagen, die Kästner über dieses Land macht.
2. Wie steht Kästner diesem Land gegenüber? Welche Haltung möchte er beim Leser bewirken? Achte auf den letzten Satz des Gedichts.
3. Kästner benützt in seinem Gedicht die erste Verszeile eines bekannten Goethe-Gedichts: „Kennst du das Land, wo die Zitronen blühn". Welchen Zweck hat hier diese Parodie?
4. Untersuche die Sprachbilder, die Kästner für seine Kritik verwendet. Worin besteht ihre satirische Wirkung?

Bertolt Brecht: *Kälbermarsch* (S. 86)

Wolfgang Langhoff: *Die Moorsoldaten* (S. 87)

Paul Celan: *Todesfuge* (S. 88)

Zu Brecht:
Brecht parodiert im „Kälbermarsch" das „Horst-Wessel-Lied", das von den Nationalsozialisten in den Rang einer Nationalhymne gehoben wurde.

1. Wodurch wird im Gedicht deutlich, wer mit den „Kälbern" gemeint ist? Welches Verhalten wird damit kritisiert?
2. Der Refrain parodiert die erste Strophe des Horst-Wessel-Liedes:
   „Die Fahne hoch! Die Reihen dicht geschlossen!
   SA marschiert mit mutig festem Schritt,
   Kameraden, die Rotfront und Reaktion erschossen,
   marschiern im Geist in unsern Reihen mit."
   Untersuche, was Brecht übernimmt und was er ändert. Welche Absicht verfolgt er damit?
3. Jede der drei Strophen enthält im Aufbau und im Bildgehalt einen Gegensatz. Welche Kritik am Nationalsozialismus wird damit zum Ausdruck gebracht?

Zu Langhoff:

Im Konzentrationslager Börgermoor im Emsland nahe der holländischen Grenze entstand 1933 das Lied der „Moorsoldaten", das zuerst bei einer von den Häftlingen selbst einstudierten „Zirkusvorstellung" gesungen und zwei Tage später verboten wurde.

1. Welchen Eindruck von der Lagerwirklichkeit bekommst du durch dieses Lied?
2. Warum hat der Lagerkommandant wohl das Lied verboten? Betrachte dazu die letzte Strophe und die Änderung im Refrain.
3. Durch welche Gestaltungsmittel bewirkt dieses Gedicht ein Wir-Gefühl? Welche Bedeutung hatte das für die Häftlinge?

Zu Celan:

Celan wurde in Czernowitz in der Bukowina, einer ehemaligen Provinz der Habsburgermonarchie, als Kind jüdischer Eltern mit deutscher Muttersprache geboren. Nach dem Einmarsch deutscher Truppen 1941 mußte er in einem Ghetto leben, seine Eltern wurden in ein Vernichtungslager deportiert.

1. „Der Tod ist ein Meister aus Deutschland". Untersuche, wie das Verhalten des KZ-Wächters dargestellt wird.
2. Mit welchen Bildern bringt Celan das Leiden der Juden in den Vernichtungslagern zum Ausdruck? Welche Wirkung geht von der Chiffre „Schwarze Milch" aus?
3. Der Titel des Gedichts deutet auf den kunstvollen Aufbau, die „Komposition" des Textes hin. Untersuche, welche Bilder und Motive durch Variation und Wiederholung das Gedicht gliedern? Wie erklärst du dir die Zusammenführung der Motive „dein goldenes Haar Margarethe" – „dein aschenes Haar Sulamith" am Ende des Gedichts?

Erich Fried: *Gebranntes Kind* (S. 89)

Margarete Hannsmann: *An die Gemeinderäte* (S. 90)

Hans Magnus Enzensberger: *das ende der eulen* (S. 91)

Zu Fried:

1. Wovor warnt Fried in seinem Gedicht? Wie wirkt seine Warnung in dieser Form auf euch?
2. Welche geschichtlichen Erfahrungen werden hier verarbeitet? Diskutiert über die Zukunftsvorstellung, die bei Fried daraus hervorging.
3. Untersuche den Aufbau des Gedichts. Wie verändert der Autor das Sprichwort? Welche Aufgabe hat die letzte Verszeile?

Zu Hannsmann:

1. Was kritisiert die Autorin in ihrem Gedicht, was wünscht sie?
2. Untersuche, welche Wörter die Autorin für ihre Kritik gewählt hat. Warum verwendet sie dabei Wörter aus verschiedenen Sprachbereichen?
3. Wie begründet sie ihre Bitte? Diskutiert über ihre Argumente.
4. Formuliere einen offenen Brief an den Gemeinderat, der politisch ernstgenommen würde.

Zu Enzensberger:

Die Kernwaffenversuche der Supermächte haben in den sechziger Jahren zu einer erheblichen Verstrahlung der Atmosphäre geführt, so daß sich diese 1963 vertraglich verpflichteten, nur noch unterirdische Versuche durchzuführen. Enzensbergers Gedicht wurde 1960 veröffentlicht.

1. Welche Folgen des „Ernstfalls" macht uns Enzensberger bewußt? Wie beurteilt ihr diese Warnung aus heutiger Sicht?
2. Indem er vom „ende der eulen" spricht, muß Enzensberger auch von uns sprechen. In welcher Weise geschieht das? Welcher Unterschied besteht zwischen dem Sprechen über die „Natur" und dem Sprechen über „uns"?
3. Wie deutet ihr die Zeile: „Wir sind schon vergessen"? Wie beurteilt ihr Enzensbergers Haltung?

3. Sequenz: „Sonne"

Neidhart von Reuental: *Der walt stuont aller grîse* (S. 93)

1. Welche Veränderungen in der Natur nimmt der Sprecher wahr? Welche Wirkung haben diese auf sein Lebensgefühl?
2. Das Gedicht ist eines der „Sommerlieder" Neidharts, zu denen auch Melodien überliefert sind. Zu welchem Zweck wurden diese Lieder gesungen? Beachte dabei die Aufforderung des Sprechers.

Eduard Mörike: *Im Frühling* (S. 94)

1. Mit welchen Sinnen nimmt das Ich die Natur wahr? Was lösen diese Wahrnehmungen im Innern aus?
2. Vergleiche die „Lust" am Frühling bei Neidhart und Mörike. Mit wem spricht jeweils das Ich? Warum vermischt sich bei Mörike die „Lust" mit der „Klage"?
3. Sprecht das Gedicht und achtet dabei vor allem auf die Klanggestalt. Wodurch entsteht die Musikalität der Sprache?

Andreas Gryphius: *Morgen Sonnet* (S. 95)

1. Welche Vorgänge in der Natur werden hier dargestellt? Welche Bedeutung haben diese für den Sprecher?
2. An wen wendet sich der Sprecher? Worum bittet er?
3. Untersuche den Aufbau des Gedichts. Welche Gliederungsfunktion hat der Doppelpunkt? Worin unterscheidet sich der Satzbau vor und nach dem Doppelpunkt?
4. Die „Sonne" hat in diesem Gedicht eine reale und eine metaphorische Bedeutung. Wie hängen beide zusammen? Welche Vorstellungen vom „Diesseits" und „Jenseits" kommen darin zum Ausdruck?

Gottfried Keller: *Abendlied* (S. 95)

1. Welche Vorstellungen löst der „Abend" in der Natur beim Sprecher aus?
2. Vergleiche die Vorstellung vom Lebensende bei Gryphius und bei Keller. Welche Bedeutung haben jeweils „Licht" und „Finsternis"?
3. Mit welchen sprachlichen Bildern wird das „Sehen" dargestellt? Welche Bedeutung der „Augen" läßt sich darin erkennen?

Ingeborg Bachmann: *An die Sonne* (S. 96)

1. Worin besteht die „Schönheit" der Sonne? Mit welchen Bildern werden ihre Wirkungen dargestellt?
2. Untersuche, wer angesprochen wird. Achte darauf, wem das „du" jeweils gilt.
3. Vergleiche die Strophenanfänge miteinander. Auf welche Weise kommt die hymnische Sprechhaltung zum Ausdruck?
4. Untersuche den Strophenbau des Gedichts. Welche Struktur wird deutlich? Wie hängt diese mit dem Thema zusammen?

Heinrich Heine: *Das Fräulein stand am Meere* (S. 97)

1. Welche Form des Erlebens der Natur verspottet Heine in seinem Gedicht? Wie beurteilst du seinen Spott?
2. Überlegt, warum Heine ein „Fräulein" und nicht ein „Mädchen" oder einen „Jungen" bzw. einen „Mann" seufzen läßt. Diskutiert darüber, ob Jungen die Natur anders erleben als Mädchen.
3. Mit welchen Mitteln erreicht Heine, daß der Leser schon beim Lesen der ersten Strophe das „Seufzen" nicht ernst nimmt?

Wolfgang Fienhold: *für die sonne* (S. 98)

1. Welche verschiedenen Arten der Wahrnehmung der Sonne werden angesprochen? Was unterscheidet sie, was ist ihnen gemeinsam?
2. Vergleiche die letzten zwei Verszeilen bei Heine mit der letzten Zeile bei Fienhold. Worin besteht der Unterschied? Wie deutest du das Wort „einfach"?

Karl Krolow: *Hochsommer* (S. 98)

1. Welche Wahrnehmungen werden hier dargestellt? Wie wirkt ihre „Zusammenstellung" auf dich?
2. Im Unterschied zu den vorangehenden Gedichten spricht in diesem Gedicht kein „Ich", und es wendet sich auch an kein „Du". Welchen Aussagecharakter bekommen dadurch diese Wahrnehmungen? Betrachte dabei auch die Syntax der einzelnen Zeilen.
3. Vom „Durst" ist nicht direkt die Rede, sondern durch den Hinweis auf die Geschichte dieses Wortes. Wie erklärst du dir das?

Berufsleben

Bundesanstalt für Arbeit: *Berufe* (S. 99) •

Mit „Blättern zur Berufskunde", die kostenlos abgegeben werden, stellt die Bundesanstalt für Arbeit Berufsbilder vor, um interessierten Jugendlichen und Erwachsenen Orientierung über Ausbildungsgänge und Berufswirklichkeit, -aussichten, -bedingungen zu geben. Der Band „Beruf aktuell", dem die Texte entnommen sind, bietet eine Übersicht über die verfügbaren „Blätter zur Berufskunde".
1. Welche Auskünfte geben die einzelnen Texte, welche würdest du dir zusätzlich wünschen?
2. Vergleiche Informationsgehalt und Darstellungsweise der Texte (Wie ausführlich, wie konkret, wie genau sind die einzelnen Berufe dargestellt?). Ergänze, wenn möglich, durch eigene Erkundungen und Beobachtungen.

Brigitte Wehrmann: *„Es gibt nichts, was nicht geht"* (S. 100)

1. „Er würde sogar Frauen nehmen", heißt es von Petras Handwerksmeister. Warum erscheint das als etwas Besonderes? Welche weiteren Hinweise auf bestehende Vorurteile gegenüber Frauen in technischen Berufen findest du im Text, auch in Petras Selbsteinschätzung?
2. Wie wirken sich die neuesten technischen Veränderungen auf die Berufspraxis aus, wie steht Petra dazu?
3. Mit welchen Mitteln gelingt es der Berichterstatterin, den (oft eiligen) Leser einer Tageszeitung für dieses Thema zu interessieren? (Achte etwa auf Überschriften, konkrete Schilderungen, Personalisierung, Schluß des Artikels.)
4. Versetze dich (nach den Informationen dieses Zeitungsartikels) in die Rolle Petras und verfasse einen Text zu einem der folgenden Themen:
   – Petra berichtet von ihrem ersten Arbeitstag in der Lehrstelle.
   – Petra erzählt ihrem skeptischen Freund von ihrer Berufsausbildung.
   – Petra antwortet auf die Frage: „Warum hast du ausgerechnet diesen Beruf gewählt?"

Robert Walser: *Der Beruf* (S. 103)

1. Robert Walser hat in seinem ersten Buch in der Maske des Progymnasiasten Fritz Kocher die Form des Schulaufsatzes parodiert. – Stelle die Gedankenfolge (Gliederung) seines „Aufsatzes" zusammen.
2. Man hat den Eindruck, daß hier jemand ein ernstes Thema nicht ganz ernsthaft behandelt. Suche Stellen im Text auf, die das erkennen lassen.
3. Wie charakterisiert der Aufsatzschreiber die einzelnen Berufe? Welches Bild zeichnet er – indirekt – von sich selbst?

Möglicherweise machst du dir auch selbst Gedanken über einen Beruf für dich – spielerisch oder im Ernst. Schreibe versuchsweise diese Gedanken nieder.

Mögliche Themen:
- Ich möchte ... werden. Eine Entscheidung und ihre Gründe.
- Sollte ich ... werden? Fragen, zusammengestellt für ein Gespräch mit der Berufsberatung.
- Wenn ich könnte, wie ich wollte: Das wäre mein Traumberuf!

Harry Tobinski: *Verwandtenbesuch* (S. 104)

1. Wie sieht der Tageslauf dieses jungen Mannes aus? Zeichne ihn nach.
2. Wie verhält sich Harry anderen Menschen gegenüber? Warum sagt er ihnen nicht, was er denkt und empfindet?
3. Wie wirkt seine Arbeitslosigkeit auf die anderen Menschen? Wie reagieren sie?
4. Was – außer Arbeitsbeschaffung – könnte man tun, um Harry zu helfen?
   Am Schluß stellt Harry die Frage: „Sah ich mich richtig?" – Antworte ihm in einem Brief.

Peter Molter: *Das Leben eines Bergarbeiters* (S. 107)

Wilhelm II.: *Rede beim Empfang streikender Bergarbeiter* (S. 110)

Zu Molter:

1. Stelle in einer Liste zusammen, unter welchen Arbeitsbedingungen Peter Molter vor hundert Jahren leben mußte.
2. „Es dachte auch kein Mensch daran, den Beamten entgegenzuhandeln, weil das Volk nicht weiter wußte als auf die Zeche und nach Hause." Was brachte Peter Molter dazu, sich dem „Verband" anzuschließen, obwohl ihm das nur Schwierigkeiten bereitete?
3. Das Privatleben des Bergarbeiters wird völlig durch seine Arbeitsbedingungen bestimmt. Zeige das an Beispielen aus dem Text.
4. Was fand Peter Molter berichtenswert, welche Absichten verbindet er mit seinem Bericht?
5. Die hier geschilderten Arbeitsbedingungen gibt es heute nicht mehr. Besorgt euch Informationen darüber, was bewirkt hat, daß sich die Lage der Arbeiter im Laufe des letzten Jahrhunderts entschieden verbessert hat.

Zu Wilhelm II.:

Für Wilhelm II., der von 1888 bis 1918 regierte, galt die Sozialdemokratie als Feind der Staatsordnung.
1. Nennt die einzelnen Punkte, auf die der Kaiser in seiner Rede eingeht.
2. Wie interpretiert der Kaiser den Streik der Bergleute? Warum empfängt er sie?
3. Wie definiert er seine Rolle, wie die der Arbeiter?
4. Wieviel von der Arbeitsrealität, die Peter Molter in seinem Bericht schildert, spiegelt sich in der Rede des Kaisers?
5. Woran ist erkennbar, daß es sich bei diesem Text um eine Rede handelt? Achte auf die Abfolge der geäußerten Gedanken, die Art des Sprechens, die Form der Anrede u. a.

6. Schreibe eine kurze Ansprache nieder, in der ein Delegierter seinen Kollegen das Ergebnis der Reise nach Berlin berichtet.

Max von der Grün: *Masken* (S. 111)

1. Zwei, die sich lieben, kommen nicht zueinander. Woran liegt das?
2. Was könnte sie dazu bringen, die „Masken" abzulegen, die sie tragen?
3. Zeile 86 heißt es: „Sie bekamen Respekt voreinander." Warum ist ihnen beruflicher Erfolg, Sozialprestige so wichtig?
4. Was ändert sich in ihrer Einstellung, bei Renate, bei Erich, während sie zusammen sind?
5. Wie erreicht der Schriftsteller, daß wir als Leser über die Gedanken und Gefühle beider informiert sind, ohne daß sie einander von ihren Empfindungen etwas verraten?
6. Eines der Merkmale von Kurzgeschichten ist der „offene Schluß". Kann man bei dieser Geschichte von einem offenen Schluß reden?

Heinrich Böll: *Es wird etwas geschehen* (S. 114)

1. Der Erzähler charakterisiert sich selbst als einen Menschen, der „mehr dem Nachdenken und dem Nichtstun zuneigt als der Arbeit". Wie verhält er sich – im Widerspruch zu dieser Aussage – in Wunsiedels Fabrik? Versuche eine Erklärung.
2. Wie stellt er die Menschen dar, mit denen er zu tun hat? Wie verstehst du den Satz „Ihr Lebenslauf ist ihnen wichtiger als ihr Leben" (Zeile 56/57)?
3. Die grammatischen Formen des Verbs „geschehen" spielen eine große Rolle in der Erzählung. Wie unterscheidet sich die Verwendung des Wortes in dem Satz, den der Erzähler nach Wunsiedels Tod spricht, von den übrigen Stellen, an denen es vorkommt?
4. Warum paßt der neue Beruf so gut zum Erzähler?
5. Die Geschichte ist in einem satirischen Ton erzählt. Suche Merkmale der Satire im Text.
Was greift diese Satire an?

Bücher und Leser

Ingrid Ziesmer: *Rangun und Recke* (S. 119)

Mich interessierten die Beziehungen der Kinder (S. 121)

Peter Weiss: *In den Büchern trat mir das Leben entgegen* (S. 123)

In Aufzeichnungen und Autobiographien berichten Schriftsteller oft über ihre Leseerfahrungen in ihrer Kindheit und Jugend. Seit einiger Zeit erforschen Wissenschaftler etwas genauer die Voraussetzungen und Bedingungen, von denen die Leseentwicklung abhängt. Eine wichtige Rolle spielen dabei Gespräche über Leseerfahrungen, die protokolliert werden.

Zu Ziesmer:

1. Was hat die Leserin an der Geschichte von „Rangun und Recke"so fasziniert, und warum fühlt sie sich von diesem „Happy-End" enttäuscht? Wie beurteilst du ihre Reaktion?
2. Was sind „typische Jungmädchenbücher"? Wodurch unterscheidet sich diese Geschichte von ihnen?

Zu „Mich interessierten die Beziehungen . . ."

1. Welche Rolle spielen „Bilder" in der Leseentwicklung des Studenten?
2. Was heißt für den Studenten „richtig lesen", und auf welchem Weg lernt er das? Vergleicht das mit eurer eigenen Leseentwicklung.
3. Was fasziniert den Studenten an den Büchern von Enid Blyton und an Kurt Helds „Rote Zora"? Vergleicht seine Art des Lesens mit der Ingrid Ziesmers.
4. „Lesen hab ich erst durch die Comics gelernt." Welche Art des Lesens meint der Student? Interviewt Deutschlehrer eurer Schule über ihre Einschätzung solcher Lektüre. Vergleicht diese Einschätzung mit euren eigenen Erfahrungen.
5. Stellt eine Liste der Bücher zusammen, die auf euch eine ähnliche Wirkung ausgeübt haben. Untersucht, inwieweit ihr dabei Unterschiede zwischen den „Lieblingsbüchern" von Jungen und Mädchen feststellen könnt.

Zu Weiss:

1. Diskutiert darüber, ob Eltern ihren Kindern bestimmte Bücher verbieten sollten.
2. Warum las der Erzähler vor allem „verbotene Bücher"? Welche Erfahrungen konnte er damit machen?
3. Dieser Text ist ein Ausschnitt aus einer autobiographischen Erzählung. Worin unterscheidet er sich von Ziesmers Bericht und dem Gesprächsprotokoll?
4. Welche dieser Darstellungen vermittelt deiner Meinung nach am ehesten ein Bild von den wirklichen Leseerfahrungen? Woran liegt das?

Johann Georg Heinzmann: *Vom Lesen der Romanen* (S.124)
Narajan S. Phadke: *Das Buch* (S.125)

Zu Heinzmann:

Der Schweizer Buchhändler und Schriftsteller J. G. Heinzmann warnte wie einige andere Aufklärer vor den schädlichen Folgen der Lektüre „romanhafter" Erzählungen. Diese sahen nicht nur in der damals sich rasch verbreitenden „Trivialliteratur" eine Gefahr, sondern auch in Werken wie Goethes „Werther".

1. Fasse die Argumente Heinzmanns zusammen. Hältst du sie für überzeugend?
2. Welche Eigenschaften und Verhaltensweisen hält Heinzmann für erstrebenswert? Welche Bücher hätte er deshalb wohl Jugendlichen empfohlen? Diskutiert darüber, ob man durch Lesen solche Eigenschaften erwerben kann.
3. Wird auch heute noch vor Büchern und dem Lesen gewarnt? Kennst du Beispiele? Welche Gründe werden dafür vorgebracht?

Zu Phadke:

Das „Mahabharata" ist das große nationale Heldenlied der Inder, ein Versepos, das auch als religiöses Buch benützt wird. Geschichten aus diesem Epos wurden, wie bei unseren mittelalterlichen Epen, immer wieder in Prosa nacherzählt. Das „Buch", um das es im Text geht, ist eine Auswahl solcher Gedanken.

1. Wie verändert sich Parvati durch die Lektüre dieses Buches? Wie beurteilst du das?
2. Warum verbrennt sie das Buch? Diskutiert über ihren Entschluß.
3. Das Verbrennen des Buches ist für ihren Mann ein „Rätsel". Warum hat er dafür keine Erklärung?
4. Die Zahl der Menschen, die nicht lesen und schreiben können, ist auch heute noch in Indien relativ groß. Möchte der Autor, selbst ein Inder, vor dem Lesen warnen?

Flamme empor! (S. 131)

Oskar Maria Graf: *Verbrennt mich!* (S. 132)

Einer, der auch mitverbrannt sein will! (S. 133)

Erich Kästner: *Über das Verbrennen von Büchern* (S. 134)

Zu „Flamme empor!":

1. Mit welchen Argumenten rechtfertigen der Studentenführer und der Germanistikprofessor die Bücherverbrennung?
2. Welche Haltung nimmt der Zeitungsbericht gegenüber der Bücherverbrennung ein? Wie läßt sich diese an Inhalt und Sprache des Berichts ablesen?
3. Die Bücherverbrennungen, die in vielen deutschen Städten stattfanden, wurden von der nationalsozialistischen Regierung als Aktion der „Studentenschaft" hingestellt. Welche Wirkung versprach man sich wohl davon?

Zu Graf:

1. Graf bezeichnet es als „Schmach" und „Unehre", daß seine Bücher auf der „weißen Autorenliste des neuen Deutschland" standen. Warum? Was hat er erwartet? Wie beurteilt ihr seinen Protest?
2. Grafs Brief wurde in Publikationen und Zeitschriften im Ausland oft abgedruckt, in denen Schriftsteller publizieren durften, die ins Exil gegangen waren. Wie erklärst du dir das?

Zu „Einer, der auch mitverbrannt sein will!":

1. Wie verändert die NSDAP-Zeitung bei ihrer Wiedergabe Grafs Protest? Welchen Zweck haben diese Änderungen?
2. Mit welchen Mitteln versucht die Parteizeitung Grafs Protest zu unterlaufen?

Zu Kästner:

1. Kästners Rede zum 25. Jahrestag der Bücherverbrennung enthält einen Rückblick. Wie sieht Kästner sein damaliges Verhalten? Wie denkt ihr darüber?
2. Wie beurteilt Kästner heldenhaften Widerstand gegen ein Gewaltregime? Diskutiert über seine Auffassung.
3. Was möchte Kästner mit seiner Rede erreichen? Welche Mittel setzt er dazu ein?

Monika Buschey: *Fernsehen ist kein Bücher-Killer* (S. 136)

„Null Bock" auf Bücher (S. 137)

Dorothea Keuler: *Macht der Fernseher süchtig?* (S. 137)

Zu Buschey:

1. Welche Informationen bekommt der Leser dieses Zeitungsberichts über die Ergebnisse der Studie „Jugend und Medien"? Wie beurteilt ihr den Wert dieser Informationen?
2. Warum lassen eurer Meinung nach Fernsehanstalten und die Bertelsmannstiftung eine solche Untersuchung durchführen?
3. Wie wird die Behauptung der Schlagzeile durch die Informationen des Berichts gestützt? Diskutiert über diese Behauptung und geht dabei von eurem eigenen Fernseh- und Leseverhalten aus.

Zu „Null Bock":

1. Vergleiche Auswahl und Darstellung der Ergebnisse der Studie in „Bild" und der „Westdeutschen Allgemeinen". Wovon hängen diese Unterschiede ab?
2. Untersuche Stilmittel und Aufgabe der Schlagzeile. Vergleiche diese mit den Schlagzeilen anderer Zeitungsberichte über die Studie. Was erwartet der Leser aufgrund der jeweiligen Schlagzeile?

Zu Keuler:

1. In welchen Problemzusammenhang stellt die Verfasserin die Ergebnisse der Studie?
2. Untersuche den gedanklichen Aufbau des Textes. Hältst du die Argumente gegen die „Schwarzseherei" für überzeugend?
3. Die Verfasserin sieht Parallelen zwischen der „Fernsehschelte" von heute und der Warnung vor der „Lesesucht" vor 200 Jahren. Vergleiche dazu die Thesen Heinzmanns mit den im Zeitungskommentar wiedergegebenen Behauptungen der Kritiker des Fernsehens. Wie beurteilst du die „Ähnlichkeit"?
4. Fernsehen diene manchen als „Lebensersatz", meint die Verfasserin. Könnte man das in gleicher Weise vom Lesen behaupten?

Generationen

Karin Q. (16): *Schülertagebuch* (S. 139)

Franziska (17): *Mit der Mutter zu gut verstanden* (S. 141)

1. Welche Empfindungen hält die Tagebuchschreiberin Karin fest? Wie ist der Stimmungsumschwung zwischen den beiden Eintragungen zu erklären?
2. Karin möchte eine eigene „verrückte" Welt. Wie soll diese aussehen?
3. Das Mädchen hat keine Erklärung dafür, daß sie Liedtexte in ihr Tagebuch einträgt. Welcher Zusammenhang zwischen den beiden Eintragungen und den Liedern ist erkennbar?

4. Weshalb führt Karin regelmäßig ihr Tagebuch?
5. Franziska ist bereits ausgezogen. Welche Gründe waren dafür ausschlaggebend?
6. Beide Mädchen urteilen über ihre Eltern. Vergleiche.
7. Franziskas Ansichten sind in einem Gesprächsprotokoll festgehalten. Welche Unterschiede im Inhaltlichen und im Sprachlichen lassen sich zum Tagebuch feststellen?

Hermann Hesse: *Brief an den Vater* (S. 142)

1. Hier erhalten wir Einblicke in einen Konflikt zwischen Eltern und ihrem 16jährigen Sohn, der schon nahezu ein Jahrhundert zurückliegt. Sprecht darüber, wo diese zeitliche Distanz für euch im Brief Hesses auffällig ist (z.B. im Ton und Stil des Briefes, aber auch im Verhalten des Briefschreibers und seiner Eltern).
2. Wo finden sich Erklärungsversuche für das eigene Verhalten, wo Vorwürfe an die Eltern? Wie hängt beides zusammen?
3. Was hältst du von der Bitte des Sohnes an seine Eltern.
4. Hesse zieht das Schreiben eines Briefes einem Gespräch vor, „um unnötige Erregung zu verhüten". Sprecht darüber, welche Form der Auseinandersetzung euch selbst am sinnvollsten erscheint, wenn es Konflikte mit den Eltern gibt.

Rolf Schneider: *Die Reise nach Jaroslav* (S. 144)

1. Wie ist es zu erklären, daß Gitti die Nerven verliert?
2. Vorschlag zur eigenen Gestaltung: Der „Greis" berichtet seiner Frau von Gittis Auftritt.
3. Der Titel der Erzählung deutet an, daß Gitti für längere Zeit die Familie verläßt. Lies das Buch und referiere darüber vor der Klasse. Gehe dabei auch darauf ein, ob dir die Sprache des Buches dem Thema angemessen erscheint.

Peter Bichsel: *Die Tochter* (S. 146)

1. Wie beurteilst du das Verhältnis zwischen der Tochter und ihren Eltern?
2. Beschreibe die Lebenssituation der Eltern, die der Schriftsteller hier vorstellt. Wie sprechen die beiden miteinander?
3. Kläre, aus welcher Perspektive die Geschichte erzählt wird, und auch, wo es sich um Gespräche und wo um Gedanken der Eltern handelt.

Peter Härtling: *Zwei Versuche, mit meinen Kindern zu reden* (S. 148)

1. Welche unterschiedlichen Schwierigkeiten eines Vaters mit seinen beiden Kindern sind der Ausgangspunkt dieser Gedichte?
2. Was meint Härtling mit der Wendung „mit Erinnerungen prügeln"?
3. Schreibe einen „Versuch, mit meinen Eltern zu reden" in einer ähnlichen Gedichtform.

Hildebrandslied (S.150)

Die neuhochdeutsche Übertragung des Hildebrandslieds folgt genau dem Wortlaut des althochdeutschen Gedichtfragments. An einigen Stellen sind in Klammern fehlende oder unleserlich gewordene Wörter ersetzt.

1. Was erfährt man vom Leben Hildebrands und Hadubrands? Weshalb geraten die beiden in Streit, wie verhalten sie sich dabei?
2. In welchen Konflikt wird der Vater getrieben? Weshalb entscheidet er sich für den Zweikampf?
3. Im Vergleich des althochdeutschen Textes mit der wortgenauen Übertragung lassen sich eine ganze Reihe von Wörtern als verwandt wiedererkennen. Schreibe sie nach folgendem Muster in eine Liste.

althochdeutsch	neuhochdeutsch
ik	ich
gihorta	hörte
untar	unter (= zwischen)
herium	Heeren
usw.	usw.

Vergleiche und stelle Veränderungen des Lautwandels fest.

Wernher der Gartenaere: *Meier Helmbrecht* (S.152)

1. Mit welchen Argumenten jagt der alte Helmbrecht seinen hilflosen Sohn vom Hof? Wie beurteilst du sein Verhalten? Vergleiche mit der ähnlichen Situation in der Parabel vom verlorenen Sohn.
2. Am Ende der Erzählung (vgl. die Schlußverse im Vorspann) spricht der Autor aus, was er mit seiner Geschichte beim Leser bewirken will. Nehmt dazu Stellung.
3. Informiere dich darüber, wie sich die Situation der Ritter seit dem Hochmittelalter verschlechtert hat. Referiere darüber und vergleiche mit der Darstellung Wernhers.

Lukas: *Der verlorene Sohn* (S.154)

1. Wie ist das Verhalten des Vaters zu den beiden Söhnen zu erklären? Wie beurteilst du es?
2. Welche Lehre will Jesus den Pharisäern in seinem Gleichnis vermitteln?

Franz Kafka: *Heimkehr* (S.156)

1. Was hindert den Sprecher, zu den Menschen in der Küche zu gehen?
2. Sprecht über eure Ansicht zu der Aussage „Je länger man vor der Tür zögert, desto fremder wird man".
3. An welcher Stelle werden die klaren Aussagen des Beginns von unsicher wirkenden Feststellungen, Vermutungen und Gedankensplittern abgelöst? Wodurch stellt sich dieser Leseeindruck her?

Utopie

Ludwig Bechstein: *Das Märchen vom Schlaraffenland* (S. 157)

1. Bekannt ist das gute Essen im Schlaraffenland; welche weiteren Schätze gibt es in dieser Fassung des Märchens noch zu entdecken?
2. Im Märchen wird das Unwahrscheinliche wahr, offenbar unerfüllte Wünsche gehen in Erfüllung. Welche Wünsche drücken sich in diesem Märchen aus? Auf welche Mängel und Entbehrungen (Defizite) verweisen diese Wünsche?
3. Im Schlaraffenland können alte Frauen gegen junge ausgetauscht werden. Was fängt man denn mit den alten Männern an?
4. Dieses Märchen hat auch satirisch-kritische Züge. Gegen wen und gegen was richtet sich seine Kritik? Was spart es bei seiner Kritik aus?
5. Entwerft eure eigenen Schlaraffenländer und stellt sie euch gegenseitig vor.

Fritz Winterling: *Utopia – die bessere Welt* (S. 160)

Kennst du aus eigener Lektüre, vom Fernsehen oder aus Filmen weitere utopische Entwürfe? Trage sie der Klasse vor und verständigt euch über die Wunschvorstellungen und die Zeitkritik, die in diesen Phantasiegebilden und ihren Gesellschaftsmodellen erkennbar werden.

Thomas Morus: *Utopia* (S. 161)

1. Das einzige Gewerbe, das in Utopia allen gemeinsam ist, ist der Ackerbau. Nenne Gründe für diese Festlegung.
2. Utopia hat die 36-Stunden-Woche für alle. Welcher Preis wird dafür bezahlt?
3. Welche Folgerungen für die Gesellschaftsordnung ergeben sich aus der Organisation der Arbeit in Utopia? Wie wird die Freizeit verwendet?
4. Welche positiven Verhaltensweisen („Tugenden") fordert diese Gesellschaftsordnung?
5. Woran übt Thomas Morus mit seinem Modell Kritik?
6. Welche Züge dieses utopischen Staates könnten heute noch aktuell sein? Was gefällt dir, was erscheint dir bedenklich an diesem Staat?

Francis Bacon: *Neu-Atlantis* (S. 164)

1. Lies die Definition des Zweckes der Gründung (Z. 7 ff.) sehr genau und versuche darzustellen, was die Verwirklichung dieses Programms im einzelnen bedeutet:

   „Erkenntnis der Ursachen"   heißt ....
   „Erkenntnis der Bewegungen"   heißt ....
   „Erkenntnis der verborgenen Kräfte in der Natur"   heißt ....
   „Erweiterung der menschlichen Herrschaft ..."   heißt ....
   „bis an die Grenzen des überhaupt Möglichen ..."   heißt ....

   Nimm Stellung zu diesem Programm und seinen Folgen.

2. Vieles mutet hier sehr modern an. Suche für die einzelnen Errungenschaften von Neu-Atlantis moderne Namen. Vergleicht eure Ergebnisse.
3. Versucht zu ermitteln, wann die einzelnen Projekte von Neu-Atlantis in den folgenden Jahrhunderten verwirklicht werden. Stellt sie in einer Tabelle oder einer Bilderausstellung zusammen.
4. Wie werden hier Tierversuche begründet, welche Hoffnungen werden in sie gesetzt, wie werden die Folgen eingeschätzt?
5. Welchen Zwecken dienen die chemischen und technischen Errungenschaften? In welchen Zügen entspricht die Entwicklung unserer modernen Technik dem hier vorgestellten Entwurf, wo geht sie über ihn hinaus, wo ist sie von dem vorgezeichneten Weg abgewichen?
6. Gegen welche Haltung seiner Zeit richtet sich vermutlich der utopische Entwurf Bacons? Worauf gründet sich sein Optimismus? Wie beurteilst du seinen Entwurf heute?

Aldous Huxley: *Schöne neue Welt* (S. 167)

Der Brut-und-Norm-Direktor (BUND) führt Studenten durch sein Institut, in dem einheitliche Menschen in Retorten gezeugt, nach dem „Bokanowsky-Verfahren" vermehrt und für ihre Verwendung als Alpha- bis Epsilon-Menschen geprägt werden.

1. Welchem Zweck dient die Normung der Delta-Kinder durch die Abschreckung vor Rosen und Büchern? Wie werden Ziel und Verfahren begründet?
2. Erkläre den Unterschied zwischen den ersten Versuchen zur „Hypnopädie" (Z. 154–174) und dem dann geschilderten Verfahren der „sittlichen Bildung" (Z. 183 ff.) zur Einprägung des Kastenbewußtseins.
3. Den Alpha-Studenten sind offensichtlich Hemmungen gegenüber Begriffen wie „Eltern", „Vater" und „Mutter" beigebracht worden. Welche Absichten waren damit verbunden? Welche Folgen hat es?
4. Welche Haltung drückt sich in dem Satz aus: „Was der Mensch zusammenfügt, das kann Natur nicht scheiden"? Suche die Stelle auf, an der er steht.
5. Welche zu seiner Zeit bereits herrschenden Anschauungen und Verhaltensweisen kritisiert Huxley? Vor welcher Zukunftsentwicklung warnt er?
6. Wie schätzt du Huxleys Kritik und seine Warnungen heute ein?

Jesaja: *Schwerter zu Pflugscharen* (S. 173)
Günther Anders: *Umschmieden* (S. 173)

Zu Jesaja:
1. Zukunftserwartungen hatten die Menschen zu allen Zeiten. Welche Hoffnungen drückt die Prophezeiung des Jesaja aus?
2. Warum ist das Bild, das er gebraucht, heute wieder so aktuell geworden?

Zu Anders:
1. Was und wen kritisiert Günther Anders mit seiner Anspielung auf die Bibel?
2. Welche Entwicklung der Gegenwart meint er besonders, wenn er in seiner Parabel von der Abschaffung mittelalterlicher Bewaffnung spricht?

Global 2000. Der Bericht an den Präsidenten (S. 174)

1. Stelle einander gegenüber: Die Fakten, die in diesem Bericht genannt werden, und die Folgerungen, die der Bericht daraus zieht:

Fakten   Folgerungen
Bevölkerungsentwicklung   ...
Landwirtschaft, Ernährung   ...
Rohstoffversorgung   ...
Wasserversorgung   ...
Veränderungen der Atmosphäre   ...

2. Was hält der Bericht von Utopien? Wie steht er zu den Möglichkeiten ihrer Verwirklichung?
3. Auch dieser Bericht blickt in die Zukunft. Wie unterscheidet er sich im Zugriff auf die Tatsachen von den literarischen Zukunftsentwürfen? Wie unterscheidet er sich in Gedankenfolge und Sprache? Sammle die Merkmale und ziehe Schlüsse daraus.

Jura Soyfer: *Das Lied von der Erde (Kometen-Song)* (S. 179)

Der österreichische engagierte Autor Jura Soyfer (1912-1939 – Tod im Konzentrationslager Buchenwald) schildert in seiner Revue „Der Weltuntergang" (1936), wie Sonne und Planeten beschließen, die Erde „von den Menschen zu säubern", damit dort Ruhe einkehrt. Ein Komet wird losgeschickt, die Menschheit zu vernichten, kehrt aber zurück, ohne seinen Auftrag ausgeführt zu haben. Er habe, sagt er, die Erde „beim Näherkommen so ein bisserl kennengelernt" und sich in sie verliebt. Der „Kometen-Song", in dem er das erklärt, bildet den Abschluß des Stückes.

1. Der erste und zweite Teil des Songs haben deutliche inhaltliche Parallelen, aber auch charakteristische Unterschiede. Stelle die beiden Ansichten der Erde einander gegenüber.
2. Der Komet (und damit der Verfasser, der ihm das Schlußwort seines Stückes gibt) steht auf der Seite der Hoffnung. Worauf gründet sich diese Hoffnung?

*

Man kann mit der Zukunft auf sehr verschiedene Weise umgehen. Entwirf ein Zukunftsbild, in dem du vorkommst. Vorschläge:

„Mein Leben im Jahre 2015"

„Ich fürchte, daß ..."

„Ich hoffe, daß ...

„Eine Zukunft, in der ein Problem, das mir Sorgen macht, besser gelöst wird, als es heute geschieht"

„Wir werden es einfach so machen ..."

Die neuen Leiden des jungen W.

Ulrich Plenzdorf: *Aus dem Filmskript* (S. 181)

1. Woran erkennst du, daß es sich bei diesem ersten Entwurf Plenzdorfs um ein Filmskript handelt?
2. Inhaltlich unterscheidet sich der hier abgedruckte Schluß der „Urfassung" vom Ende des später veröffentlichten Prosatextes erheblich: Stelle die beiden Lösungen einander gegenüber und versuche, die unterschiedlichen Bedeutungen und möglichen Wirkungen beider abzuschätzen.
3. Wo erkennst du im Text ironische Darstellungen?

Filmprotokoll: *In der Lehrlingswerkstatt* (S. 186)

1. Die graphische Anordnung des Sequenzprotokolls soll sichtbar machen, welche verschiedenen Ebenen im Fernsehspiel vorkommen und wie sie untereinander verschachtelt sind. Beschreibe die vier Ebenen anhand der Fotos und der Zitate mit deinen eigenen Worten. Ziehe als Hilfe die Inhaltsübersicht (S. 180) heran.
2. Erkläre mit Hilfe des Textes zum „Blue-Screen-Verfahren (S. 184), wie die Ebene 2 technisch zustande kommt.
3. Sieh dir an, an welchen Stellen dieser Sequenz die Ebene 2 erscheint: Welche Aufgaben werden dem kommentierenden Edgar dabei zugewiesen (in Hinblick auf vorhergehende und nachfolgende Ebenen, in Hinblick auf den Zuschauer)? Berücksichtige dabei auch Körpersprache und Blickachse Edgars.
4. Ebene 3 ist ein heute sehr selten eingesetztes filmisches Mittel, das vor allem im Stummfilm eine größere Rolle spielte. Welche Absicht verbindet hier der Regisseur eurer Meinung nach mit dem Einsatz dieses alten Mittels?
5. Die Verschachtelung der verschiedenen Handlungs- und Zeitebenen beeinflußt das Verstehen der laufenden Spielhandlung. Ebene 4 schildert einen wichtigen Vorfall in der Lehrlingswerkstatt. Beschreibe zuerst die Wirkung dieses Spielhandlungsteils für sich genommen. Nimm dann die umgebenden Stellen der anderen Ebenen hinzu: Wie verändert sich dadurch die Wirkung des Spielhandlungsteils?

Filmprotokoll / Romanauszug: *Besuch in der Laube* (S. 190)

Zum Romanauszug:
Auch dieser kurze Abschnitt aus der Prosa-Fassung enthält einen Großteil jener Merkmale, die das Buch Plenzdorfs insgesamt charakterisieren.

1. Lies den Romanauszug in einem Zug durch: Für wen ergreifst du bei dem geschilderten „Kampf um Charly" Partei? Überlege warum.
2. Der Text enthält neben Beschreibungen der Situation, der Personen und des Handlungsverlaufs viele Bewertungen des Ich-Erzählers Edgar. Suche solche Textstellen heraus und untersuche sie auf ihre Wirkungsabsichten hin.

3. Die Situation wird von Edgar als Boxkampf beschrieben. Suche alle Stellen heraus, die zu diesem Bildbereich gehören. Versucht zu erklären, welche Absichten der Autor damit verfolgt.

4. An verschiedenen Stellen zitiert Edgar aus Goethes Roman „Die Leiden des jungen Werther". Woran erkennst du, daß es sich um Zitate handelt? Beschreibe die Unterschiede zum übrigen Text. Welche Absichten verbindet Edgar mit dem Einsatz der Werther-Zitate?

Zum Filmprotokoll:

1. Das Filmprotokoll läßt sich in zwei deutlich unterschiedene Abschnitte einteilen: Worin besteht der Unterschied? Welche Folgen hat das nach deiner Meinung für das Verstehen des Handlungsverlaufs?

2. Betrachte die Filmfotos von Edgar und Dieter einmal genauer: Wie werden die beiden durch ihr Äußeres charakterisiert?

3. Beachte, was die einzelnen Personen in dieser Sequenz sagen und zu wem sie etwas sagen. Wie läßt sich diese Kommunikationssituation beschreiben?

4. Welche Rolle spielt der Edgar im Vordergrund mit seinem Kommentar für das Verständnis der weiteren Handlung, insbesondere der Reaktion Dieters? Berücksichtige dabei auch Einstellungsgröße, Kameraperspektive und die Blickachse der Figuren.

Zum Vergleich Fernsehspiel/Roman:

1. Vergleiche den Anfang des Romankapitels mit dem Beginn der Filmsequenz. Welche Informationen des Prosatextes finden sich auch im Film, welche nicht?

2. „Ich nahm sofort die Fäuste hoch. Ich meine, nicht wirklich. Innerlich", heißt es im Roman. Wie ließe sich das im Fernsehspiel mit dessen eigenen Mitteln zum Ausdruck bringen?

3. In dieser Sequenz hat der Regisseur versucht, die im Roman geschilderten Gedanken und Gefühle der Hauptfigur – die innere Handlung – mit Hilfe des kommentierenden Edgars in das Fernsehspiel zu übertragen. Wie ist ihm dieses nach deiner Einschätzung gelungen? Begründe dein Urteil.

4. Den Schluß der beiden Texte bilden Edgars Mitteilungen an seinen Kumpel Willi auf Tonband. Wie unterscheiden sich die beiden Fassungen voneinander? Stellst du unterschiedliche Wirkungen fest?

5. Wenn du alle Einzelvergleiche zusammenstellst: Wie läßt sich das Verhältnis des Films zur Romanvorlage insgesamt charakterisieren? Kannst du eine eindeutige Tendenz der filmischen Übertragung erkennen?

Spannungslos (S.197)

Jo Straeten: *Die „blaue Schachtel" des jungen W.* (S.197)

1. Die beiden Kritiken kommen zu sehr verschiedenen Beurteilungen des Fernsehspiels. Schreibe die für die jeweiligen Bewertungen herangezogenen Argumente heraus und stelle sie einander gegenüber.

2. Überprüfe, auf welche formalen und inhaltlichen Aspekte (z.B. Verschachtelung der Zeit- und Handlungsebenen, „Werther"-Zitate, Jugendsprache, literarische Vorlage, DDR-Bezüge) die Kritiken eingehen und auf welche nicht.

3. Eine Kritik soll von möglichst vielen Lesern beachtet werden. Untersuche, mit welchen Mitteln die beiden Kritiken die Aufmerksamkeit und das Interesse von Lesern auf sich zu lenken und zu binden versuchen.
4. Schreibe eine eigene Kritik, die deinen persönlichen Eindruck von dem Fernsehspiel zum Ausgangspunkt nimmt. Stelle dir vor, daß die Kritik für die lokale Tageszeitung bestimmt ist und nicht mehr Platz zur Verfügung steht als für den Text „Die blaue Schachtel des jungen W.".

Jugendliche aus der DDR über das Theaterstück (1972) (S. 198)

1. Für die Jugendlichen in der DDR war ein Stück wie „Die neuen Leiden des jungen W." 1973 etwas Ungewohntes und Neues. Welche Aspekte werden von den Jugendlichen im Gespräch als neu und ungewohnt genannt?
2. Neben viel Zustimmung, insbesondere zur Figur Edgars, gibt es auch kritische Einwände. Welche Gründe nennen die einzelnen Jugendlichen für eine Identifikation mit Edgar, mit welchen distanzieren sie sich?
3. Welche Argumente zeigen euch, daß hier Jugendliche aus der DDR diskutieren?

Jugendliche aus der Bundesrepublik Deutschland über Roman und Fernsehspiel (1987) (S. 199)

1. Die Gesamteinschätzung des Romans von Jugendlichen aus der Bundesrepublik enthält eine Reihe positiver und negativer Kritikpunkte. Zieht diese aus den Antworten heraus und vergleicht sie mit eurer eigenen Gesamteinschätzung.
2. Die „Identifikation mit den Hauptfiguren" ist für die Wirkung eines Werkes auf Leser bzw. Zuschauer von besonderer Bedeutung.
   – An welchen Äußerungen der Jugendlichen zu Roman und Fernsehspiel kannst du erkennen, daß eine zumindest teilweise Identifikation mit Edgar bzw. Charlotte stattgefunden hat? Kannst du dem persönlich zustimmen?
   – Vergleiche mit den Aussagen der DDR-Jugendlichen. Wo gibt es Übereinstimmungen, wo liegen Unterschiede?
3. Die Äußerungen zur „Jugendsprache" sind überwiegend negativ. Diskutiert anhand des abgedruckten Romanausschnitts, ob die Kritik zutrifft.

Autoren- und Quellenverzeichnis

Adorno, Theodor (geb. 1903 in Frankfurt a. M., gest. 1969 in Visp/Kt. Wallis)
(Aphorismus) 32

Minima Moralia. Reflexionen aus dem beschädigten Leben. Frankfurt a. M.: Suhrkamp 1951

Aichinger, Ilse (geb. 1921 in Wien)
Wo ich wohne 27

Wo ich wohne. Erzählungen, Gedichte, Dialoge. Frankfurt a. M.: S. Fischer 1963

Anders, Günther (geb. 1902 in Breslau, gest. 1992 in Wien)
Umschmieden 173

Der Blick vom Turm. Fabeln. München: Beck 1968

Andersch, Alfred (geb. 1914 in München, gest. 1980 in Berzona/Schweiz)
Sansibar oder der letzte Grund (Auszüge) 3

Sansibar oder der letzte Grund. Olten, Freiburg i. Br.: Walter 1957

Baader, Ottilie (geb. 1847, gest. 1925)
*Die Jugend einer Maschinennäherin** 40

Ein steiniger Weg. Lebenserinnerungen. Stuttgart, Berlin: Dietz Verlag 1921 (gekürzt)

Bachmann, Ingeborg (geb. 1926 in Klagenfurt, gest. 1973 in Rom)
An die Sonne 96

Werke, hg. von Ch. Koschel, J. von Weidenbaum u. C. Münster. Bd. 1. München, Zürich: Piper 1982

Bacon, Francis (geb. 1561, gest. 1626 in London)
Neu-Atlantis (Auszug) 164

Der utopische Staat, hg. von K. J. Heinisch. Reinbek: Rowohlt 1960

Bechstein, Ludwig (geb. 1801 in Weimar, gest. 1860 in Meiningen)
Das Märchen vom Schlaraffenland 157

Ludwig Bechsteins Märchenbuch. München: Winkler 1965

Bichsel, Peter (geb. 1935 in Luzern)
Die Tochter 146

Eigentlich möchte Frau Blum den Milchmann kennenlernen. Olten, Freiburg i. Br.: Walter 1964

Böll, Heinrich (geb. 1917 in Köln, gest. 1985 in Hürtgenwald/Eifel)
Es wird etwas geschehen 114

Aus: Doktor Murkes gesammeltes Schweigen. Köln, Berlin: Kiepenheuer & Witsch 1958

Brecht, Bertolt (geb. 1898 in Augsburg, gest. 1956 in Berlin (Ost))
Die jüdische Frau 8
Kälbermarsch 86
Wenn die Haifische Menschen wären 25

Gesammelte Werke. Bd. 2, Bd. 12 u. Bd. 9. Frankfurt a. M.: Suhrkamp 1967

Bremser, Philipp Heinrich
Keinem Familien-Vater mögte ich die Reise nach Amerika anrathen 15

Frankfurter Allgemeine Zeitung 12.1.1984

Buschey, Monika
Fernsehen ist kein Bücher-Killer 136

Westdeutsche Allgemeine Zeitung 28. 2.1986

Celan, Paul (geb. 1920 in Czernowitz, gest. 1970 in Paris)
Todesfuge 88

Mohn und Gedächtnis. Gedichte. Stuttgart: Deutsche Verlagsanstalt ³1958

Charms, Daniil (geb. 1905 in Peters-
burg, gest. 1942 in Leningrad)
Begegnung 27

Ibrannoe. Selected Works. Würzburg: jal-Verlag
1974

Corino, Carsten
Der Aufbruch oder Am Yukon schmilzt
schon das Eis 1

Aus: ... zu spüren, daß es mich gibt. Schüler
schreiben, hg. vom Hess. Kultusminister. Bearbeitet von G. Reuschling. Frankfurt a. M.: Diesterweg
1984

Descartes, René (geb. 1596 in La Haye/
Touraine, gest. 1650 in Stockholm)
(Aphorismus) 32

Meditationen über die Grundlagen der Philoso-
phie. Hamburg: Meiner 1959

Droste-Hülshoff, Annette von
(geb. 1797 auf Hülshoff b. Münster,
gest. 1848 in Meersburg)
Am Turme 46

Sämtliche Werke, hg. von C. Heselhaus.
München: Hanser 1952

Eichendorff, Joseph von (geb. 1788
auf Schloß Lubowitz/Oberschlesien,
gest. 1857 in Neisse)
Aus dem Leben eines Taugenichts (Aus-
zug) 5

Werke, hg. von W. Rasch. München: Hanser 1971

Enzensberger, Hans Magnus
(geb. 1929 in Kaufbeuren/Allgäu)
das ende der eulen 91

Landessprache. Frankfurt a. M.: Suhrkamp 1960

Fienhold, Wolfgang (geb. 1950 in
Darmstadt)
für die sonne 98

Aus: Tagtäglich. Gedichte, hg. von J. Fuhrmann.
Reinbek: Rowohlt ³1979

Franziska
Mit der Mutter zu gut verstanden 141

Aus: Marion Rollin/Michael Krey, Dach überm
Kopf. Vom Wohnen. Reinbek: Rowohlt 1983

Fried, Erich (geb. 1921 in Wien, gest.
1988 in Baden-Baden)
Gebranntes Kind 89

Warngedichte. München: Hanser 1964

Frisch, Max (geb. 1911 in Zürich)
Andorra (3. Bild) 56
Der andorranische Jude 23

Gesammelte Werke, hg. von H. Meyer. Bd. IV.2.
Frankfurt a. M.: Suhrkamp 1976

Gast, Wolfgang
Das Blue-Screen-Verfahren 184
Ulrich Plenzdorf: Die neuen Leiden des
jungen W. (Inhaltsübersicht) 180

Originalbeitrag

Goethe, Johann Wolfgang
(geb. 1749 in Frankfurt a. M.,
gest. 1832 in Weimar)
Prometheus 79

Werke. Hamburger Ausgabe. München: C. H.
Beck'sche Verlagsbuchhandlung 1981

Graf, Oskar Maria (geb. 1894 in Berg/
Starnberger See, gest. 1967 in New York)
Verbrennt mich! 132

Aus: Literatur und Dichtung im Dritten Reich.
Eine Dokumentation von J. Wulf. Reinbek:
Rowohlt 1966 © Süddeutscher Verlag

Grimm, Jacob (geb. 1785 in Hanau,
gest. 1863 in Berlin)
Grimm, Wilhelm (geb. 1786 in
Hanau, gest. 1859 in Berlin)
Das eigensinnige Kind 21

Kinder- und Hausmärchen. München: Winkler
1963

Grün, Max von der (geb. 1926 in Bayreuth)
Masken 111

Fahrtunterbrechung und andere Erzählungen. Frankfurt a. M.: Europäische Verlagsanstalt 1965

Gryphius, Andreas (geb. 1616, gest. 1664 in Glogau/Schlesien)
Morgen Sonnet 95

Aus: Gesamtausgabe der deutschsprachigen Werke, hg. von M. Szyrocki u. H. Powell. Bd. 1. Tübingen: Niemeyer 1963

Härtling, Peter (geb. 1933 in Chemnitz)
Zwei Versuche, mit meinen Kindern zu reden 148

Anreden. Gedichte aus den Jahren 1972–1977. Darmstadt, Neuwied: Luchterhand 1977

Hannsmann, Margarete (geb. 1921 in Heidenheim a. d. Brenz)
An die Gemeinderäte 90

Aus: Im Gewitter der Geraden. Deutsche Ökolyrik von 1950–1980, hg. von P. C. Meyer-Tasch. München: Beck 1981

Hebel, Johann Peter (geb. 1760 in Basel, gest. 1826 in Schwetzingen)
Hochzeit auf der Schildwache 19

Werke. Bd. 1. Frankfurt a. M.: Insel 1968

Heckmann, Herbert (geb. 1930 in Frankfurt a. M.)
Robinson 22

Das Portrait. Erzählungen. Frankfurt a. M.: S. Fischer 1958

Heine, Heinrich (geb. 1797 in Düsseldorf, gest. 1856 in Paris)
Das Fräulein stand am Meere 97

Sämtliche Schriften, hg. von K. Briegleb. München: Hanser 1968

Heinzmann, Johann Georg (geb. 1757 in Ulm, gest. 1802 in Basel)
Vom Lesen der Romanen (1780) 124

Die Feyerstunden der Grazien. Ein Lesebuch. Bern 1780

Helmecke, Monika
Klara, mach das Fenster zu 74

Klopfzeichen. Erzählungen und Kurzgeschichten. Berlin (Ost): Verlag Neues Leben ⁴1986

Herder, Johann Gottfried (geb. 1744 in Mohrungen/Ostpreußen, gest. 1803 in Weimar)
Die Ratte in der Bildsäule 25

Herders sämmtliche Werke, hg. von B. Suphan. Bd. 24. Berlin: Weidmann 1886

Hesse, Hermann (geb. 1877 in Calw, gest. 1962 in Montagnola/Schweiz)
Brief an den Vater 142

Aus: Kindheit und Jugend vor Neunzehnhundert. Hermann Hesse in Briefen und Lebenszeugnissen 1877–1895, hg. von N. Hesse. Frankfurt a. M.: Suhrkamp 1966

Hildesheimer, Wolfgang (geb. 1916 in Hamburg)
Eine größere Anschaffung 30

Lieblose Legenden. Frankfurt a. M.: Suhrkamp 1974

Hoffmann von Fallersleben, August Heinrich (geb. 1798 in Fallersleben bei Braunschweig, gest. 1874 auf Schloß Corvey a. d. Weser)
Mein Vaterland 84

Gedichte und Lieder. Hamburg: Hoffmann u. Campe 1974

Huxley, Aldous (geb. 1894 in Godalming, gest. 1963 in Hollywood)
Schöne neue Welt (Auszug) 167

Schöne neue Welt. Ein Roman der Zukunft, übersetzt von H. E. Herlitschka. Frankfurt a. M.: Fischer 1973 © 1953 A. Huxley u. E. Herlitschka

Ionesco, Eugène (geb. 1912 in Slatina/Rumänien)
Die Nashörner (1. Akt)   61

Les Rhinocéros. In: Theaterstücke, übersetzt von C. Bremer u. Ch. Schwerin. Bd. 2. Darmstadt, Neuwied: Luchterhand 1960

Kafka, Franz (geb. 1883 in Prag, gest. 1924 in Kierling bei Wien)
Eine kaiserliche Botschaft   22
Kleine Fabel   23

Die Erzählungen. Frankfurt a. M.: S. Fischer 1961

Heimkehr   156

Sämtliche Erzählungen, hg. von P. Raabe. Frankfurt a. M.: S. Fischer 1970

Kästner, Erich (geb. 1899 in Dresden, gest. 1974 in München)
Kennst du das Land, wo die Kanonen blühn?   84

Bei Durchsicht meiner Bücher. Zürich: Atrium 1946

Über das Verbrennen von Büchern*   134

Gesammelte Schriften. Bd. 5. Vermischte Beiträge. Zürich: Atrium 1959

Karin Q.
Schülertagebuch   139

Wahnsinn, das ganze Leben ist Wahnsinn. Ein Schülertagebuch. Frankfurt a. M.: päd. extra buchverlag 1978

Keller, Gottfried (geb. 1819 in Zürich, gest. 1890 in Zürich)
Abendlied   95

Sämtliche Werke und ausgewählte Briefe, hg. von C. Heselhaus. Bd. 3. München: Hanser 1958

Keuler, Dorothea
Macht der Fernseher süchtig?   137

Ruhr-Nachrichten (das bunte journal zum wochenende) 22. 2. 1986

Kluge, Alexander (geb. 1932 in Halberstadt)
Der spanische Posten   20

Die Patriotin. Texte, Bilder 1–6. Frankfurt a. M.: Zweitausendeins 1979

Körner, Theodor (geb. 1791 in Dresden, gest. 1813 bei Gadebusch)
Aufruf   82

Körners Werke, hg. von H. Zimmer. Bd. 1. Leipzig: Bibliographisches Institut o. J.

Kracauer, Siegfried (geb. 1889 in Frankfurt a. M., gest. 1966 in New York)
Gnädige Frau*   47

Die Angestellten. Aus dem neuesten Deutschland. Frankfurt a. M.: Suhrkamp 1974. Erstausgabe 1930

Krechel, Ursula (geb. 1947 in Trier)
Ich fälle einen Baum   81
Warnung   45

Nach Mainz! Gedichte. Darmstadt, Neuwied: Luchterhand 1977

Kroetz, Franz Xaver (geb. 1946 in München)
Oberösterreich (1. Szene)   67

Oberösterreich. Dolomitenstadt Lienz. Maria Magdalena. Münchner Kindl. Frankfurt a. M.: Suhrkamp 1976

Krolow, Karl (geb. 1915 in Hannover)
Hochsommer   98

Gesammelte Gedichte. Bd. 2. Frankfurt a. M.: Suhrkamp 1975

Kunert, Günter (geb. 1929 in Berlin)
Vorschlag   81

Warnung vor Spiegeln. Gedichte. München: Hanser 1970

Langhoff, Wolfgang (geb. 1901 in Berlin, gest. 1966 in Berlin)
Die Moorsoldaten   87

Aus: Die Moorsoldaten. 13 Monate Konzentrationslager. München 1946

Lasker-Schüler, Else (geb. 1869 in Wuppertal-Elberfeld, gest. 1945 in Jerusalem)
Ein Lied 44

Sämtliche Gedichte, hg. von F. Kemp. München: Kösel 1977

Lec, Stanislaw Jerzy (geb. 1909 in Lemberg, gest. 1966 in Warschau)
(Aphorismus) 32

Letzte unfrisierte Gedanken, übersetzt von K. Dedecius. München: Hanser 1968

Lewald, Fanny (geb. 1811 in Dresden, gest. 1889 in Königsberg)
Erziehung zu Hause und in der Schule*(1862) 37

Meine Lebensgeschichte, hg. von G. Brinker-Gabler. Frankfurt a. M.: S. Fischer 1980

Lichtenberg, Georg Christoph (geb. 1742 in Oberramstadt b. Darmstadt, gest. 1799 in Göttingen)
(Aphorismus) 32

Aphorismen, hg. von M. Rychner. Zürich: Manesse 1947

Maiwald, Peter (geb. 1946 in Grötzingen/Krs. Nördlingen)
Die Stillegung 76

Frankfurter Rundschau 13. 6.1981

Mörike, Eduard (geb. 1804 in Ludwigsburg, gest. 1875 in Stuttgart)
Im Frühling 94

Sämtliche Gedichte. Übersetzungen. München: Hanser 1964

Molter, Peter
Das Leben eines Bergarbeiters 107

Aus: Aus der Tiefe. Arbeiterbriefe. Beiträge zur Seelenanalyse moderner Arbeiter, hg. von A. Levenstein. Berlin: Frowein 1909

Morgner, Irmtraud (geb. 1933 in Chemnitz, gest. 1990 in Berlin (Ost))
Kaffee verkehrt 48

Leben und Abenteuer der Trobadora Beatriz nach Zeugnissen ihrer Spielfrau Laura. Roman in 13 Büchern und 7 Intermezzos. Darmstadt, Neuwied: Luchterhand 1977

Morus, Thomas (geb. 1478, gest. 1535 in London)
Utopia (Auszug) 161

Utopia, übersetzt von G. Ritter. Darmstadt: Wissenschaftliche Buchgesellschaft 1979

Neidhart von Reuental (geb. um 1180, gest. um 1250)
Der walt stuont aller grîse 93

Die Lieder Neidharts, hg. von E. Wießner. Tübingen: Niemeyer ⁴1984

Novak, Helga M.
(d. i. Maria Karlsdottir, geb. 1935 in Berlin)
kann nicht steigen nicht fallen 45

Aus: Aber besoffen bin ich von Dir, hg. von J. Hans. Reinbek: Rowohlt 1979

Phadke, Narajan S.
Das Buch 125

Aus: Der sprechende Pflug. Indien in Erzählungen seiner besten zeitgenössischen Autoren, hg. von W. A. Oerley. Herrenalb/Schwarzwald: Erdmann 1962

Plenzdorf, Ulrich (geb. 1934 in Berlin)
Aus dem Filmskript* 181

Plenzdorfs „Neue Leiden des jungen W.", hg. von P. J. Brenner. Frankfurt a. M.: Suhrkamp 1982 © VEB Hinstorff Verlag, Rostock
Besuch in der Laube* 190

Die neuen Leiden des jungen W. Frankfurt a. M.: Suhrkamp 1975 © VEB Hinstorff Verlag, Rostock

Sahl, Hans (geb. 1902 in Dresden, gest. 1993 in Tübingen)
Vom Brot der Sprache (1942) 13

Aus: An den Wind geschrieben. Lyrik der Freiheit 1933–1945, hg. von M. Schlösser. München: Deutscher Taschenbuchverlag 1962

Unbekannte Verfasser

Die mit * versehenen Überschriften stammen von den Herausgebern.

Textarten

98765